孟子传

毕宝魁 尹博 ——著

中国出版集团 现代出版社

图书在版编目（CIP）数据

孟子传 / 毕宝魁，尹博著 . -- 北京：现代出版社，2022.9

ISBN 978-7-5143-9940-0

Ⅰ. ①孟…　Ⅱ. ①毕…　②尹…　Ⅲ. ①孟轲（前390—前305）—传记　Ⅳ . ① K825.1

中国版本图书馆 CIP 数据核字 (2022) 第 141735 号

孟子传

作　　者：毕宝魁　尹　博
责任编辑：张　霆　谢　惠
出版发行：现代出版社
通信地址：北京市安定门外安华里 504 号
邮政编码：100011
电　　话：010-64267325　64245264（传真）
网　　址：www.1980xd.com
印　　刷：三河市宏盛印务有限公司

开　　本：710mm×1000mm　1/16
印　　张：16.5　　　　　　　　　字　　数：236 千
版　　次：2022 年 9 月第 1 版　　印　　次：2022 年 9 月第 1 次印刷
书　　号：ISBN 978-7-5143-9940-0
定　　价：58.00 元

前　言

综观人类历史，唯有中华文明五千年从未中断过，而其没有中断的关键因素与春秋战国时期的孔子和孟子不无关系。

战国中叶是孟子生活的时代，其时事功或财富比孟子高超的人可谓车载斗量，但经过两千多年历史长河的冲刷后，孟子的光芒依然不减且反而日益明亮，并与孔子双峰并峙于历史长河之中。对此，我们需要深思的是：人的生命最有价值、最有意义的究竟是什么？孟子思想的闪光点到底在哪里？如果准确找到这个点，便会对当下我们的人生和社会发展有极高的启迪和借鉴作用。

那么，孟子思想的精华和核心究竟是什么呢？依然是孔子"内圣外王"的思想。在"内圣"方面，孟子继承了孔子的仁学，突出和强调了"义"的思想，即"居仁由义"。在"外王"方面，孟子坚决主张王道而排斥霸道。

孟子的王道理想，实际是建立在关怀广大人民利益之上的社会模式，即为"天下开太平"。其中，"居仁由义"是个体前行的方向，而王道政治则是国家、民族前行的方向。如果我们能够真正理解孟子的思想，对于我们个人的人生将有很大的引领作用，也对国家和民族的进步和发展大有助益。

　　以上凡此种种，正是我写作《孟子传》一书的初衷，希望这本书能对孟子思想的理解和运用有所助力，并对广大读者和社会发展有所裨益。

毕宝魁

2020 年 4 月 18 日于沈阳三千斋

目　录

圣　母

孔孟奇缘

　　儒家思想，是中国两千多年来的主流思想，也是指导中国人如何度过人生的潜在观念和理论。因此，儒家思想在中国人心中具有了无形中的准宗教性质，为人们提供从生到死全过程之思想和行为的指引。孔子是儒家思想最重要的代表人物，被后世尊为"圣人"，而孟子是继孔子之后儒家思想的又一重要的传承人，被后世尊为"亚圣"，二人并称为"孔孟"。可以说，孔子和孟子的思想是儒家思想的典范，这种思想的精神便是典型的儒家情怀。

　　孟子曾反复引用的"永言配命，自求多福"（《诗·大雅·文王》）是最能代表儒家思想的核心之一，而"为天地立心，为生民立命"（宋张载《横渠四句》）则是对孔子最伟大的发现以及最崇高的肯定。

　　然而，在孔了去世一百多年后，他"为往圣继绝学，为万世开太平"（宋张载《横渠四句》）的初心并没有丝毫实现的迹象，天下反而更加混乱不堪了。战国时期，诸子百家争鸣，百姓则迷惑而不知所从，更多的人选择了"利"（如纵横家）而明显忽略了"义"（如儒家）。

　　其实，在孔子所在的春秋时期，各诸侯国也面临着与战国时期同样的问题，所以孔子一生"丁谒八十三君"极力提倡恢复"三代"的礼仪，并身体力行地办学施教和整理典籍。在孔子出生的鲁国，鲁国三大贵族中的孟孙貜即孟僖子是最早开始重视孔子的，而他以及儿子孟懿子、南宫敬叔的重视、关照和维护更是玉成了孔子的教育事业和整理儒家经典的伟大业绩。同时，孟懿子的五世孙孟轲在根本没有机缘见到孔子的前提下，就以孔子作为自己的老师，并"私淑"以接受孔子的"耳提面命"。可以说，孟子是最深入理解孔子人品和思想的学者，也是传承儒学道统的关键人物。那么，究竟是什么原因使得孔孟两家的情谊在五世之后依旧延续着呢？或许是天意，也或许是奇缘。

不过，更令人惊奇的是在孟子去世一千二百多年后，孔子的第四十五代孙宋人孔道辅极力推崇孟子，不仅找到了孟子的坟墓而且为其建庙立碑，并请当时的大儒孙复为之作《新建孟子庙记》。其后，孔道辅在孔子庙旁建立"五贤祠"，并将孟子列为"五贤"之首。

不仅如此，孔道辅还下功夫找到了孟子的嫡系传人孟宁，并极力向朝廷推荐。最后，孟宁得以担任迪功郎，邹县（今山东邹城）主簿，并让他专门主管孟子庙的祭祀之责。至此，孟子的后裔孟宁得到了朝廷的认可。元丰六年（1083），孔道辅又为孟子争取到了朝廷的封号，使得孟子被宋神宗赵顼追封为"邹国公"，诏书云："自孔子殁，先王之道不明，发挥微言，以诏三圣，功归孟氏，万世所宗。"邹国公，是孟子沉寂一千二百多年后重新获得地位和认可的关键，也是孟子得到的第一个来自朝廷的封号。

诸如此类，或许就是最真实的孔孟奇缘吧。

孟子的诞生

周烈王四年（前372）岁次己酉，中国历史进入最混乱、变化最剧烈的时期，也进入了思想最活跃的时期。各种思想纷纷亮相，各种观念的思想家都想为这个混乱的天下献上治疗的良方，故真正的百花齐放、百家争鸣的局面出现了。

在这个时代大潮的涌动下，一个婴儿诞生了，而这个婴儿就是后世儒家道统传承中的第二号人物——被誉为"亚圣"的孟子。这一天是周历四月初二（公历3月16日），因此孟子的生日便是公元前372年3月

16 日 [①] ，出生地是鲁国都城南面大约三十公里的邹国。

邹国当时还是一个政治独立的小诸侯国，此前称作小邾国，后来讹变为邹国。就在邹国城北郊的一个大院里，孟孙公宜的妻子仉氏顺利生下了一个大胖小子。

孟孙公宜名激，三十多岁，中上等身高，是没落贵族。孟孙公宜的高祖便是和孔子交往很多的孟懿子，而曾祖则是向孔子问孝且孔子回答"父母唯其疾之忧"的孟武伯。到孟孙公宜的父辈时，已经失去了大夫的地位而沦落为普通平民了，姓氏中的"孙"字也习惯地被省略了，因此我们也称孟孙激为孟激 [②]。这样，孟子全名孟轲也就顺理成章了，而事实上孟子也从来没有被称呼为孟孙轲。

如果再往前追溯一辈的话，孟懿子的父亲则是孟僖子，他最早发现孔子是个人才而对其极力支持、保护和推崇，并对于孔子的成长有重要作用。孔子和孟懿子、南宫敬叔以及孟武伯关系都很亲密，如此孔子和孟子的关系也变得不一般了，冥冥中似乎有一种天意。

孟僖子是孔子的前辈，而孟懿子是同辈，孟轲则是孟懿子的第五代孙，如果和孔子论辈分的话，实际便是孔子之后的第五代人。孟子说"君子之泽，五世而斩"，意思是要过五世才能断绝，而孟子和孔子刚好在五世，故还没有"斩"，即没有断绝。因此，孟子才"私淑"孔子，以极大的魄力坚决要接续儒家的道统。

孟子曾经明确地说："君子之泽，五世而斩；小人之泽，五世而斩。予未得为孔子徒也，予私淑诸人也。" [③] 实际上，孟子这句话是有具体所指的，就是说他自己虽然没有能够亲自做孔子的学生而很遗憾，但自己距离孔子还没有出五世，孔子的流风余韵尚在，故还可以受其影响，并

---

① 关于孟子的出生年月日，有不同说法，综合各种因素尤其是《孟子》原文中所涉及的人物关系，这里采纳清人狄子奇《孟子编年》的说法（参见罗根泽《孟子传论》，东方出版社 2011年版第 14 页）。另外，王国维也持这种观点（参见彭华编《王国维儒学论集》，四川大学出版社 2010 年版第 68 页）。

② 关于孟子的父亲，有的书说是孟孙激，有的书说是孟激，但都不是最原始的资料。考虑到孟子全名孟轲这一点，故认为"孙"字省略比较合理。

③ 参见《孟子·离娄下》第二十二章。

私下里仰慕孔子的人品学问，将其作为自己效仿的对象——作为自己的老师。这是后话，暂且不提。

孟公宜身材偏高，国字脸，虽然身为贵族，但老实本分，为人低调。平日里，孟公宜只管干活，不管家事。妻子仉氏却是个了不起的女性，不但知书达理，而且勤快能干，遇事勇于担当，有主见，拿得起放得下。

仉氏，出身士人之家，不但很有教养，而且识文断字，有一定的学识。婚后，由于仉氏对一切事情有主见，而孟公宜又非常随和，于是很快便形成了一种家庭生活的默契。就这样，仉氏主宰着家庭生活的一切，内外全管，包括孩子的教育，而孟公宜则是一位服从指挥和调度的忠心耿耿的丈夫，虽然对外名义上是他主事，但他实际上全听妻子的意见。

孟家的生活模式是这样的：有祖传的一个大院子，是孟公宜父亲留下来的。孟子的祖父属于士阶层，是当时贵族的最低一等，因此孟家的大院子虽不算豪宅却也并不寒酸。孟家还有四百多亩良田，一直雇人耕种。这样，春种秋收、维护住宅等一切活计都是孟公宜来负责，但家内的一切则完全由仉氏做主，其实就是典型的"男主外，女主内"的家庭关系。

昔孟母，择邻处

孟公宜和仉氏给儿子起名叫孟轲，字子舆，一字子车①。

小孟轲四岁了，经常到外面去玩。由于孟家附近不远处有一个墓葬区，总有下葬和祭祀时的喇叭吹得震天响，还有笙箫铜钹之类的乐器嗡儿哇嗡儿哇的，加之小孩子爱看热闹的天性，所以小孟轲总喜欢到那里去玩。

由于三四岁时正是模仿力最强的时候，小孟轲每次看祭祀或下葬的

---

① 孟子的字，在汉代以前曾失传，至南北朝才逐渐有记载，或云"子舆"，或云"子车"。一般来说，古人的字与名有联系，轲即车，故"子舆""子车"均有可能，但所见则"子舆"为多。还有，或云"子居"，不取。

仪式后，回家总是模仿孝子孝女哭泣亡父亡母的举动，并学得有模有样。仉氏见此状，觉得孩子总是去看祭祀仪式肯定不行，而且也觉得不吉利。

不过，祭祀的喇叭声音实在太大，场面也太热闹，所以没有办法让孩子不去。于是，仉氏跟丈夫孟公宜商量一番，决定暂时先到别处去居住，并由自己先带儿子搬过去。对此，孟公宜毫无微词，随妻子的意见去做就好。

那时候，地广人稀，于是仉氏很快选了个新的地方住下。这个新地方离一个较大的市场不远，生活很方便。但是不久，仉氏就发现这个新地方虽然生活方便，但儿子小孟轲却开始学习小商贩的行为，如拿到东西就说"多少钱一个"，推小车就喊"卖货！卖货！减价啦！便宜了！快来买啊"。

仉氏一看觉得这样更不行，如果时间长了，儿子便会整天想着做买卖成为小商贩了。于是，为了培养儿子的习性，仉氏下决心要再搬一次家。不过，仉氏这次没有立即就搬家，而是先考察一番周围的环境再决定搬到哪里。经过一番考察，仉氏发现在邹邑的北郊有一个学堂，匾额是"子思学堂"，规模不小，有几位教书先生教着几十个小孩儿在那里读书。虽然小孟轲还没有到入学的年龄，但附近的氛围非常好，于是仉氏便在附近找房子住了下来。

不久，小孟轲去外面玩耍回来后，便摇头晃脑地背诵"关关雎鸠，在河之洲。窈窕淑女，君子好逑"，或者"知我者谓我心忧，不知我者谓我何求"之类。小孟轲虽然不明白这些句子是什么意思，但觉得朗朗上口特别好玩。仉氏看在眼里，喜在心头，觉得自己这次搬家很值得。

有一次，仉氏正在忙家务，忽然东院传来猪嚎叫的声音，小孟轲便问道："娘，这是什么声音？"

仉氏顺口说："是东院杀猪呢！"

孟轲问道："杀猪干什么啊？"

仉氏依旧顺口就答道："让你有猪肉吃。"

小孟轲听了非常高兴，因为他吃过猪肉，知道猪肉真的又香又好吃。

不过，仉氏说完便有些后悔了，因为她并没有想要买猪肉，但既然答应儿子了就不能失信，毕竟培养儿子诚信的品格是最关键的。于是，仉氏便花钱买了二斤肉。此事虽小，但不可低估其作用，这便是从孩子记事开始就一定要注意培养其诚信的品格[①]。对于父母来说，答应孩子的事情一定要办到，否则就不要答应，绝对不可以欺骗孩子。这是非常关键的家庭教育原则。

据《韩诗外传》记载，仉氏第二次搬家的新地方附近的学堂规模不小，教书先生多是孔子的孙子子思的弟子或再传弟子，基本上都是儒家学者。这里离曲阜只有几十里，孔子以及弟子讲学的流风余韵尚在，因此这里的学风很浓，而且主流思想是儒家思想。

对于儿童的教育，三至六岁是关键时期，因为养成一个好的习惯便会终身受益。儿童的心灵如同一张白纸，最开始染上什么底色便会对终身的走向产生影响，如"杨朱见歧路而哭""墨子见染丝而泣"都是由于最初的选择所影响。

因此，仉氏的两次搬家是非常必要的，甚至可以说是英明的举措。如果连同孟家当初居住的地方，就等于先后住过了三个地方，所以便流传着"孟母三迁"的故事。在启蒙教材《三字经》里便有"昔孟母，择邻处，子不学，断机杼"的话，更使这一故事流传极广，无人不知，无人不晓。

"孟母三迁"的故事和买肉之事最早出自西汉刘向的《列女传》和西汉初年韩婴的《韩诗外传》，但后世有人对此提出许多疑点。不过，不管这两个故事的本真是如何的，但它之于家庭教育的精神和价值是值得肯定的。

话说孟公宜把家里和田里的事情都打理得井井有条，日子也过得很宽裕，并时常来看妻子和儿子。一天，仉氏和丈夫孟公宜商量道："我感觉这里的环境以及人们的德行要比咱们家那里好，所以我想把原来的房宅全部卖掉全家都搬过来，然后在这附近买一块地方重新建造一所宅院。你看如何？"

---

① 此事参见《韩诗外传》。

"行！这样也好，也省得我还要两头跑了。我只管落实和干活，你说怎么办我就怎么干！"孟公宜憨厚诚朴地说。

于是，仉氏张罗着把原来的房宅卖掉后在附近建造了一所新的宅院，大小与原来的差不多。这样，小孟轲以后上学堂就非常方便了。

子不学，断机杼

时光荏苒，日月如梭，转眼间孟轲已经八岁，便就近到那所学堂上学去了。开始的时候，孟轲觉得新鲜，很喜欢去学堂。下学堂回来，他也会背诵"硕鼠硕鼠，莫食我黍"之类的诗句，以及"学而时习之，不亦说乎？有朋自远方来，不亦乐乎"之类的句子。

原来，这里的教师中便有孔子的孙子子思的弟子，教学用的就是《论语》里的篇章，因此孟轲早早便接触到了《论语》里的内容。有时候，孟轲听老师讲解子思的一些传闻逸事，便在心里对子思产生了崇拜之意，而对作为子思祖父的孔子更是充满了向往之情。

有人或许会问，那时候《论语》成书了吗？回答是肯定的，而且《论语》是孔子的孙子子思最后定稿的①。其实，孟轲出生时子思已去世很多年，因此司马迁说孟子出自子思之门。孟轲上学后，仉氏便购置了一架织布机，闲暇时自己开始织布，以贴补家用。就这样，仉氏看到丈夫孟公宜勤劳朴实，儿子孟轲用功读书，自己纺线织布，一家人和和美美，感觉幸福而满足。

过了些日子，仉氏连续几天发现儿子孟轲的情绪有些变化，下了学堂回来不怎么读书了，也不写字。于是，仉氏不动声色，只是暗中注意观察。原来，孟轲在学堂里与几个贵族子弟看斗蟋蟀和斗鸡，而这种赌博性质的游戏多诱惑力极强。因此，孟轲去看过一回后便想再去看第二回，觉得斗蟋蟀和斗鸡比读书有意思多了。

①《论语》定稿在曾子死后，因为其中有两章记录了曾子的临终遗言。曾子死时，子思五十岁，已到"知天命"之年，他从学术、社会地位和身份看都具备将《论语》定稿的条件，而且也有义务和责任。故而推定《论语》的定稿人当是子思。

在孔子生活的时代，斗鸡就已成为贵族纨绔子弟的游戏，而当时季平子把鲁昭公赶走的起因便是季氏家族的子弟和臧氏家族的子弟斗鸡产生矛盾。到了孟子时代，这种游戏在贵族子弟中依然非常流行。

这天还没到中午，孟轲便从学堂下学回家了。其时，仉氏正在织布机上织布，经线已全部挂好，拿起梭子准备开始的时候却看见儿子孟轲回来了。仉氏见儿子孟轲回来的不是时候，而且早就发现儿子有些异常，便轻声叫"子舆（孟子的字），过来"。孟轲本来想悄悄地溜出去玩，见母亲仉氏叫自己便规规矩矩站到旁边。仉氏双眉紧锁，很严厉地问道："你这么早就回来，还没有到下学的时候，是怎么回事呢？"

孟轲知道母亲仉氏向来明察，而且他早就知道不能撒谎，于是便实话实说道："娘！读书太无聊了，我不想读书了。我要看斗蛐蛐去！"说罢，孟轲还很委屈地哭了。

孟轲说出了心里话后感觉松了一口气，因为他几天来一直想要说的话终于说出来了。然后，孟轲仔细观察着母亲仉氏，等待着母亲的表态。

这时，孟轲见母亲仉氏只是沉默着，也没有生气。然后，仉氏突然站了起来，操起织布时用的剪刀直接走到了织布机旁，"咔咔咔"几下就把已经拉好的经线齐刷刷地从中间全部剪断了。

孟轲蒙了，不知道母亲仉氏怎么了，因为他从来没有见过母亲如此这般。于是，孟轲急忙上去抱住母亲，说："娘！娘！您这是怎么啦？您把线剪断还怎么织布呢？"

这时，仉氏没有说话，只是用深情的眼神看着孟轲，眼睛逐渐湿润，硕大的泪珠从眼角溢了出来。见此情景，孟轲满含着眼泪望着母亲，心里不禁开始颤动，并怯生生地问道："娘！娘！您这是怎么了？您把线都剪断了，还怎么织布呢？"

仉氏终于开口了，语重心长地说道："孩子！读书才会长知识，才会知道做人的道理，才会知道人生的路怎样走。如果不读书，不懂做人的道理，不就和畜生一样了吗？你不读书，便没有任何前途，就会沦为最下等的人，只能干最低贱的活计。你不读书，半途而废，就和我织布一样，只挂上经线而没有纬线，还能织成布吗？"

孟轲听明白了，他紧紧地抱住母亲啜泣着说："娘！娘！孩儿知道错了，孩儿知道错了。从今天开始，孩儿一定努力读书，发愤图强，不辜负娘的期望。"[1]

听到孟轲这么说，仉氏这才恢复平静，并擦掉眼泪说："孩子，这就好！不过，你光知道还不行，更主要的还要去做！"说着，仉氏把儿子紧紧地搂在怀里。孟轲感觉到一股暖流传遍了全身，仿佛陶醉在和煦的春风里。

仉氏深情地说："娘相信我的儿子不是没有出息的孩子，我对你充满了信心。咱们母子一起努力，我继续织布，你回学堂继续读书，并向老师说明悔改的决心。我们既然认识到了错误，就要立即改正。"

孟子从母亲的怀抱中起身，绷着嘴道："娘，您放心，孩儿绝不会让您失望。"

"好孩子，娘相信你！"仉氏说得很肯定。

说罢，孟轲起身出门去学堂了。

这便是《三字经》中"子不学，断机杼"的来源。

从此，孟轲发奋读书，各门功课都名列前茅。孟轲的进步是突飞猛进的，以至于让他的老师都感觉自己的知识不够用了。最可贵的是，这里的学堂仅次于曲阜的学堂，在当时是水平很高的。在这里，孟子学习了全部的《诗》、《书》和《论语》，其中许多名篇和名言他都能够熟练背诵，并能真正理解其意思。例如，在《孟子》一书中，我们随时可以看到孟子引用《尚书》和《诗经》中的句子，感觉信手拈来如同探囊取物一般，而像这样的地方便有几十处之多。

孟轲从少年到青年都一直在苦读着、思索着，而他的身体与知识一直在同步成长。到弱冠之年即二十岁时，孟轲已经是一位满腹诗书的学者，同时也成长为一位风度翩翩的男子汉。

---

[1] 此事在《列女传》和《韩诗外传》中都有记载，具体情节却不同，但基本事实应该可以采信。

百家争鸣的开端

在孟子读书的过程中，正是中华大地百家争鸣高潮到来的时期。孟子读书的学堂前身是"子思学堂"，讲授的课程是儒家经典，也是"三代"以来文化价值观的核心。讲课的几位先生都是从曾子和子思一脉传承下来的，有一位就是子思的弟子，并得到了孔门的真传。这个人便是孟子的启蒙老师，但是孟子从来没有提到过老师的名字，于是便有了种种说法。不过，"圣人无常师"，大概是有这种因素之故吧。实际上，孟子是把孔子作为自己的老师的，除此之外他还把许多古圣先贤作为自己的师友。

话说这位没有留下姓名的先生，他便有比较新的一部《论语》。因此，《论语》便是这所"子思学堂"的一门课程。这一时期，私学在各个较大的诸侯国或大一点的邑镇普遍开展起来。与此同时，铁制农具广泛应用到农业生产上，与之配套的耕牛也较普遍使用，极大地提高了农业生产的效率，减轻了农夫的劳动强度，解放了生产力。这样，人们的剩余时间就多了，投入到学习中的时间也多了，使得社会成员的文化程度逐渐得到提高。随着社会上识字的人越来越多，人们的理性思维也日益发达起来，思想也开始变得活跃起来，从而促使人们进一步开始对人生意义和人生价值进行思考。这便是百家争鸣出现的社会基础和时代需求。

由于周天子对天下已经没有实际控制的能力，周朝建立的典章制度便失去了约束力，各大诸侯国都可以自己决定本国的经济、政治、文化和军事。如何才能摆脱战乱频仍的现实境况呢？这便是当时被最广泛关注的话题，众多有文化、有思想的人也都积极参与到思考和讨论中来。

在孔子时代，私学还是新生事物，因此孔子开办的学校是天下唯一的私学。不过，这也导致了孔子时代没有竞争，当然也就没有了思想和理论的争鸣。

孔子死后，天下的秩序更加混乱了，而如何解救就需要有新的方案。于是，天下便出现了各种思想学说，社会上也出现了许多私学和宣传各自学说的地方。不过，对普通百姓最有吸引力的，便是墨翟和杨朱。

墨翟与杨朱

墨翟（前468—前376），宋国人，他生活的时代正是在孔子和孟子的中间：孔子死后十余年墨子出生，墨子死后四年孟子出生。墨子出生于穷苦人家，后来成为一位勤奋的智者。

在孔子的时代，孔子以及弟子们不断奔波呼号，要恢复"三代"的秩序以拯救天下，结果收效甚微，天下依旧混乱不堪。然而，在墨翟的时代，天下更加混乱无序，各诸侯国都极力对外扩张土地，对内压榨盘剥百姓，曾经实行几百年的"彻"（十分之一的税率）也被打破，并为满足贵族的穷奢极欲而拼命聚敛百姓的财富。因此，这一时期更甚于已经"苛政猛于虎"的孔子的时代，百姓无处可躲，走投无路。于是，墨翟便提出了一套完整的墨家思想学说。

墨子提出了"兼爱""非攻""尚贤""尚同""天志""明鬼""非命""非乐""节葬""节用"等观点，以"兼爱"为核心，以"节用""尚贤"为支点。墨子坚决反对战争，提倡节约用度，反对奢侈腐化的生活，因此很快获得百姓的拥护并得到广泛传播。墨家学派的学说包括了认识论、几何学、物理学、逻辑学、宇宙学等思想理论，并在认识论和逻辑学方面成就突出。这样，墨家学派聚徒讲学，身体力行，在当时的百家争鸣中就有了和儒学对立的"显学"地位，有"非儒即墨"之称。

墨家学派有严密的组织，严格的纪律，推崇"身体力行，服从纪律"。墨家学派的首领被称为"钜子"（又作"巨子"），继任的钜子由前任选拔贤者担任。据方授楚《墨学源流》考证认为，墨子是墨家学派的第一任钜子，第二任则是禽滑釐。同时，墨家学派的钜子要以身作则，恪守墨家之法；其弟子必须听命于钜子，为推行墨的主张舍身行道，即强调为天下无条件牺牲个人。为了实现墨家的主张，墨子率领弟子们奔走于各国，积极推行墨家学说。因此，墨家学派在当时的影响非常大，信徒也非常多，许多大的城邑都有墨家讲学的地方。

就在墨家学派盛行的时候，一些士人也开始思考墨家学派过于强调"为天下而完全不顾自己的一切"的合理性，因此有人便提出了"贵己""为我""轻物重生"的主张，并以此来反对墨家学派对于个体意志的绑架。由于这种主张直接涉及每个人的切身利益，其信众自然也很多，而这个学说的开创者便是杨朱。

杨朱和先秦时期其他的思想家都不同，其真实的面孔总是像蒙着面纱难以看清楚，但其思想来源是老子的道家思想则基本不差，而道家思想便有"贱物贵生"的因素。我们通过《孟子》等典籍可以知道，杨朱当年最典型的话是"拔一毛利天下也不为"，而这也是成语"一毛不拔"的来源。由此可知，杨朱生活的时代应该在墨子和孟子之间。告子、子华子、詹子（詹何）、它嚚、魏牟等人基本都属于杨朱学派，这一学派在当时的影响也非常大。后来，荀子严厉批判的"十二子"实际是六个学派，便包括杨朱学派。

孟子读书时，正是墨家学派和杨朱学派最盛行的时期，人们纷纷宣扬这两种观点。与此同时，有一些原本出自儒家之门的学者也纷纷转向这两个学派，也出现了专门研究如何打仗取胜的兵家学派和专门研究富国强兵以便于打仗的法家学派。不过，不管是兵家学派还是法家学派，它们所强调的都不是天下普通百姓的利益，因此这两个学派体现的也不可能是大多数人的意志。

后来，孟子曾明确说："圣王不作，诸侯放恣。处士横议，杨朱、墨翟之言盈天下。天下之言，不归杨则归墨。杨氏为我，是无君也；墨氏兼爱，是无父也。无父无君，是禽兽也。"[1] 由此可见，当时儒家思想的传播所面临的最大威胁便是墨家学派和杨朱学派。

君子欲深造之以道

孔子的弟子子夏有言："切问而近思。"[2] 由此可见，读书切不可不加思考地盲目相信书。孟子正是这样做的，他明确说"尽信书，则不如无

---

[1] 参见《孟子·滕文公下》第九章。
[2] 参见《论语·子张》。

书"①，但不读书又无法了解历史和获取知识，因此在阅读和思考中寻找一个平衡点便非常重要。孟子苦苦钻研思索，逐渐建立起了自己的一套思想体系，并有着独立的见解而不为其他理论所动摇。

当孟子把这一切都想明白后，他深有感触地说："君子要通过正常的途径加深自己的学术造诣，要自己体会领悟到其中的道理。自己体会领悟的道理，就会牢固掌握而存在自己的心里，存在自己的心里就会坚定而不动摇，这样不断积累就会越来越丰富，具备真正属于自己的越来越丰富的知识储备，运用起来就会应对自如、得心应手。所以，君子要自己体会感悟消化所学到的知识，使知识真正成为自己的心得。"

孟子曰："君子深造之以道，欲其自得之也。自得之，则居之安；居之安，则资之深；资之深，则取之左右逢其原；故君子欲其自得之也。"②

当然，孟子之所以有与各种思想观念进行辩论的勇气和能力，便是他的思想有完整的理论体系。

孟子的人性本善论、仁政思想和王道主张，就是相辅相成的一套完整的理论体系。孟子用王道政治来建立人类命运共同体，只有人类携手共同走出困境才会建立起"大同社会"，才会出现"大道流行，天下为公"的美好社会图景。

尚 交 古 人

当时，孟子周围已经没有可以做他的老师之人了，于是他便决定向古代先贤学习，这就是孟子"私淑"孔子的基础。由于孔子距离孟子的年代未久，相距的地理位置也不远，因此这也是孟子在思想极端混乱的历史时期能够扛起儒家思想大旗的关键因素之一。当时，孟子感觉当世难觅知音，于是决定通过读书到前代去认识先贤，从中为自己的思想寻求共鸣和理解。

---

① 参见《孟子·尽心下》第三章。
② 参见《孟子·离娄下》第十四章。

后来，孟子对弟子万章说："一乡之善士，斯友一乡之善士，一国之善士，斯友一国之善士，天下之善士，斯友天下之善士。以友天下之善士为未足，又尚论古之人。颂其诗，读其书，不知其人，可乎？是以论其世也，是尚友也。"①意思是，"一乡中的优秀人物，和一乡的优秀人物交朋友；一国的优秀人物，和一国的优秀人物交朋友；天下的优秀人物，和天下的优秀人物交朋友。如果认为交际天下的优秀人物还不能满足，就要追溯论及古代的优秀人物。吟诵他们的诗，诵读他们的书，但不了解他们的为人，行吗？所以要研究他们所处的时代，这就是上溯历史和古代的先贤交朋友"。

孟子为后代学人提供了宝贵的治学经验，即要真正理解古人则必须研究他们所处的时代和他们的生平，这便是我们通常说的"知人论世"。

天下第一好婆婆

随着年龄的增长，孟子变成了一位高大的男子汉。孟子中上等身高，八尺半左右（相当于现代的 1.9 米左右），腰板挺直，身材匀称，相貌堂堂，说话嗓音洪亮，走起路来脚步稳健，站立时如青松挺立。

俗话说，"男大当婚，女大当嫁"。加冠典礼后不久，孟子结婚了，其妻是他的母亲仉氏相中后决定的。当时，孟子的读书生活已结束，但他仍然留在学堂里做老师。婚后，一切相安无事，家庭生活和谐平静。不料，有一天，小夫妻俩之间却出现了小状况。

那天，孟子到学堂讲学去了，但到学校后发现忘记了东西，便急忙回家来取。时值春末夏初正是换季时节，俗话说"二八月乱穿衣"，古今基本上都是一样而没什么不同。当时，孟子也没有敲门，急匆匆地推门进了内室。

孟子进门后愣住了，只见妻子光着上身，酥胸袒露。原来，妻子正在换衣服，没有想到丈夫突然闯进来了。妻子十分窘迫，满面通红，急

---

① 参见《孟子·万章下》第八章。

忙拿过一件衣服遮挡。孟子也感觉不好意思，没有说话，急忙退了出来。

之后，孟子连续两天都没有搭理妻子。妻子感觉到了丈夫态度的变化，但当天发生的事情她也很无奈，而她怎么想也觉得自己并没有失德之处，于是内心里感觉特别委屈。

三天之后，妻子实在忍受不住了，便直接去找婆婆，要求回娘家去。

仉氏一见儿媳的表情，再加之她眼圈红肿，眼里含着泪水，就猜到是小两口闹矛盾了。于是，仉氏问道："怎么回事呢？子舆欺负你啦？"

"娘，不是他欺负我，都是我不好，惹他生气了。他都两天不搭理我了。您说，我在这里还有什么意思？我想回娘家去。"说完流下泪来，抽抽搭搭的伤心不已。

仉氏劝道："你别哭，你说吧？你是怎么惹他生的气呢？"

儿媳把经过一五一十讲述了一遍，一再说自己换衣服时没有想到丈夫会在那个时候回来，也没有想到他会突然推门进来。

仉氏听完，说："这不怪你，我为你做主。等他回来，我问问他。"儿媳这才回房去了。

孟子回来，被母亲仉氏叫过去。

仉氏直接问道："你这两天冷淡媳妇，究竟是为什么呢？"

孟子便讲了那天发生的事。

仉氏表情严肃，静静地听儿子的陈述，听完后知道儿媳说的都是实情，儿子也没有说谎，于是心里便有数了。

仉氏沉默了一会儿，没有马上说话。这样，孟子心里没底，不知道母亲是什么态度。孟子认为，妻子白天在自己面前袒露身体很不雅，不符合妇道，因此想休了妻子；至于自己两天不搭理她，是想让她知难而退自己回娘家去，这样也免于传出不好的名声。最后，孟子请求母亲仉氏说："娘！我想休了她，可以吗？"不过，孟子说话时吞吞吐吐，有点犹豫。

孟子说完后看着母亲仉氏，瞪大眼睛等待着母亲的答复，就像十几年前他自己逃学回家后向母亲提出不想念书时的情形一样。母亲仉氏双眉紧锁，长长地叹了口气，道："子舆，你坐下，听娘说。"

孟子静静地坐在母亲仉氏身旁听她说话："子舆，你是读书识礼之人。礼中规定：'将入门，问孰存，所以致敬也；将上堂，声必扬，所以戒人也；将入户，视必下，恐见人过也。'如今，你不依照礼的规定做，突然推门就进屋，谁能知道你突然进来？是你违礼在先。本来应该你向媳妇道歉，而你却责备人家，恐怕太不应该啊？咱们应该讲理是不是？"

仉氏的话虽不多，但句句在理，以至于孟子无话可以辩解。于是，孟子立即跪倒向母亲说："娘！您不必再往下说了，孩儿知错，也知道该怎么做了。"

仉氏严肃的面孔并没有舒展，接着说："当年，孔子赞美颜回便有'不迁怒，不贰过'的话。你或许在外面有不顺心之事，但回来把怨气发泄到媳妇身上，这不是大丈夫所为。你既然认识到自己错了，娘希望你能做到'不贰过'，今生不要再犯这样的错误。"

孟子继续跪着说："娘！孩儿都记住了，保证'不迁怒，不贰过'。"

仉氏的表情这才阴转晴，说："那还跪在这里干什么，还不去给你媳妇赔礼道歉！"[①]

仉氏在教育子女方面是值得思考和借鉴的。在儿子和媳妇矛盾纠葛的处理上，仉氏立场坚定、是非分明，态度明确、有理有据，而且能够令儿子心服口服，这一点是极其难得的。因此，仉氏这样的婆母真是百里挑一，可谓"天下第一好婆婆"。

关于仉氏处理儿子媳妇矛盾纠葛这件事，刘向《列女传》和韩婴《韩诗外传》中均有记载。从仉氏口中说的关于《礼记》的话来看，孟母绝非一般的普通家庭妇女，否则不可能即景即事说出那么准确贴切的典故来。

---

① 此事在刘向《列女传·邹孟轲母》和韩婴《韩诗外传》卷九中都有记载。

稷 下 学 宫

一 入 临 淄

在孟子与妻子的矛盾被母亲仉氏轻轻化解后,孟子便开始了全心全意做学问和研读思考。婚后的第三年,孟子便以渊博的知识和在学堂里教书的地位而获取了"士"的资格。那个时候,"士"的身份并非是由专门机构评审的,也不是由诸侯国的国君或哪一级政府认定的,而是一种社会认可。这一时期距离"战国四公子"时代已经不远,"士"的阶层开始兴起并走上历史舞台的中心,各大贵族的养士之风已出现端倪。

这一年是周显王二十一年(前348),孟子已经二十五岁。孟子感觉自己的学识和社会理想已经确立,不满足于当一名教书先生而无所作为,因此他决定走向天下去施展自己的抱负。其时,小小的邹国已经无法满足孟子"达则兼济天下"的雄心壮志,三尺讲台更无法施展他的雄才大略,所以他要去往更广阔的天下。

孟子的目光首先指向了离邹国并不远的齐国都城临淄。

当时,齐国发生了翻天覆地的变化,因为齐国出现了一位伟大的君主——齐威王。齐威王名叫田因齐,生于公元前378年,比孟子大六岁。公元前357年,齐威王时年二十二岁,继田齐政权第三任国君田午之位而成为田齐诸侯国的第四任国君。

在齐威王即位的前几年,齐威王好为淫乐宴饮,国政荒乱,以致齐国的国势一蹶不振。同时,齐国动辄就被外国军队攻打,而且每战必败,然后其国土面积便被对方占领一部分。面对内外交困的局面,齐威王备感焦头烂额。

事实上，齐国当时是有许多人才的，但齐威王在没有下决心干一番大事业的时候是不可能充分认识这些人的。其时，齐威王被群小包围，所听到的多是一些阿谀逢迎之词和歌功颂德的甜言蜜语。不过，齐国内忧外患的残酷现实又迫使这位很有主见的君主有了要振作起来的想法，于是齐威王开始物色人才，准备起用一批德才兼备的贤士来帮助治理国家。

齐国当时人才济济，如齐威王本家同宗大臣田忌、田婴是一文一武，都不是凡品；还有邹忌、淳于髡也都是大贤人。同时，数年前在魏国遭到庞涓陷害被割去髌骨的大军事家孙膑也回到了齐国，他便是在春秋后期和伍子胥并肩作战创造出许多战绩的大军事家孙武的嫡传后人，而孙武所著的《孙子兵法》更成为世界军事文化史上永远的丰碑。

田婴是齐威王的弟弟，齐宣王的叔叔，被封为靖郭君，聪明智慧，绝对是当时天下闻名的人物。[1]田婴的儿子便是"战国四公子"之一的孟尝君田文，更是天下闻名。

当齐威王想要起用贤才的时候，第一个智者登场了，此人便是大名鼎鼎的邹忌。邹忌也写作"驺忌"，时人尊称为邹子，在齐威王的父亲齐桓公田午时便是朝廷大臣。齐国前后有两个桓公，前面的一个便是"春秋五霸"之一、不计前嫌而重用管仲开创齐国霸业的姜小白——姜姓的齐桓公，而后面的一个则是田姓的齐桓公田午。

美男子邹忌

邹忌是齐国著名的美男子，标致帅气，上中等身材，才华横溢，风流倜傥。邹忌比齐威王大五岁，基本上是同龄人，同时他的音乐才能非常高，以至齐国人都知道。

齐国是个有优秀音乐传统的国度，当年孔子便是在齐国欣赏和学习

---

[1] 一般说，靖郭君田婴是齐威王最小的儿子，如此他便应该是齐宣王的弟弟，但在各种人际关系中他的言行则不像是作为晚辈的表现，尤其是后文中关于齐貌辨所说"废太子"一事则更不可能。故田婴当是齐宣王的叔父辈才是合理的。

《韶》乐的，以至于其"三月不知肉味"。邹忌在当时是第一琴师，而年轻的齐威王也是个琴迷，非常爱好弹琴。于是，邹忌便抱着心爱的绿绮琴前去求见齐威王。

齐威王请邹忌在右边的房间里先休息一下。不一会儿，齐威王有点郁闷，便开始弹琴。邹忌推门进来，说："这琴演奏得真好啊！"

齐威王满脸不高兴，推开琴，下意识地手按宝剑柄说："先生只看到我的样子，还没有认真观察品味我的演奏，怎么能知道弹得好呢？"

邹忌说："大弦缓慢而温和，象征国君；小弦高亢明快而清亮，象征宰相；手指勾弦用力，放开舒缓，象征政令；发出的琴声和谐悠扬，大小配合美妙，曲折不正之声而不相干扰，象征四时。我由此能知道您弹得好。"

齐威王说："你很善于谈论音乐。"

邹忌说："何止是谈论音乐，治理国家和安抚人民都在其中啊！"

齐威王又满脸不高兴地说："如果谈论音乐的调谐，我相信没有比得上你的。如果是治理国家和安抚人民，又怎么能在琴弦之中呢？"

邹忌说："大弦缓慢而温和，象征国君；小弦高亢明快而清亮，象征宰相；勾弦用力但放开舒缓，象征政令；弹出的琴声和谐，大小配合美妙，曲折不正之声不相干扰，象征四时。回环往复而不乱，是由于政治昌明；连贯而轻快，是由于保住了将亡之国。所以说，琴音调谐就能保天下太平。治理国家和安抚人民，没有比五音的道理更相像的了。"

齐威王说："说得好极了。你真是我的知音，最理解我的心思了。你来与我一起，使我们齐国振兴起来吧！"说罢握了握拳头。

邹忌受了感染，也同样握了握拳头，说："鄙人愿意追随大王，肝脑涂地，在所不辞。我们将共同演奏一场震惊历史的美妙乐章！"[1]

滑稽大王淳于髡

三个月后，邹忌便被任命为相，齐国政治开始揭开新的篇章。

---

[1] 这一情节参考《史记·田敬仲完世家》所作。

邹忌为相之事引起了齐国另外一位大名人的兴趣，他要考察一下这位新受宠的邹忌是否真的有水平。此人便是淳于髡。

淳于髡比邹忌大一岁，知识渊博，机智聪敏，长相滑稽，其貌不扬，五短身材。同时，淳于髡是赘婿，即入赘到岳父家的人。

淳于髡在齐国本来就是大名人，当宣布邹忌为相后，他就去求见邹忌。邹忌非常了解这位大名人，便虚心等待淳于髡到来。可以说，淳于髡和邹忌双方都深知对方的脾气和秉性。

见面后，淳于髡一抱拳，说："祝你高升，你是真会说话呀！我也有些浅薄的想法，愿在你面前陈述请教。"

邹忌说："好啊！我恭敬地接受你的教诲。"

淳于髡说："侍奉国君如果能周到无误，你的身名就都能够兴盛；如果稍有不周或失误就有危险，可能就要身败名裂。"

邹忌说："我恭敬地接受指教，我会把你的话谨记在心。"

淳于髡说："用猪油涂抹棘木车轴是为了使它润滑，但如果轴孔是方形的就无法转动，抹油再多也无济于事。"

邹忌说："谨受指教，我一定会小心地在国君左右侍奉。"

淳于髡说："拿胶粘用久了的弓杆是为了黏合在一起，但胶也不可能把缝隙完全都合起来。"

邹忌说："谨受指教，我要使自己依附于万民。"

淳于髡又说："狐皮袄即使破了，也不能用黄狗皮去补。"

邹忌说："谨受指教，我要小心地挑选君子，不能让一个小人混杂在其中。"

淳于髡说："大车如果不矫正，就不能正常载重；琴瑟如果不把弦调好，就不能使五音和谐。"

邹忌说："谨受指教，我要认真制定法律并监督奸猾的官吏。"

淳于髡听完，对邹忌高高一揖，说："冰雪聪明，冰雪聪明！实在是高人。齐国大有希望。告辞！"

说罢，淳于髡转身出门并快步走出来，到门外后对他的仆人说："这个人，我对他说了五条隐语，他回答得非常机敏、毫不犹豫，就像回声一样。这个人不久必定受封啊！"果然，不久齐威王就把下邳封给邹忌，封号是成侯①。

淳于髡心中很高兴，他开始回忆起几个月前自己试探并激励齐威王的一段对话。

前文提到齐威王当政初期"好为淫乐，长夜之饮"，国政荒乱，国力下降，时常受到外敌侵扰，但齐威王脾气暴烈，群臣无人敢谏。

于是，淳于髡针对齐威王好隐语的特点，对齐威王说："国中有鸟，止王之庭，三年不飞又不鸣，不知此鸟何也？"

齐威王明白淳于髡的用意，故意很惊讶地也用隐语回答说："是啊！这是只什么鸟呢？但是我知道，此鸟不飞则已，一飞冲天，不鸣则已，一鸣惊人。"从此，齐威王开始振作起来②。

"一鸣惊人"的成语就这样诞生了。

靖郭君田婴

靖郭君田婴是齐威王的同父异母弟弟，精明强干，智商和情商都非常高，善于处理各种复杂的人际关系，故深受人们的欢迎。田婴尤其有识人之明，其突出表现是他慧眼识齐貌辨。

《战国策·齐策一》中记载了这个传奇故事：

当田婴刚刚受到器重而有一定地位的时候，田婴特别看重一位叫齐貌辨的人。此人其貌不扬，一身毛病，头上有一块黄皮疮，一挠就纷纷扬扬飘下来一片片黄色碎屑，还有一点不好闻的味道，真的很不雅。此人说话特别不受听，很多人都烦他，但田婴就是喜欢他、器重他。田婴手下一个主管律法的官员因为嫌弃齐貌辨而说其不好，但田婴不听，便辞职而去。田婴家人也劝阻他，但都遭到他的训斥，同时他还让齐貌辨住进最高级的房间，让他的大儿子亲自服侍。

---

① 这一情节参考《史记·田敬仲完世家》所作。
② 参见司马迁《史记·滑稽列传》。

　　齐威王对田婴是真的信任，但他越信任田婴就越发引起另一个人内心暗自的不满，这个人就是太子田辟疆。齐威王死后，太子田辟疆登基，这就是齐宣王。齐宣王不喜欢田婴，还有点嫉妒，于是就把田婴的权力全部剥夺并让他回到采邑薛地去了。

　　回到薛地后，田婴极端郁闷，茶饭不思。三天后，齐貌辨来求见田婴，请求到朝廷去见齐宣王。田婴愁眉苦脸地说："我看你不要去，太危险了。大王对我疑心很大，对你可能更烦，你去很可能要被杀。"

　　齐貌辨说："我本来就没想活，请允许我去，而且我必须去！"

　　到了临淄，齐貌辨见到了齐宣王，而齐宣王正满肚子气地等着他。不过，齐貌辨还是依照礼制见礼，礼仪一点不差。齐宣王问："你来干什么？你是靖郭君（田婴）的大红人。靖郭君对你最爱，最听你的话。"

　　这时，齐貌辨说话了，而且特别流利："靖郭君最爱我，那倒是真的，但一点也不听我的话。他如果有一次听我的话，也不至于有今天。"说完，眼皮上翻，挠挠头上的黄皮疮，细小的黄色碎屑纷纷飘下，完全不在乎齐宣王的感受。

　　齐宣王皱皱眉头，问："你把话说明白，什么意思？"

　　齐貌辨眨巴眨巴眼睛，咧几下嘴，说："大王刚为太子时，先君威王曾经犹豫。我建议靖郭君说：'太子相貌不仁，不是仁厚之主。不如废了太子，改立卫姬之子郊师。'靖郭君一听，流泪说：'不可以这样做，我不忍心！'如果他听我的话而做，必无今日的忧患，这是其一。"

　　齐貌辨说到这里稍微停顿一下，见齐宣王在仔细聆听思索后，便接着说："到采邑薛地后，楚国昭阳要用几倍土地换薛地。我说：'一定要答应对方！'靖郭君说：'不可以。我是接受先王之封而到薛地，虽然被后王厌恶，如果把薛地换出去，我怎么能对得起先王呢？况且先王的祖庙在薛地，我怎么能把先王的祖庙换给楚国呢？'又不肯听我的意见。如果他肯听我的话，也不会像今天这样狼狈了。"说完，齐貌辨以一种胜利者的姿态等着齐宣王的反应。

　　齐宣王听罢，眼眶里含着眼泪，说："靖郭君对我竟有如此恩德啊？可惜我年轻，这些事情我都不知道啊！客人能为我把靖郭君请回来吗？"

齐貌辨说："一定照办！"

田婴穿着当年齐威王赐给的衣服，戴着齐威王赐的冠，佩着齐威王赐给的宝剑前来，而齐宣王则亲自到城郊迎接，请其为相。田婴推辞，三天后接受，从此继续掌握齐国的大权。当然，正因为有田婴的再度出山执政，才会有其后的孟尝君田文。——这是后话，先在这里叙过。

邹忌讽齐王纳谏

齐威王开始发愤图强，邹忌也尽心竭力辅佐。

齐国都城临淄南城有一位徐公，是邹忌的好朋友。徐公是极有魅力的美男子，连邹忌都自叹弗如。邹忌曾经问自己的妻妾和客人，自己和徐公谁美。妻妾和客人都说邹忌美，但邹忌自己还是不自信。

某一天，徐公来邹忌家做客，邹忌便暗自对着镜子和徐公进行比较，看一眼徐公，又看一眼自己，但无论怎么看都感觉自己就是不如徐公美。对此，邹忌总结道："妻说我比徐公美，是因为爱我；妾说我比徐公美，是因为怕我；客人说我比徐公美，是因为有求于我。"于是，邹忌上朝后便用这个事例劝谏齐威王纳谏，主动征求官民对于国家大事的意见。

"王曰：'善。'乃下令：'群臣吏民能面刺寡人之过者，受上赏；上书谏寡人者，受中赏；能谤讥于市朝，闻寡人之耳者，受下赏。'令初下，群臣进谏，门庭若市；数月之后，时时而间进；期年之后，虽欲言，无可进者。"①

这段话的大意是——

齐威王说："你说得很好！"于是就下命令："大小官吏和百姓们，能够当面批评我过错的人，给予上等奖赏；上书直言规劝我的人，给予中等奖赏；能够在众人集聚的公共场所指责议论我的过失，并传到我耳朵里的人，给予下等奖赏。"命令刚下达，许多大臣都来进献谏言，宫

---

① 参见《古文观止》卷四。

门和庭院像集市一样热闹；几个月以后，还不时地有人偶有进谏；满一年以后，即使有人想进谏，也没有什么可说的了。

由于齐威王虚心接纳谏言，并广泛征求文武百官和百姓的意见，这极大地调动了全国人民的积极性，使得齐国出现了一个全民总动员的热潮。这便是出自《战国策·齐策》而被后世《古文观止》改为《邹忌讽齐王纳谏》的著名故事。

治理国家首先得从内政开始，因为国内不能同心协力，百姓的心气就不能调动起来，自然对外便没有力度。于是，齐威王和邹忌安排了几名绝对可靠的人到即墨和阿城等几个城去明察暗访，以考察卿大夫们的管理能力。

齐国和其他诸侯国不同，卿大夫的封地都很小，因此齐国的领土都归齐王控制。齐国设立五都制度（相当于五大行政区），即国都临淄以及别都高唐、平陆、博、邯郸，每个都派一位大夫（地方长官，带兵的主将）管理；同时下设七十二县（与今天的县不一样），每个城设县令长进行管理，但这些大夫只有管理权而没有所有权。

当时，齐威王也带领了几名随从分别到五都走了一遭，以察看地方长官的行政能力和品性。

一 鸣 惊 人

回到朝廷，齐威王心中对这五都的情况是一清二楚，于是紧急召集全国各地的大夫和县令长到朝廷来。

这一天，满朝文武齐全，五都的大夫和县令长七十二人也全部到齐，气氛很严肃。齐威王表情温和，和蔼地说道："即墨大夫！"

即墨大夫神态安然，手持笏板出列，答道："臣在！"

满朝人都不知道大王为何突然对即墨大夫单独训话，只听齐威王说道："自从你治理即墨，毁谤你的言论每天都有。可是，我派人到即墨视察后，只见田野得到开垦，百姓生活富足，官府没有积压的公事，民风淳朴，民心大顺，因而齐国的东方得到安定。但是，由于你不会逢迎我的左右而得不到赞扬，你是个勤恳务实、爱护百姓、干实事而忠于朝廷的好官，我就需要你这样的人！因此，我封你一万户食邑。"

即墨大夫谢过，说道："大王圣明。"

齐威王目送即墨大夫回列后，表情变得严肃起来，并大声说道："阿城大夫出列。"

阿城大夫一脸谄媚地出列，答道："臣在。"因为他在威王身边有两个心腹，故他感觉自己应该能受到更大的封赏。

齐威王厉声说道："自从你治理阿城，我每天都能听到赞扬你的话。可是，我派人到那里去访察民情，我也亲自到阿城去视察，只见田野荒废，百姓贫苦，怨声载道。从前，赵军进攻甄城，你未能援救；卫国夺取薛陵，你也不知道。但是，你用财物贿赂我的左右来求得赞扬，欺骗我而得到嘉奖，如此欺君罔上，鱼肉百姓，罪该万死！我今天就烹了你，杀一儆百！来人，将其拖出去烹了！"

阿城大夫立即瘫软在地上，说不出话来。

齐威王扫视满朝文武，当即下令将身边为阿城大夫唱赞歌的两名内侍也都一起烹了。至此，文武百官都受到极大震撼，齐威王身边的内侍也都噤若寒蝉。这样的举措具有极大的震慑力，全国振动，风气一变[1]。

书中代言，正是这位即墨大夫治理下的即墨地方政治清明，具有很强的凝聚力和向心力，以至于在数十年后齐国被燕国名将乐毅攻击并几乎全国被占领的危难时期，齐国名将田单率领自己的家族和家兵在临淄突出重围来到这里与军民拼死守城，即墨城才一直没有被攻破。后来，齐国在时机到来开始反击的时候，田单也是在即墨运用火牛阵打破僵局而吹响反击号角的。由此可见，即墨是个有优良传统的地方。

两年后，齐国国力大增。于是，齐威王下令扩大稷下学宫，将学宫办成了天下最好的学习场所。至此，稷下学宫成了天下学术中心，并迎来了第一个高峰。

---

[1] 这一情节参考《史记·田敬仲完世家》所作。

稷 下 学 宫

　　孟子带着自己的几个弟子到达齐国临淄，其时正是稷下学宫开始兴盛的时期。这所学宫是当年齐桓公田午开创的，在稷门附近，但规模不够宏伟。齐威王将稷下学宫重新规划，划出非常宽阔的一大片土地，建造了设施齐全的讲学和学术研究的场所。很快，稷下学宫就成为当时全天下学术、教育和文化的中心。

　　司马迁说："开第康庄之衢，高门大屋尊崇之。"① 新修建的宽广的街道纵横交错，许多所比较豪华的宅院也建造完成，其中还有几所公用的高级学堂以招揽天下学者，有一定学术水准的"享上大夫之禄"即给予相应的爵位和俸禄，并一度多达七十六人。可以说，稷下学宫绝对是当时天下第一的高级学府。

　　那么，齐国统治者为什么建造如此规模的稷下学宫，同时稷下学宫中占主导地位的学术思想又是什么呢？我们需要对此简要说明一下，这样对孟子在这里的经历也会有所了解。

　　开创稷下学宫的是田齐政权的第三代国君齐桓公田午，而把稷下学宫推向繁荣的则是第四代国君齐威王田因齐。当时，在天下普遍奉行的政治思想中，大臣弑君是要遭受严厉谴责的。然而，田成子却是杀掉姜姓齐简公后把持齐国政权的，其后到齐威王时代时姜姓齐国已经完全被灭掉了。这样，田齐各代国君都有一个心结需要打开，就是田齐政权取代姜齐政权是否合理。

　　于是，田齐政权内部的士人和学者便把田齐家族的源头向前推到黄帝时代，认为黄帝是田齐的祖先。同时，在那个时代颇负盛名的老子是陈国人，而田齐的真正血脉是陈国的贵族。于是，田齐便把黄帝"垂拱而治"的思想与老子顺应自然、无为而治的观念巧妙结合起来，作为齐国当时的主导思想。因此，稷下学宫的主流学术思想便是黄老之学。——汉朝初年，占据统治地位的是黄老之学而不是儒学，而这便是稷下学宫

_____

① 参见《史记·孟子荀卿列传》。

的余绪。

在田齐时代，稷下学宫已经汇集了天下各派学者，知名的也有几十人，许多都是各个学派的代表人物，如淳于髡、邹衍、田骈、慎到、申不害、接子、季真、环渊、彭蒙、尹文等都是成名的人物。

当时，最兴盛的是黄老之学。司马迁《史记·孟子荀卿列传》中说："慎到，赵人。田骈、接子，齐人。环渊，楚人。皆学黄老道德之术。"同时，这一学派的人著述丰厚，如"慎到著《十二论》，环渊著《上下篇》，而田骈、接子皆有著焉"。除黄老学派外，其他几个学派如儒家、墨家、法家、杨朱、农家、阴阳家、兵家等学说都有，但阴阳家邹衍的学说则独树一帜。因此，这一时期的稷下学宫真正是百花齐放、百家争鸣，可谓五花八门，什么学说都有。对此，田齐政权以宽松包容待之，一概不予禁止和过问。

据现有的文献资料看来，稷下学宫在孟子到来以前最起码是没有知名的儒家学者。淳于髡以滑稽善辩著称，但其主导倾向更偏重于黄老学说，因此他在很长时间里都有着统领学宫的意味。同时，淳于髡与齐威王和齐国当政的邹忌关系很亲密，因此可以说他是一位沟通稷下学宫和田齐统治者的桥梁式的重要人物。

孟子来到稷下学宫，对于儒家学派登上主流学坛参与争鸣具有重要的意义。后来，在孟子离开之后不久，荀况便进入了稷下学宫，前后三为祭酒，这对于儒家学说始终没有退出主流意识形态的中心地位是至关重要的。

在稷下学宫这样的格局和思想政治取向下，孟子初来乍到并不是很有利。当时，孟子刚刚二十五岁，与先前到达这里的众多学者相比实在是太年轻了，但稷下学宫还是以他的学识和社会知名度为其提供了一套比较不错的住宅，并给予了一定数量的生活费用，这样他和几个弟子住下来便没有问题了。

几个月后，孟子和这里的一些学者建立了密切的关系，也有过一些交往。渐渐地，孟子的王道政治理想和为政以德的思想也开始征服一些青年学生。几年后，孟子感觉到在稷下学宫生活没有问题，讲学也没有问题，但是要实现他大济苍生的宏愿则没有机会。孟子听说地处中原的魏国是个强国，魏国君王梁惠王也很重视人才，便想前去寻求发展机会。

魏文侯与子夏

周显王二十五年（前344），即梁惠王二十六年的春夏之间，从齐国都城临淄往魏国都城大梁的大道上有一辆两匹马拉的轻便车正在奔驰，车上坐着三个儒生打扮的人。这三人是师生关系，老师便是孟子，弟子是万章和公孙丑。其时，师生三人在谈论着此行的目的，也预测着未来的前景。

这一年孟子二十九岁，正是精力旺盛、理想飞扬的时候。孟子在齐国的稷下学宫中算是青年才俊，但那里人才济济，他虽然已比较出色却很难脱颖而出，故而也未得到齐威王的重视。于是，孟子便决定到国力比较强大而且也很有魄力的魏国去看一下，也见见这位天下闻名的风云人物——梁惠王魏罃。

孟子一生中所接触的最关键的国君便是梁惠王、齐威王、齐宣王和滕文公这四位，其中尤其以梁惠王和齐宣王为最。这位梁惠王在当时绝对是天下风云人物，因为他是战国历史转折的关键人物，而魏国从此也走向了衰落。

"三家分晋"，标志着战国的开端。当时，各个诸侯国都处于起步阶段，对于兼并战争还没有充分的认识，而魏国属于最先发动兼并战争的国家。不过，这还要追溯到魏文侯的时代。

魏文侯当政之前，正好孔子的弟子卜商即子夏到西河来讲学，魏文侯的父亲魏桓子便请子夏做自己儿子的老师，而他的儿子便是魏文侯魏斯[1]。魏文侯深深折服于子夏的渊博学识和对政事的判断，对子夏言听计从，与大贤段干木、田子方为友，礼贤下士，仁义诚信。魏文侯当政后，他重用极有能力的李悝和翟璜为相，建立新的政治制度和经济秩序，极大地调动了百姓的积极性，国家几年便富足起来；重用极有军事才能的吴起和乐羊为将，建立了一支特别能战斗的军队。这样，魏国国富兵强，

---

[1] 侯丕烈：《卜子夏在孝义》，山西古籍出版社，2006年，第56页。

很快便将周边许多小的诸侯国兼并了，从而使魏国的地盘迅速扩大。在这期间，吴起、西门豹都是魏文侯重用提拔的人才，他们都是在中国历史上的大名人。

从历史上看，名人往往是成群结队地来，其实就是一个大圣贤带出一批名人。孔子曾经赞美过的人都留下了赫赫大名，如季札、蘧伯玉、子产、管仲、晏婴、甯武子、史鱼等，至于孔子弟子中有大名者起码有十几名。因此，司马迁深有感触地说："伯夷、叔齐虽贤，得夫子而名益彰；颜渊虽笃学，附骥尾而行益显。"可以说，伯夷、叔齐、颜渊都是因为孔子而在历史上留下大名的。同时，由于孔子几次赞美伯夷、吴太伯，司马迁写作《史记》时便将伯夷作为七十列传之首，将吴太伯列为三十世家之首。

在一定的历史时空中，名人之所以集群出现，实际便是共同创造历史文化的原因。例如，因为魏文侯的文治武功，所以跟随魏文侯的人也都在历史上留下了名字。

魏文侯之所以成为战国争雄风气的开创者，与春秋末期孔子的教学传道有直接的联系，因为魏文侯是孔子的弟子子夏的弟子。子夏生在公元前507年，魏文侯魏斯生在公元前472年，子夏比魏文侯年长三十五岁。当时，魏国成长起来的几位著名人物，如最开始变法的李悝（别名李克）、吴起，名士田子方、段干木、公羊高、穀梁赤等都是子夏的学生。从这个名单中可以看出，魏国之所以能最先强大起来，与魏文侯重视文化教育有着直接的关系。

《战国策》中有两段关于魏文侯的文字，颇引人关注和思考：

"文侯与虞人期猎。是日，饮酒乐，天雨。文侯将出，左右曰：'今日饮酒乐，天又雨，公将焉之？'文侯曰：'吾与虞人期猎，虽乐，岂可不一会期哉！'乃往，身自罢之。魏于是乎始强。"[①]

意思是，魏文侯与管理山林猎场的虞人约定前去狩猎。这一天，魏文侯和大臣饮酒非常高兴，而且天又下起了雨。魏文侯将要出门，左右

---

① 参见《战国策·魏策一》。

的人说："今天饮酒特别高兴，天又下雨，您将要去哪里？"魏文侯说："我和虞人预约去打猎，虽然我们很高兴，天又下雨，但怎么可以失信而不去赴约呢？"于是亲自前去告诉虞人，停止这次打猎活动。就这样，魏国开始强大起来。——这最后的一句话特别关键，因为这么一件小事却被记载之人称为魏国"始强"的原因和起点。

魏文侯对管理山林和猎场的属下如此守信，实际上体现了魏文侯对人的尊重。这种表现是具有示范作用的，可以辐射到很大的范围，其潜移默化的影响自然也是无法估量的。因此，《战国策》才在最后记载"魏于是乎始强"，可谓见微知著。

"韩、赵相难。韩索兵于魏曰：'愿得借师以伐赵。'魏文侯曰：'寡人与赵兄弟，不敢从。'赵又索兵以攻韩，文侯曰：'寡人与韩兄弟，不敢从。'二国不得兵，怒而反。已乃知文侯以构与己也，皆朝魏。"[1]

意思是，韩、赵、魏三国原来都是晋国的，三家分晋将之变成了三个国家。当时，韩国向魏文侯借兵，欲讨伐赵国。魏文侯态度很明确，说："我和赵国是兄弟，不能听从您的意见。"赵国也来借兵讨伐韩国，魏文侯也说了类似的话。韩、赵两国都没有借到兵，遂怒而决定相互合作，这才知道魏文侯将两国都看成兄弟，便都来向魏国朝拜。

这是魏国一个简单的外交活动，但其中包含着魏文侯的诚信。当韩、赵两国分别向魏文侯借兵的时候，魏文侯说的都是"我和某国是兄弟"的话，而且说到做到且绝对不帮助他人攻伐兄弟。这就保证了魏国与邻国的友好关系，保证了和平发展的外部环境。

由此可见，守信才是魏文侯强国的关键。

李悝与翟璜

当然，魏国要强大起来，必须有优秀的执政者，即由何人为相的问题。魏文侯和他的心腹谋士李悝商量道："先生曾经教诲我说'家贫则

---

[1] 参见《战国策·魏策一》。

思良妻，国乱则思良相'，如今到了我设置相的决定时刻了。现在相有两个人选，不是魏成子就是翟璜，你看这两个人中哪一位更合适呢？"

李悝回答道："我听说，地位低的不给尊贵者出谋划策，关系疏远的不给关系亲密的人出谋划策。我不在宫廷内部，故不敢接受你的询问，也不敢参与此事。"

魏文侯说："先生面临如此大的问题，请你不要谦让推辞。"

李悝说："您没有仔细观察罢了。平常观察他在日常亲近什么人，看他富裕后都接济什么人，看他发达后都推举什么人，看他地位低微时不屑于干什么，看他生活贫困时对哪些财富不取，只要观察到这五个方面就足够了，哪里要等待我李悝的意见呢？"

魏文侯说："我明白了，先生回家去吧！相的人选已经确定了。"

李悝告辞出来，直接去了好朋友翟璜的家。翟璜见李悝来了，他知道魏文侯在选相，也知道魏文侯和李悝的关系以及对其的信任，见李悝来到便迫不及待地问道："听说今天国君召你去商量确定相的事，最后确定谁了呢？"

李悝说："确定魏成子为相了。"

翟璜一听立刻满脸怨气，说道："就从所见所闻来看，我哪方面输给魏成子了呢？西河太守，是我推举的。国君以治理邺为忧，我引荐了西门豹。君想要讨伐中山，我引荐了乐羊。中山无人治理，我又推举了你（指李悝）。国君之子缺老师，我推举了屈侯鲋。你说说，我哪一点不如魏成子？"

李悝说："你别激动，别生气，冷静下来想一想。你把我推举给国君，难道是为了相互吹嘘、拉帮结伙而追求大官吗？恐怕不是吧？君问我设置相的意见，'不是魏成子就是翟璜，您看二人如何？'"

翟璜的怒气消减不少。李悝继续说："我回答说：'您没有仔细观察罢了。平常观察他亲近什么人，富裕时看他都接济什么人，发达时看他都推举什么人，地位低微时看他不屑于干什么，生活贫困时看他对于哪些财富不取，只要观察到这五个方面就足够了，哪里要等待我李悝的意见呢？'所以，我就知道是魏成子为相了。"

翟璜没有插话，继续听着，怒气全消了。李悝继续说道："何况你怎么能和魏成子相比呢？魏成子把他食禄千钟的九成都用在外面，只有一成自己家人享用，所以得到卜子夏、田子方、段干木的尊重和爱戴，这三位先生是国君都作为老师尊敬和对待的。你所推举引荐的五个人，他们都是国君的臣子。就凭这一点，你怎么能和魏成子相比？"

翟璜满面通红，局促不安，连忙道歉道："翟璜是个孤陋寡闻的小人，回话有过失，对不起！对不起！我愿意终身做你的弟子。"①

李悝从魏文侯处回来直接到了翟璜家，而且通过二人的对话可以知道他和翟璜的关系非常亲密，但他并没有直接推举翟璜，反而从他的态度来看是推崇魏成子的。由此可见，李悝、翟璜二人都是君子，也是能够实话实说的真朋友。

梁惠王与公叔痤

魏文侯的儿子魏武侯名叫魏击，他继承了父亲的志业，在军事指挥上还有一定魄力与韬略，但在礼贤下士方面则相去千里，致使人才外流，如吴起就离开魏国到楚国去了。

在魏武侯之世时，魏国依旧是当时国力最强盛的大国，依旧可以傲视天下各国。到梁惠王（魏惠王）时，魏国国力渐渐衰败，但依旧还属于大国之列。

其实，在梁惠王初年，他有一个最重大的失误是商鞅离魏归秦，而秦国的崛起是魏国衰落的关键因素。

公叔痤在魏武侯时期为相，为人清廉，颇得人心。在梁惠王即位几年后，公叔痤便衰老多病了。在公叔痤临终前，梁惠王前去探望，并最后请教道："你老病情如此严重，如果有什么不讳，社稷可怎么办？请你指教我。"

公叔痤说话有点吃力，他小声告诉梁惠王："我手下有个人物，就

① 参见司马迁《史记·魏世家》。

是御庶子公孙鞅（商鞅）。这绝对是个人物，我死之后愿大王把国家大事托付于他，一切听他的安排。如果不能够重用他，也千万不要让他离开魏国。千万记住！千万记住！"

不过，梁惠王没有明确的态度。公叔痤看出梁惠王的迟疑，便让梁惠王靠近自己，再次小声说："公孙鞅绝对是难得的人才，有韬略，有胆识。你如果能够重用他，是魏国的大幸；如果不能重用，或者杀了他，或者囚禁他，但千万不要让他到外国去。"

梁惠王点点头，说："知道了。知道了。"依然没有明确表态。告辞后，梁惠王对随行人员说："人老了就糊涂了，也确实挺悲哀的。以公叔痤的贤良，临终却让我把国家大政都交给公孙鞅，岂不是太悖谬、太糊涂了吗？"

梁惠王走后，公叔痤叫公孙鞅到自己跟前来，告诉他趁自己没有死时赶快逃出魏国，否则他一死其后果堪忧。公孙鞅感谢公叔痤的关照，但他并没有立即逃走。

公叔痤死后，公孙鞅知道了梁惠王和公叔痤的对话，有人劝他赶快逃走，但他笑道："公叔痤对我有知遇之恩，我要参加他的葬礼后再离开。大王既然不听公叔痤的建议，不会重用我，但也不会对我有什么不利，不会加害于我。"

因此，等公叔痤下葬后，公孙鞅大大方方离开魏国投奔秦国而去。在秦国，公孙鞅受到了秦孝公的重用，开始了轰轰烈烈的变法运动，很快使边鄙小国秦国富强起来，并成为最后统一天下的起点。然而，魏国则逐渐衰微，最后被秦国灭掉了。为此，《战国策》云："此非公叔之悖也，惠王之悖也。悖者之患，固以不悖者为悖。"①

商鞅"徙木立信"

春秋转入战国是个渐进的过程，但秦国最后能够统一六国则有一个

---

① 参见《战国策·齐策一》。

明确的起点，即秦孝公重用商鞅进行变法。

《史记·商君列传》中记载，商鞅取得秦孝公高度信任后，制定具体的法令条文，对以前许多陈规陋习进行全面改革。"令既具，未布，恐民之不信，已乃立三丈之木于国都市南门，募民有能徙置北门者予十金。民怪之，莫敢徙。复曰'能徙者予五十金'。有一人徙之，辄予五十金，以明不欺。卒下令。"

意思是，变法的制度法令都制定好，但没有立即公布，担心百姓不相信，便在秦国都城南门立一根三丈高的干木头，公开招募有能力将木头搬到北城门的人则给十镒金子。要知道，一镒是二十两，十镒就是二百两黄金，但当时都城的规模不大，城的南门到北门的距离顶多四里地，真正的劳动价值恐怕连半镒黄金都不用。所以，人们不信，也没有人去搬木头。然后，又下令给五十镒。之后，有个壮汉便将那木头从南城门扛到了北城门，官府立即兑现了五十镒黄金。这样，人们都奔走相告，说官府说了算数，商鞅说话也算数。于是，法令一颁发，全民响应，各阶层的积极性都调动起来，出现了全国百姓勤劳创造财富的热潮。

不久，秦太子触犯新法，商鞅坚持执行新法，但按照律例不能对太子治罪，便治罪太子的老师即太傅。秦国百姓看到了律法的严格，便开始遵守法令。"行之十年，秦民大说，道不拾遗，山无盗贼，家给人足。民勇于公战，怯于私斗，乡邑大治。"[1] 之后，秦国开始了兼并战争，揭开了统一天下的大幕。

后世对于商鞅变法的作用没有异议，都承认其促进历史发展的意义。贾谊《过秦论·上》的开头便说："秦孝公据崤函之固，拥雍州之地，君臣固守以窥周室，有席卷天下，包举宇内，囊括四海之意，并吞八荒之心。当是时也，商君佐之，内立法度，务耕织，修守战之具，外连衡而斗诸侯。于是秦人拱手而取西河之外。"

北宋的王安石在变法过程中遭到保守派的攻击，有人影射他是商鞅，于是他写作了《商鞅》一诗对商鞅变法给予评价。诗云："自古驱

---

① 参见司马迁《史记·商君列传》。

民在信诚，一言为重百金轻。今人未可非商鞅，商鞅能令政必行。"

商鞅"徙木立信"的举动其实是权术，是为表现推行新法的决心而必须做的示范而已。试想，在城的南门立根木头，招募人将其扛到城的北门，实际上穿越都城南北时便需要经过全城的中心大街，相当于做了一次大力度的推广宣传。

商鞅本来是魏国的人才，只因在魏国不受重用才到了秦国并为其所用而推行变法，从而使魏国的强邻秦国迅速强大起来。试想，吴起不投奔楚国，商鞅不投奔秦国，他们都为魏国所用将会是怎样的局面呢？当然，这已经是很多年前发生的事情了，但这实际上也可以看出梁惠王的不识人，而不识人便不能重视真正的贤人。

就在孟子前往魏国都城大梁的时候，梁惠王刚刚在逢泽（今开封市东南）召集秦、韩、宋、卫、鲁等十二个诸侯国朝见周天子即所谓会盟，而魏国则由于这次会盟才被周天子晋封为王。在这次会盟前，梁惠王只能称魏惠侯，但会盟后就可以称"王"了。由此可见，魏国在当时还是有相当的号召力的。

孟子和万章、公孙丑乘坐的马车进了大梁城的夷门，即东门。夷门曾经发生过动人的故事，但那是孟子身后的事情，是与后来的荀子同时代的，而后世的唐代诗人王维还写过七言歌行体《夷门歌》歌颂侯嬴的千秋义气。孟子师生三人找了一个条件不错的地方住下来，准备先考察一下魏国的民俗民风以及这里的治理情况。

大梁是魏国新建的都城，城里街道整齐，商业繁荣，社会治安也不错。孟子安心地在大梁城住下来，他并没有急于求见梁惠王，也没有到魏国专门接待宾客的地方去做记录。

一见梁惠王

周霄求见

几天后，魏国的一位官员周霄前来求见孟子。

见面后，周霄、孟子二人都互相打量一下对方。周霄比孟子大几岁，是位儒雅的官员，从他的服饰可以看出他是在朝廷中供职的人。孟子则堂堂正正，一脸正气而没有一点媚骨和媚色，也没有狂傲之气，有点威严而不可侵犯的气度。很快，周霄、孟子二人的话题转入正题。

周霄问孟子："古代的君子出仕当官吗？"

孟子回答说："当然出仕啊。《传》上说：孔子三个月不能得到国君的信任而当官就忧心忡忡，去别的国家则一定要带上礼品。公明仪也说，古代的士人如果三个月不当官就要去安慰他。"

周霄问："三个月不当官就要去进行安慰，不是太急了吗？"

孟子说："士人失去了官位，就好像诸侯失去国家一样。《礼》上说：'诸侯实行助耕，用来供应祭祀的食品，夫人养蚕抽丝用来做祭祀的服装。'牛羊没有养好，食品不洁净，祭服不完备，不敢进行祭祀。'士如果没有用来供应祭祀的田地，那么也不祭祀。'宰杀的牲口、祭祀的器皿、祭祀的服装如果不完备，也不敢进行祭祀，也不敢举办宴会，那还不足以值得慰问吗？"

周霄问："据说士人走出国界一定要带着见面礼，这又是为什么呢？"

孟子回答："士人出仕，就好像农民耕种田地，而农民怎么会因为出了国界就舍弃他的锄头和犁杖呢！"

孟子的话很清楚，士人就是要当官的，就是要参与管理国家或者地方的。士人的官职，就像诸侯自己的国家或农民自己的土地一样，那是谋生的手段。孟子认识到，随着生产能力的提升，社会分工是必然的，是社会进步的表现。这种观点非常清楚和明确，因此孟子后来驳斥农学者许行的理论在这一时期已经非常成熟了。

周霄说："晋国也是可以出仕的国家啊，没有听说过想要出仕竟如此急迫。出仕既然如此急迫，而君子之人却难以出仕，又是为什么呢？"

这里的"晋国"就是指魏国。"三家分晋"后，魏国占据中心位置，领土又特别大，而魏文侯和魏武侯两代打下的基础特别好，因此魏国君臣往往把自己的国家称作"晋国"。因此，这句话的潜台词是——"既然士人急于出仕，而魏国也是可以出仕的国家啊，先生您怎么不去出仕呢？"

孟子说："所有的人都有一个共同的心愿：生下男孩儿后就愿意他长大后有自己的妻子，生下女孩儿后就愿意她长大后有自己的丈夫，有自己的家。当父母的这种心情，人人都有。但是，如果不等父母同意，不经过媒人介绍，便自己透过窟窿眼和门缝相互偷看并跳过墙去偷偷摸摸苟合，那么父母和其他人都会看不起。自古以来的士人没有不想当官的，但又都厌恶不经过正当途径当官的人。不经过正当途径而到处钻营当官的，就和钻窟窿、盗洞苟合的人一样。"[1]

孟子的话潜台词是，士人当官不能像小偷似的到处钻窟窿、盗洞，要光明正大，要走正常的途径。这便是暗示说，孟子不能自己去求见，需要有人引见，需要国君的召见。

周霄听到这里，说："先生，我知道您的为人了，我也知道应该怎么做了。您等好消息吧！"

梁惠王魏罃

孟子自然希望能早一点见到梁惠王，以游说天下英主而推行王道政

---

① 参见《孟子·滕文公下》第三章。

治，实现其造福于天下百姓的仁者情怀。与周霄对话的第二天，宫中来内侍请孟子进宫，这是梁惠王要召见孟子。

梁惠王当年五十七岁，比孟子大将近三十岁，虽然尚未进花甲，但执政已三十多年。不久前，梁惠王刚刚召集十二国诸侯朝拜了周天子，又得到了"王"的封号，更是雄心大增。当听说闻名天下的青年学者孟子来到魏国，梁惠王便想炫耀一下，于是他在御花园里召见孟子。

梁惠王见内侍引导着一位很魁梧伟岸的青年人到来，知道这便是当今儒家学派的代表人物——大名鼎鼎的孟子了。梁惠王以大国国君的尊贵身份显示着自己的派头，只见他倒背着手挺胸站在池塘旁边，对孟子说道："先生便是邹人孟轲吧？欢迎你来敝国。"语气有点轻慢。

孟子微微施礼，不卑不亢地答道："外臣孟轲参见大王。"

梁惠王的傲慢情绪减少了一些，他回头看看在池沼旁边悠闲漫步的鸿雁和麋鹿，转过头来微笑着问孟子道："贤人也认为这种生活很快乐吗？"

孟子很严肃地说："真正的贤人，最后都以此为快乐；不贤的人，虽然有这种优越的条件，也不可能快乐。"

梁惠王听着，不太明白孟子这话的含义。

孟子接着说："《诗》说：'刚刚开始经营建造灵台的时候，百姓都来积极劳作，不久就建成了。开始建造的时候，周文王并不着急，建成后百姓们都到这里游玩。周文王在这里的时候，许多麋鹿都安详地俯伏着，肥胖硕大而毛色鲜亮，白色的鸟也同样安静休闲。周文王在这里的时候，满池沼里都有鱼在跳跃。'周文王运用百姓的力量建造灵台和池沼，而百姓都非常欢乐。称那个台子为灵台，称那个池沼为灵沼，喜欢其中的麋鹿和鱼鳖。古代的人和百姓同乐，所以能真正快乐。《汤誓》上记载，百姓说'那个天子什么时候灭亡，我宁可和他一起去死'。百姓都宁愿要和他一起去死，即使有高台池沼、鸟兽鱼虫，那他又怎么能够独自快乐呢？"①

---

① 参见《孟子·梁惠王上》第二章。

梁惠王讪讪地说道："寡人明白先生的意思了。先生先在敝国游览，寡人随时向先生请教。"话不投机，孟子告辞出来。然后，梁惠王安排孟子住在国宾馆中。

孟子带领万章和公孙丑游览了大梁城。大梁城是新兴的都城，街道宽敞，市场繁荣，货物齐全，琳琅满目。城郊有一个面积宽广的演武场，一位威风凛凛的中年军官正在操练士兵，队伍整齐，士气高昂。这位中年军官满脸英气，真是训练士兵的行家里手啊。

书中暗表，此人便是历史上大名鼎鼎的军事家庞涓，他和齐国人孙膑是同学，都是当时的神秘高人鬼谷子的高足。庞涓是魏国人，他出师后便回到了魏国发展，而在今山西孝义市城南关还有庞涓墓遗址[①]。

由于梁惠王好战且雄心勃勃，庞涓便得到了重用。听说庞涓在魏国发展势头很好，孙膑前来看望他，当然也有想得到君王重用的心思。不料，孙膑被庞涓设计陷害，被割去一双膝盖骨成了残疾人，不得不装疯卖傻在街市上乞讨为生以寻求能够回到齐国的机会。后来，齐国使者来魏国，孙膑暗中求见齐使，然后设巧计骗过庞涓，这才得以跟随齐使逃出魏国。回到齐国后，孙膑做了魏国大贵族田忌的客卿。

大名人白圭

孟子认为魏国君臣依旧迷恋战争，他的王道理想在这里很难实现，但他还是想尽最大的努力再看看。这天午后，魏国国相白圭来访。白圭当时是天下的大名人，也是著名的水利专家和经济学家，如今是魏国的国相。其时，宋国的大名士惠施也来到了魏国。

孟子和白圭相互闻名，但未见过面，二人寒暄几句便进入正题。白圭知道孟子是宣扬仁政的学者，便开门见山地提出了减少赋税的策略，以征求孟子的意见。

白圭问孟子说："我想要实行二十取一的税率，怎么样？"

---

① 侯丕烈：《卜子夏在孝义》，山西古籍出版社，2006 年，第 48 页。

孟子皱皱眉说："你说的制度是异族貉国的制度，但在中原各国不适合。拥有万户人口的国家，一个人制造陶器可以吗？"

白圭说："不可以，陶器肯定不够用。"

孟子接着说："貉这个国家，各种谷物都不生长，只生长黍，没有城墙、宫室，没有宗庙以及祭祀的礼仪，没有诸侯之间相互赠送礼物的习惯，没有相互宴请招待的礼数，没有百官以及各种部门的设置，所以二十取一就足够了。如今，居住在中原地区，去掉人伦，没有官吏，怎么可以呢？制陶的人少，不可以治国，何况没有各种官吏呢？如果想要赋税轻于尧舜的制度，那就是大貉国、小貉国；如果赋税要重于尧舜的制度，那就是大夏桀、小夏桀。"[①]

西周开始制定的赋税制度是十分之一，当时规定天下都采用这个制度，所以叫作"彻"，而"彻"实际上就是通行的意思。白圭提出"二十取一"的税法，以征求孟子意见。孟子表示不同意，并阐释了不能这样做的理由。

孟子的话是有道理的。不同文化下的国家，需要的社会公共消费水平自然不同，而采取"二十取一"这样低的赋税是无法维持中原国家的一般性正常开支的，更何况还有文化教育事业。白圭无法反驳，于是便转移话题到治水方面。

书中暗表，大梁即今河南开封，地处黄河南岸，即黄河贯穿魏国境内，因此防止黄河水患确实是魏国的大问题。白圭在治理水患方面确实很有一套，他领导的治理黄河工程保证了魏国境内的黄河不决口，但是上游和下游的国家却经常遭受严重的水患。

白圭说："我在治理水患方面要比大禹强。"

孟子说："未必吧，你说的话错了。大禹治理水患，是顺应水的本性而行，因此大禹治水是疏导并使水流入四海。今天你治理水患是堵塞而使水流到邻国去，以邻国作为储水的大沟，这样做是以邻为壑啊！水遇到堵塞就会逆流，逆流就是洚水，洚水就是洪水。这是仁人最厌恶的。

[①] 这段对话参考《孟子·告子下》第十章所作。

所以，你治水的方式和理念都是错的。"① 这便是成语"以邻为壑"的来源。

白圭和孟子年龄相仿，前来拜访孟子一是出于礼貌，二是要表示一下自己对国家以及百姓的贡献，而这两方面也符合孟子的仁政思想，但最后都遭到了孟子的反驳。因此，白圭是兴冲冲而来，败兴地告辞而去。

五十步笑百步

几天后，梁惠王在朝廷正式召见孟子，并表现出虚心求教的态度。

见礼过后，梁惠王说："我愿意安下心来接受先生的教诲。"

孟子回答道："请问，用木棒杀人和用刀剑杀人，有什么区别吗？"

梁惠王说："没有什么区别。"

孟子再问："用兵刃杀人和用行政手段杀人，有什么区别吗？"

梁惠王回答说："也没有什么区别。"

孟子说："厨房里有肥美的肉食，马圈里有肥壮的马匹，百姓有饥饿的脸色，野外有饿死的人，这就是率领野兽吃人的做法。野兽之间互相残害，人们尚且还认为是罪恶；可是作为百姓的父母官执行政事却不能免于率领野兽而吃人，又怎么算是百姓的父母官呢？孔子说：'最开始做陶俑木俑陪葬的人，他们大概会断子绝孙吧。'他们模拟人的形状而用来陪葬已经是罪恶了，又怎么可以忍受让这些百姓因为饥饿而死亡呢？"②

梁惠王没有正面回答，反而问道："寡人之于国也，尽心焉耳矣！河内凶，则移其民于河东，移其粟于河内；河东凶亦然。察邻国之政，无如寡人之用心者；邻国之民不加少，寡人之民不加多，何也？"

前文提到，黄河贯穿魏国全境，今山西之境便是河东，而河南、河

---

① 参见《孟子·告子下》第十一章。

② 参见《孟子·梁惠王上》第四章："梁惠王曰：'寡人愿安承教。'孟子对曰：'杀人以梃与刃，有以异乎？'曰：'无以异也。''以刃与政，有以异乎？'曰：'无以异也。'曰：'庖有肥肉，厩有肥马，民有饥色，野有饿莩，此率兽而食人也。兽相食，且人恶之；为民父母，行政，不免于率兽而食人，恶在其为民父母也？仲尼曰："始作俑者，其无后乎！"为其象人而用之也。如之何其使斯民饥而死也？'"

北大部分地区便是河内。意思是，梁惠王自认为对国家已经很尽心了，无论哪个地区遭受自然灾害，他都会进行救济，转移灾区百姓，并往灾区运送粮食，但是不见自己国家的人口增多，邻国的人口减少，故问孟子这是怎么回事。

孟子没有直接回答关于人口没有增加的问题，而是极其巧妙地用一个比喻将梁惠王引入自己的话题。

孟子对曰："王好战，请以战喻。填然鼓之，兵刃既接，弃甲曳兵而走，或百步而后止，或五十步而后止；以五十步笑百步，则何如？"

意思是，"大王喜欢打仗，请允许我用打仗来比喻。战鼓齐鸣，响声震天，两支军队已经交手，短兵相接，有人丢弃铠甲拖着兵器逃跑了。不过，有人逃跑一百步而后站住了，有人逃跑五十步而后站住了。逃跑五十步的嘲笑逃跑一百步的人，这个应该怎么评价呢？"孟子在魏国的这些日子看到了大规模的练兵，到处都是准备战争的氛围，于是便知道梁惠王好战的性格，这才直接用战争来做比喻。

梁惠王立即回答道："不可以啊！逃跑五十步只不过是没有一百步那么远而已，但也是逃跑啊！"这里的逻辑是同样都是逃跑，只不过是远近有别罢了。

孟子曰："王如知此，则无望民之多于邻国也。"

孟子如同准备好了一样，他知道梁惠王只能这样回答，于是说："大王如果知道这个道理，就不要希望您的百姓比邻国的多。"

这句话的潜台词是，梁惠王感觉自己好像很勤政爱民，实际上在治国方面和邻国也就是"五十步笑百步"，本质上都是一样的。孟子用一个浅显生动的比喻将深刻的道理说得极其清楚，而"五十步笑百步"也成为一个被后世经常运用的成语。因此，后世学者们在介绍孟子时便有了"孟子善辩""孟子善喻"的评论，而孟子和梁惠王的对话便足以彰显出来。

接着，孟子又给梁惠王讲了下面一段话："不违农时，谷不可胜食也；数罟不入洿池，鱼鳖不可胜食也；斧斤以时入山林，材木不可胜用也；谷与鱼鳖不可胜食，材木不可胜用，是使民养生丧死无憾也；养生丧死无憾，王道之始也。五亩之宅，树之以桑，五十者可以衣帛矣；鸡豚狗彘之畜，无失其时，七十者可以食肉矣；百亩之田，勿夺其时，数口之家，可以无饥矣；谨庠序之教，申之以孝悌之义，颁白者不负戴于道路矣；七十者衣帛食肉，黎民不饥不寒；然而不王者，未之有也！狗彘食人食而不知检，涂有饿莩而不知发；人死，则曰：'非我也，岁也。'是何异于刺人而杀之，曰：'非我也，兵也！'王无罪岁，斯天下之民至焉。"①

意思是，"不违背农业生产季节，粮谷就吃不完了；网眼细密的渔网不进入池塘，鱼鳖就吃不完了；伐木的人按照季节进入山林采伐，木材就用不完了。粮谷和鱼鳖食用不完了，木材使用不完了，这样就可以使百姓抚养家人、送葬老人没有遗憾了。如果抚养家人、送葬老人没有遗憾，这就是王道的开端。五亩的宅基地，前后都栽上桑树养蚕，五十岁的人就可以穿丝绸衣服了。鸡猪狗鹅之类的家畜和家禽不错过繁殖的季节，七十岁的人就可以吃肉了。百亩的农田不被侵夺农时，几口人的家庭就可以免除饥饿了。严格做好学校教育，再实行孝悌教育，头发斑白的老人就不会在道路上背负东西了。七十岁的老人穿丝绸衣服吃肉食，百姓不饥饿不寒冷，然后还不称霸天下的是没有的。猪和狗吃人的食物而不知道约束制止，道路上有饿死的人也不知道开仓赈济，人死了就说'这不是我的责任，是年成不好啊'。这与拿刀把人杀死了，然后说'不是我杀的，是刀杀的'又有什么区别呢？大王您不要怪罪年成，这样天下的百姓就都到这里来了"。

诸如上述这样的话或类似的话在《孟子》中出现过好几次，实际上这便是孟子王道政治思想的核心内容，即先发展生产，保证百姓过上安居乐业的生活，老有所养，少有所归，然后加强教育，提升人们的道德水平。孟子的王道政治思想与孔子的思想是完全一致的，但梁惠王能接受这种政治思想吗？

① 参见《孟子·梁惠王上》第三章。

惠施与庄子

孟子在魏国住了一个多月，他见到的到处是莺歌燕舞的生活场景，剑拔弩张的军事训练，完全没有琅琅书声和传播文化的氛围。庞涓最受梁惠王的器重，但此人和孟子根本没有说过话，也没有任何交往，所谓"道不同不相为谋"。白圭是当政者，因和孟子的第一次谈话不欢而散，故也没有第二次接触。白圭向梁惠王引荐了来自宋国的惠施，孰料执政的权力却逐渐向惠施转移，以至白圭不得不另外寻找去处。

这位惠施便是和庄子经常辩论的人，最著名的"濠上之辩"便是他们的杰作。庄子，名周，宋国人，与惠施是好友。在惠施来到魏国后，好辩论的庄周在宋国找不到与其辩论聊天的人，感觉十分无聊，于是他便跟着到了魏国都城大梁。

有一天，孟子发现大梁城中气氛很紧张，好像在搜查什么人，但很快又过去了。

后来，听说是惠施的一位叫庄周的朋友，曾当过漆园吏，总爱和惠施谈天说地讲一些寓言，但其中又寄寓着深刻的大道理。庄子的主张继承了老子的道家思想，但他坚决不和统治者合作，因为他看不惯当时天下的混乱与纷争，不肯出仕。

惠施知道庄周说起话来没有边际，怕得罪梁惠王，便急忙派人去寻找他，好让他赶快离开。后来，庄周主动来见惠施，对惠施说："你不用到处找我了。我听说，有一只凤凰从这里飞过。凤凰是最高洁的鸟，不是竹子的果实它根本不吃，不是梧桐树它根本不栖。当凤凰在上空飞过的时候，地面的一只猫头鹰恰巧得到了一只臭老鼠，以为这是上等的美味而很怕凤凰来抢，便回头冲着凤凰发出吱吱的叫声进行吓唬。实际上，凤凰根本不在意腐鼠，很高傲地飞过去了。"

讲完这个故事，庄周对惠施说："你以为国相的高官是什么好玩意呢？腐鼠而已！你津津有味地品尝吧，我要走了。"惠施哭笑不得，只得说："好好好，我就在这里吃腐鼠了，你高洁去栖梧桐树吧！"然后恭敬地把庄周送出城门。就这样，庄周便很高傲地离开了魏国都城大梁。

从此，这个故事便留下了一个将高官与功名利禄比喻为腐鼠的典故。后世，唐代诗人李商隐在《安定城楼》一诗的尾联云："不知腐鼠成滋味，猜意鹓雏竟未休。"其中用的就是惠施和庄子对话的这个典故。

孟子听到这个故事感觉很好笑，但他倒是很欣赏庄周这个人，如果能和此人聊天一定会很有趣。可惜，庄周刚刚进入都城大梁就被国相惠施体面地"赶走"了，错过了与之相见的机会。但是，孟子通过这件事觉得新任的国相惠施的胸怀不够广阔，因此便无心去见这位魏国的新执政者了。

梁惠王开始重用惠施，而更重视的还是庞涓，因为庞涓正在为他打造一支强大的军队。孟子将这一切看得明明白白，于是便决定带着弟子万章和公孙丑回到齐国去。

回邹国葬父

孟子回到齐国，正是稷下学宫最辉煌的时期。淳于髡成为学宫的领袖，他对来自邹国的孟子本来很是高看，以至孟子在学宫的地位也比以前更高了。不过，孟子正要有进一步发展的时候，他的家乡来人报告了一个令他震惊而悲痛的消息——他的父亲孟公宜去世了。孟子当即动身返回邹国，并在两个心爱的弟子的陪伴下急匆匆地赶路。

孟子的家乡在鲁国南边的邹国，但孟氏的祖坟在鲁国郊区。于是，孟子依照自己的家庭状况和自己的身份，按照士的规格和程序办理了父亲的丧事并让其落叶归根。

在守丧的日子里，孟子不时地想起父亲孟公宜平日任劳任怨的情形，虽然自己的成长过程是母亲仇氏起着主导作用，但父亲默默劳作承担着家庭经济的绝大部分则是关键的因素；而自己从小到大没有受过贫穷的煎熬，可以无忧无虑地读书，最关键的还是父亲的勤劳和顾家。作为儿子来说，孟子特别想让自己的双亲都能够享受优渥的生活，也让自己能尽一个儿子的孝心，但父亲没有等到这一天就过早地去世了。孟子想到"树欲静而风不止，子欲养而亲不待"这句话，不由得内心不胜唏嘘和感慨：子女想在父母在世的时候尽可能尽孝，但很可能又没有条件，而等到有条件的时候，父母却又不在了。这真是很无奈的事，但这些都是命吧！孟子回想过去的日子，欣慰的是自己没有让父亲操心和失望，而作为儿子也只能如此了。

孔子云："父母唯其疾之忧。"这就是孔子所说的孝吧，也是孔子教导孟子的高祖孟武伯的话。对此，孟子深以为然，而这一点自己做到了。

孟子在家为父亲守丧两年零一个月。在这期间，孟子全面整理自己的思想，他对于如何做人、如何度过自己的一生逐渐有了更明确的目标，也确立了自己的人生道路和前进的方向。正是在这两年多的时间里，孟子把这一堂最关键、最重要的人生课程传授给了弟子们。

命 运 说

对命运的洞见

孟子开始在家里给弟子们讲学，前来听课的弟子包括万章、公孙丑、乐正克、陈臻、彭斯、屋庐子、陈代等几十人。

当时的格局大概是这样的：整个屋子里面放置几十个座位，座位是用芦苇编织的长方形或圆形的坐垫，学生盘膝坐在上面听讲，前面放一个类似茶几的家具。屋子的前面则有一个三尺高的讲台，老师坐在讲台上面讲课，并与学生进行交流。

弟子们都坐好后，孟子开始讲课。孟子说："今天，我们来说一说人生如何度过，以及生命的意义和价值。"

接着，孟子说："我们每一个人在每一天都要尽量发挥善良的本心，都要尽心尽力做好当前的事情，这就是知道人生本性所应尽的义务。知道了人的本性，就是知道天命了。那么，保持好人的本心，养护好人的本性，实际上就是在 步步实现天命。无论寿命的长短，我们只要守护如一而决不三心二意，修养好自己的身心并等待机会到来。这就是安身立命。"①

一个弟子问道："老师，我们应该怎么看待自己的出身？为什么人降生到这个世界上就有贵贱贫富之分别？生在贵族家的孩子和生在贫寒之家的孩子，天生的命运便迥然不同，这是怎么回事？"

---

① 参见《孟子·尽心上》第一章。

孟子看了看这位弟子，说："莫非命也，顺受其正。是故知命者不立乎岩墙之下。尽其道而死者，正命也。桎梏死者，非正命也。"[1]

意思是，"人生没有什么不是由命运决定的，而人们只要顺应规律去努力行事，就会接受正常的命运。因此，懂得命运的人便不会站立在危险的墙壁下面。走完生命历程而寿终正寝的人，便是接受正常的命运的人，没有遗憾的人。因犯罪而进监狱或被处死的人，便是接受不正常的命运的人"。因此，我们要顺应命运，就是天生的命运不是自己决定的，自己是没有主观责任的，也是没有办法选择的，故每个人只能在现实前提下去努力。

孟子继续讲道："君子素其位而行，不愿乎其外，素富贵行乎富贵，素贫贱行乎贫贱，素夷狄行乎夷狄，素患难行乎患难。"[2]

孟子所引是子思在《中庸》中说的话，这是对中庸之道的具体阐释。"素"是平素，即表示本来所处的地位和环境。意思是，君子首先要接受命运，从现实出发去行事和处理生活，做好自己当下的事，而不希图羡慕这以外的功名利禄等。这样，处在什么样的环境和家庭都能够心安理得的乐观对待。处在富贵的家庭或地位，就过与富贵的地位相应的生活；处在贫贱的家庭或处境，就过与贫贱的处境相应的生活；在少数民族地区生活，就要遵从其生活习惯而过少数民族式的生活；处在忧患困苦时期，就过忧患困苦的生活。因此，有修养的人，无论在什么样的地位或环境都没有不适应的。俗语说"入乡随俗"，其实就是说每个人要顺应环境。每个人的出身环境不同，但只能接受天命，然后以此为人生的起点努力奋斗，这样未来的命运走向才会操纵在自己的手中。

然后，孟子又接着引用子思的话道："君子无入而不自得焉。在上位不陵（凌）下，在下位不援上。正己而不求于人，则无怨。上不怨天，下不尤人。故君子居易以俟命，小人行险以徼幸。"[3]

意思是，"君子高居上位，不会去凌虐居于下位的人。君子居于下

---

① 参见《孟子·尽心上》第二章。
② 参见《中庸》第十四章。
③ 同上。

位，也不会去巴结居于上位的人。自己正直就不会去乞求别人，这样就无所怨恨，对上不怨恨天命，对下不归咎别人。所以，君子按照自己现时所处的地位来接受正命，而小人则企图以冒险的行为来求得偶然成功或意外地免除不幸"。对君子来说，要承认天命，顺从天命，而且也只能顺从，因为人对天命是无可奈何的，是完全被动的，也是没有丝毫选择权利的。

至此，弟子们再次陷入了疑惑。孟子话锋一转，说："我们也不必悲观，每一个具体生命并不是完全无能为力的。"

追求自我则得之

弟子们精神一振，继续听孟子讲课。孟子说："求则得之，舍则失之，是求有益于得也，求在我者也。求之有道，得之有命，是求无益于得也，求在外者也。"

意思是，"追求就可以得到，不追求就得不到，这样看追求是有益于得到的，因为这是追求自身的东西。追求要有正当的途径，得到则需要有命运，这样看追求是无益于获得的，因为这是追求身外的东西"。

孟子这几句话阐释人应该秉持的态度，极其精练、准确、到位、透彻。"求在我者也"，一般都解释为仁义道德，但也可以理解为就是追求自我本身的东西。追求自我完全取决于自己，主要是两个方面：一是肉体的，即身体健康，这是需要自己把握和注意的，如适度的锻炼和有规律的饮食起居等；二是精神的，即道德和文化方面的刻苦努力、精进求学，如不断增进知识的层次，不断提升自己的知识水平、理论水平和实际工作的能力。在中国古代历史上，韩愈、柳宗元、白居易、欧阳修、王安石等人都有年轻时发奋读书的经历，这便是"求则得之，舍则失之，是求有益于得也"的典型例证。

这样，"尽人事，听天命"，只要努力就能心安理得，其他都不必比较，便是接受正常命运的人生。

万物皆备于我

孟子见弟子们有的在默默点头，有的在深思，说："万物皆备于我矣。反身而诚，乐莫大焉。强恕而行，求仁莫近焉。"①

意思是，"一切在我自己的本身就都具备了。反省自己而确定自己是诚实的、努力的，这就是最大的快乐。勉励自己依照推己及人的恕道去行事，就是追求仁道最近的途径"。

孟子见弟子们又有了精神，提高嗓音坚定地说："《诗》云：'永言配命。自求多福。'我们要配得上上天给我们生而为人的机会，要通过我们自己的切实努力发愤图强、矻矻碐碐，去追求高尚的道德和渊博丰富的知识和学问，追求生命的效率，以此来追求更多的幸福。我们要把自己的幸福与天下的公平正义联系起来，为天下开太平而努力。"

这段话极力强调人的主观能动性，其积极意义是强调人自己的行为决定自己的命运。当然，这一点无论在什么时代都是正确的，也只有如此思考、如此行动才是人生道路的正途：一是自己说话做事完全是发自内心的真诚和善良，自然就会快乐愉悦；二是对待他人或者与人交往完全依照以心比心、以心换心的恕道去做，不做一件不利于他人的事，自然就是接近仁德的境界了。

掘井要及泉

孟子继续讲道："人生的可贵之处就是要坚持前行，前行的动力便来自读书和思考。孔子教诲弟子曰：'弟子入则孝，出则悌，谨而信，泛爱众而亲人。行有余力，则以学文。'前两句是强调忠信，而第三句则是强调每天是否读书学习了。每天都要反省自己是否学习到了新的知识。这一点是非常重要的。最后的一句往往被忽视，实际恰恰是最关键的一点。前面的都做到，只是本分而已，只是做了应该做的，而只要有

---

① 参见《孟子·尽心上》第四章。

剩余时间和剩余精力，就要孜孜不倦地读书，时刻思考问题。在书中寻求知识，在历史中寻求经验，在现实生活中寻求体验，就可以不断前行，不断提升自己判断是非的能力，不为一些胡言乱语所动。因此，'行有余力，则以学文'才是关键中的关键。曾子说：'吾日三省吾身，为人谋而不忠乎？与朋友交而不信乎？传不习乎？'"

这时，弟子徐辟站起来说："老师，弟子还有一事不明白。"

孟子说："你说。"

徐辟问："孔子多次称赞水，说：'水啊水啊。'水究竟有什么可取的呢？"

孟子曰："源泉混混，不舍昼夜，盈科而后进，放乎四海。有本者如是，是之取尔。苟为无本，七八月之间雨集，沟浍皆盈，其涸也，可立而待也！故声闻过情，君子耻之。"①

意思是，"有源头的泉水汩汩流淌，不分白天黑夜永远奔流，遇到坑坑坎坎就把这些地方全部填满后继续前行，一直流入大海。有源头的东西都像这样，所以孔子赞美它。如果没有源头，没有根本，就像七八月间突然下起密集的雨水，很快下得沟满壕平，可能干涸起来也很快。所以，名声超过实际的，君子认为是一种耻辱"。

实际上，孟子强调水是要有源头的，没有源头的水便不值得赞美，而"声闻过情，君子耻之"是针对当时那些名声很大却没有真才实学，不仅对社会没有益处反而会带来不好影响却又非常风光的大名人，如苏秦、张仪、公孙衍等纵横家。

孟子继续讲道："我们每天的读书学习就像从源头不断汲取的活水，只要不断地有活水流入我们的心田，我们的知识和认知能力就能如同汩汩流淌的清泉，不断流向心灵的远方，不断荡涤污浊的垃圾，而只有不断填满填平前进路上的沟沟坎坎才能继续前进。"对此，南宋朱熹《观书有感》诗云："半亩方塘一鉴开，天光云影共徘徊。问渠那得清如许，为有源头活水来。"

---

① 参见《孟子·离娄下》第十八章。

弟子们专心地听着，思考着。

孟子接着又讲道："有为者，辟若掘井，掘井九轫而不及泉，犹为弃井也。"①

意思是，"我们无论是做学问还是做事情，一定要有始有终，坚持到底。这就好像挖井一样，挖到七八丈深还没有泉水，就仍然是一口废井"。换句话说，这个时候再坚持挖下去，就一定会有泉水出来，这样井也就挖成了。

弟子们都大有收获，懂得了学习的方法，明确了学习的方向。

孙庞斗智

就在孟子回到鲁国南边的邹国为父亲孟公宜守丧的时候，发生了一件对齐国和魏国具有决定意义的大事件。孟子此前曾委婉地批评梁惠王"好战"，但梁惠王好战的性格依然没有丝毫的改变，并对扩张领土依然情有独钟。梁惠王极度信任大将军庞涓，派其对邻国韩国进行攻伐。韩国向齐国求救，齐威王派出田忌为统帅、孙膑为军师的大军相助。

前文提到孙膑和庞涓是同学，但孙膑的水平是高于庞涓的。最后，孙膑用计谋将庞涓的军队彻底打败，庞涓战死，魏国随军的太子也被俘。这便是战国历史上最著名的马陵道之战，即民间家喻户晓的"孙庞斗智"的故事。

在《史记》中，司马迁比较具体地记述了马陵道之战的情景：

魏国联合赵国攻打韩国，韩国向齐国求救。齐国派田忌为将、孙膑为军师，率领大军救援韩国。孙膑谋划，复用桂陵之战"围魏救赵"之法，不去主战场而是直接奔魏国都城大梁而去。庞涓侦察到齐国大军直接奔魏国境内而去，便停止对韩国的进攻而率军回援魏国并追击齐军。

当齐军进入魏国境内后，孙膑见庞涓率领大军来追，便采用减灶的

---

① 参见《孟子·尽心上》第二十九章。

策略引诱。"使齐军入魏地为十万灶，明日为五万灶，又明日为三万灶。"①
庞涓果然令下属去数齐军做饭的灶眼。当见到齐军灶眼在第三天只剩三
分之一时，庞涓误以为齐军逃跑一半以上，便轻敌而率领几千轻骑兵紧
急追击。孙膑算计庞涓将在当天晚上到达马陵道，此处地形复杂，山高
路狭，适宜埋伏，便将当路的一棵大树的粗大树干在一丈多高处四面刮
白并手书"庞涓死于此树之下"，然后令齐军的弓箭手在道旁埋伏。庞涓
晚间到来时看到树干上的话很生气，然而此时齐军万箭齐发，导致魏军
大乱且伤亡无数。最后，庞涓自知已经兵败，于是自刎而死。这样，齐
军乘胜尽数打败魏军，并将魏国太子俘虏。

《史记·孙膑列传》云："乃斫大树白而书之曰'庞涓死于此树之下'。
于是令齐军善射者万弩，夹道而伏，期曰'暮见火举而俱发'。庞涓果夜
至斫木下，见白书，乃钻火烛之。读其书未毕，齐军万弩俱发，魏军大
乱相失。庞涓自知智穷兵败，乃自刭，曰：'遂成竖子之名！'齐因乘胜
尽破其军，虏魏太子申以归。孙膑以此名显天下，世传其兵法。"②

最后一句明确说"世传其兵法"，但在清代中叶到近代的史学界有一
种不同的说法，即孙膑没有兵法。他们认为，司马迁在《史记》里把孙
武的《孙子兵法》误认为《孙膑兵法》了，因为在《汉书·艺文志》和
《隋书·经籍志》中都没有此书的著录，表明在西汉末到隋朝期间并没有
此书。不过，后来湖南长沙马王堆汉墓出土了一套较完整的《孙膑兵法》，
书中便有"擒庞涓"一卷，而这有力地证明了《史记》记载的可信性。

这一仗之后，魏国便一蹶不振了。

再 入 临 淄

守丧完毕，孟子与母亲仉氏商量把家乡的宅院托付给可靠的乡人照
管，然后全家一起到齐国去。

---

① 参见《史记·孙膑列传》。
② 同上。

这一年是周显王三十一年（前338），孟子已经三十五岁。这次，孟子用了四辆大马车，一辆车载母亲和女佣等家眷，两辆车载自己和几名弟子，还有一辆装载家具和行李。

到达稷下学宫，孟子去见淳于髡，表示将在稷下学宫做老师。淳于髡非常高兴，为孟子安排住处和确定俸禄等级。就这样，孟子进入了大夫的行列，而这有两个原因：一是齐国对稷下学宫的投入增长了几倍；二是孟子已经成了儒家学派的代表人物。

此时，齐威王重视的是黄老之学和能够富国强兵的大臣，以及能够训练出精锐军队的将帅之才。因此，孟子认为自己应该做的是加大儒家的德政主张和王道政治的宣传力度，以提升儒家思想在天下的影响力，并为齐国以及天下培养具有仁政思想的官员。于是，孟子开始了他在稷下学宫的教学和思想传播。

这一时期稷下学宫的各种学派更加活跃，墨家、道家、纵横家、阴阳家等都有大学者在此讲学，学生们可以在这学堂里流动听讲。因此，各家学派都以争取更多的学生和听众为心愿。

仁 者 无 敌

在稷下学宫一个大的讲堂里，孟子正在给几十名弟子讲课，讲授的是王道政治与仁政的核心问题。

孟子说："桀、纣之所以失去天下，是因为失去了人民。失去人民的根本原因，是失去民心。取得天下有规律，得到人民就得到天下了。得到人民也有规律，得到民心就得到人民的拥护。得到民心也有规律，人民希望得到的就给予他们为他们积累，人民所厌恶的千万不要施加给他们。百姓归向于仁德，就像水往下流，就像野兽在空旷的原野上奔跑。"

接着，孟子继续说："所以，替深渊把鱼群赶到那里的是水獭，替树丛把鸟雀赶到那里的是鹞鹰，为商汤、周武王把人民赶到他们那里的是夏桀王和商纣王。如果天下君王爱好仁政，天下的诸侯会替他把人民赶到他那里，即使他不想称霸天下，那也是不可能的。"

孟子停顿了一下，接着说："可是，当今天下追求称霸天下的人，好像得病了七年却去寻求三年的艾蒿来医治，如果平时不注意积蓄，那么终身也找不到。如果不注重施行仁政，那么终身都会忧愁蒙受耻辱，以致陷入身死国亡的地步。《诗·大雅·桑柔》说：'这些人怎么会把事情办好，只能沉沦自溺罢了。'说的就是这种情况。"①

实际上，孟子想要表达的核心是："民之归仁也，犹水之就下，兽之走圹也。故为渊驱鱼者，獭也，为丛驱爵者，鹯也；为汤武驱民者，桀与纣也。今天下之君有好仁者，则诸侯皆为之驱矣。虽欲无王，不可得矣。"这是非常深刻的见解。

弟子们继续思考，有的还在小声交流。不过，有个弟子提问说道："老师，您讲的这些都是国君之事，具体到我们每个人身上应当如何呢？"

事亲与守身

孟子听后，说道："作为具体的人，侍奉什么最重要呢？侍奉父母最重要。守护什么最重要呢？守护自身最重要。保持自身的节操而又能够侍奉父母的人，我听说过；丧失了自己的节操却又能够侍奉父母的人，我没有听说过。有谁不做侍奉之事呢？侍奉父母是服侍的根本。有谁没有守护之事呢？守护自身是守护的根本。"

孟子接着举例说："曾子赡养曾晳，每顿饭必有酒肉；将要撤下桌子的时候，一定请问剩下的给谁；如果曾晳问'还有剩下吗'，一定回答说'有'。曾晳死后，曾元赡养曾子，也是每顿饭必有酒肉；将要撤下桌子的时候，不再问剩下的给谁；如果问'还有剩下吗'，一定回答说'没有了'。意思是将剩下的下次再送给曾子吃。这就叫作供养父母的口腹。像曾子那样，才可以叫作养护父母的心意啊。侍奉父母像曾子那样，就可以了。"②

---

① 参见《孟子·离娄上》第九章。
② 参见《孟子·离娄上》第十九章。

然后，孟子说道："作为人来说，侍奉父母是首要大事，如果连父母都不能侍奉，就不可能干好其他事情。保持自己品德的清白，守身如玉，不做一件对不起他人的事情，更不做一件有损于公共道德的事情。这样就不会有任何遗憾了。"

讲堂里鸦雀无声，弟子们都在仔细地聆听。孟子接着说道：

"如果做到了仁义就一定会有荣誉，如果做不到仁义就一定会遭受侮辱。这是一定的，必然的。如果厌恶侮辱而处世不仁，这样做的人就好像是厌恶潮湿而居住在低注的地方。如果厌恶受到侮辱，那么就不如崇尚道德而尊重贤士。贤士和有能力的人在职位上，国家就会太平安定，没有内忧外患。趁着这个时候，修明政治法律，即使是大国也一定会畏惧。《诗·豳风·鸱鸮》上说：'趁着天晴没有下雨，赶快剥取桑树根上的皮，绑缚修理好门窗。如今那些下面的人，谁还敢来欺扰。'孔子说：'创作这首诗的人，知道大道理啊！能够治理好自己的国家，谁还敢侮辱你。'如今国家太平无事，国君和卿大夫大多数就开始追求奢侈享乐、怠惰遨游，这样做便是自己追求灾祸。灾祸和幸福，没有不是自己追求来的。《诗·大雅·文王》说：'我们永远要和天命相匹配，要自己努力追求更多的幸福。'《尚书·太甲》说：'天降下的灾祸，还可以躲避；自己酿成的祸患，就不可能避免了。'说的就是这个意思。"

孟子在讲学时引用《诗》和《书》中的原文更具有说服力，而这也最能见证学者的功力——极其丰富的知识储备和灵活运用的能力。实际上，这就是孟子在学习上"自得之"的表现，也使得他才可以"取之左右逢其原"。

"未雨绸缪"是广为流传的成语，本义是指趁天晴没下雨先修缮好房屋门窗，比喻事先做好准备。孟子在这里提出这一问题有更深层的意思，即国家在太平时期稳步发展的时候就要注意推行仁政，在提升国家实力的同时提高国家的凝聚力，提高人民的生活水平以使民众从内心真正地热爱国家。

"天作孽，犹可违；自作孽，不可活"，这既是古圣先贤的经典结论，也是永远具有警示意义的名言。简而言之，一切自然灾害造成的损失都不会危及一个国家或者政权，而自身的腐败堕落则是致命的，是不可能避免的灭亡。从另一个侧面看，对于我们每一个人来说，这也是重要的警示，即自己内心的强大才是最重要的，自己的努力才是最关键的。清末康有为是戊戌变法的主导者，他对孟子的论述有着更深刻的体会，说："某于十年之前上书，言及今变法为未雨之绸缪，仅可为之，过是不及，卒至大祸。每读是篇，不能不掩面流涕也。"

天吏与天爵

孟子上面这段话是对当政者的要求，也是其对可能执政的弟子们的提示和告诫。然后，孟子继续说道：

"尊重贤人，使有才能的贤人在重要岗位上，那么天下的知识分子便都会高兴，都愿意站在这个朝廷之上。市场里提供场所摊位而不收税，如果货物积压就依法收购，那么天下的商人便都会高兴，都愿意在这个国家的市场里售卖。边关哨卡只检查而不收税，那么天下的旅人都愿意出入行走在这个国家的大道上。耕种田地的农夫，只让他们耕种公田而不收租税，那么天下的农夫都会高兴，都愿意耕种这个国家的土地。没有按照人头征收的人头税，那么天下的百姓都很高兴，都愿意成为这个国家的百姓。如果真正能够做到这五个方面，那么邻国的百姓都会如同对待父母一样敬仰君主。如果率领子弟攻打这个君主，就像率领子女攻打自己父母，这是自从有人类以来就没有能够成功的事。这样的话，就会无敌于天下了。无敌于天下的人，就是'天吏'——奉上大旨意来治理百姓的人。这样还不能称王于天下，是从来没有的。"①

孟子思想的核心是王道政治，实行王道政治的途径是以民为本，尊

---

① 参见《孟子·公孙丑上》第五章："尊贤使能，俊杰在位，则天下之士皆悦，而愿立于其朝矣；市，廛而不征，法而不廛，则天下之商皆悦，而愿藏于其市矣；关，讥而不征，则天下之旅皆悦，而愿出于其路矣；耕者，助而不税，则天下之农皆悦，而愿耕于其野矣；廛，无夫里之布，则天下之民皆悦，而愿为之氓矣。信能行此五者，则邻国之民仰之若父母矣。率其子弟，攻其父母，自生民以来未有能济者也。如此，则无敌于天下。无敌于天下者，天吏也。然而不王者，未之有也。"

贤使能。尊贤使能就是重用贤士，重用贤士便可以实现相应的行政措施。

孟子曰："有天爵者，有人爵者。仁、义、忠、信，乐善不倦，此天爵也。公卿大夫，此人爵也。古之人修其天爵，而人爵从之。今之人修其天爵，以要人爵，既得人爵，而弃其天爵，则惑之甚者也，终亦必亡而已矣。"①

意思是，"有自然的爵位，有社会的爵位。仁爱、道义、忠诚、守信，追求善良而不知疲倦，这就是自然的爵位。公、卿、大夫，这是俗世的爵位。古代的人，修养自己自然的爵位，而社会的爵位也就自然而然跟着来了。当今之人，修养自然的爵位来谋求要挟得到社会的爵位。当得到社会爵位后，就抛弃自然的爵位了。这种人真是太糊涂了，但最终社会的爵位也一定会失去的"。

实际上，孟子所说的"天爵"是指内在的美好品德，"人爵"指现实里的官职。用"天爵"对抗"人爵"，即用内在品质对抗现实的诱惑，"以德抗位"。孟子在面对诸侯时经常表现出一种伟岸的大丈夫气概而没有丝毫的谄媚，实际上便是这种观点最好的表现，而其"说大人以藐之"的理论以及做法实际上也是这种观点的引申。还应指出的是，"天爵"高于"人爵"，即美好的道德文化重于俗世的荣华富贵。

孟子这段论述的最后一句，有着非常突出的现实警示意义。在现实生活中，许多人假装积极向上，目的就是混得一官半职，一旦官职到手便放弃内心初衷并利用职权大肆巧取豪夺、贪污受贿，而最终难免"终亦必亡而已矣"。

父子不责善

孟子的讲解让弟子们受益匪浅，也使他们有了更多其他相关问题的思考。

这时，弟子公孙丑站起来，问道："先生，弟子有一事不明。"

---

① 参见《孟子·告子上》第十六章。

孟子说："什么问题，请讲。"

公孙丑问："君子不亲自教育自己的儿子，这是为什么呢？"

孟子答道："势不行也。教者必以正。以正不行，继之以怒。继之以怒，则反夷矣。'夫子教我以正，夫子未出于正也。'则是父子相夷也；父子相夷，则恶矣。古者易子而教之。父子之间不责善。责善则离，离则不祥莫大焉。"[1]

意思是，"从情势看是行不通的。教育者必须用平和适中的方式来施行教育，如果用平和适中的方式不能有效果，接着就会发怒。如果发怒，就会不冷静而进行指责。受教育者就会说：'你教我要正，而你这种态度就不正了。'这样父子之间就会相互不服，即内心不平衡，如果父子之间相互不服且内心不平衡，就非常不好了。古代是相互交换孩子来进行教育。父子之间不能相互求全责备，求全责备就会离心离德，而没有比这更不吉利的了"。

"父子之间不责善。责善则离，离则不祥莫大焉。"这句话具有非常深刻的人生哲理和生活经验，值得我们深思。

---

[1] 参见《孟子·离娄上》第十八章。

匡　章

将军匡章

孟子的讲学结束了，弟子们也都离开了，但有位英俊威武的中年男子没有走，而且双眉紧锁的样子。

见此，孟子故意留了下来。那位英俊的中年人走到近前，向孟子深深鞠躬，说："先生讲得太深刻了，于弟子之心有戚戚焉。尤其是'父子之间不责善。责善则离，离则不祥莫大焉'，真是简明透彻。弟子想再向先生请教一些问题。"

孟子看出此人不同凡品，英气勃勃却有很重的心事，便邀请他跟随自己到家中详谈。

通过交谈，孟子了解到这个人的身世以及其心事重重的原因，并对其进行了劝解，使对方心情大悦，一块心病完全消除了。

原来，此人是齐国将军世家的子弟，名字叫匡章。匡章遇到了人生最大的难题，就是他的父亲是位有名的将军，但与生母不和而将其杀死后埋在马槽下面。他父亲死的时候，没有告诉他给母亲改葬，而他又不能问。之后，匡章便一直为是否将母亲改葬的事而纠结：如果给母亲改葬，便是向社会昭示父亲的错误，也等于欺骗了父亲，就是不孝；如果不改葬母亲，则也是对母亲的不孝。这件事就一直如同一座大山压在匡章的心头，左右两难，但他内心又实在不忍心欺骗已经死去的父亲。

孟子告诉匡章，他这种情况不能算不孝，也不必纠结。既然是父亲当时处理的事情，父亲临终没有话，他不改葬母亲就不能算不孝，但于他来说是不幸。

匡章要拜孟子为师，孟子没有接受。孟子提出愿意结交朋友，以师友的关系相处，故匡章非常高兴。

前文说到邹忌的智慧与贤明，田忌和孙膑的默契友好，是他们共同创造了齐国最辉煌的时期。

话说孙膑刚回到齐国时，便被老友田忌奉为座上宾，成为田忌家的客卿。其中，流传很广的孙膑帮助田忌赛马的故事足以显示出他的智慧，也因此赢得了齐威王的重视。

田忌和孙膑在马陵道大败庞涓，宣告了魏国的衰落。但是，邹忌担心田忌回到齐国后会取代他的相位，便设计陷害田忌，于是田忌被迫离开齐国去了楚国。这样，田忌和孙膑主宰齐国军队的历史结束，从而把匡章推到了前台。因此，匡章此时已经是齐国军队重要的人物。不过，在田忌被迫离开的同时，邹忌的辉煌也结束了。邹忌之所以没有成为后世传颂的君子而昙花一现，便是嫉贤妒能而道德不能始终的缘故。

匡章和孟子交谈一会儿后，询问孟子对齐国大名人陈仲子的看法和评价，因为如何看待这个人和这种生活方式是齐国人最近经常议论的话题。

於 陵 子 仲

匡章曰：“陈仲子岂不诚廉士哉？居於陵，三日不食，耳无闻，目无见也。井上有李，螬食实者过半矣，匍匐往，将食之，三咽，然后耳有闻，目有见。”[1]

意思是，“陈仲子难道不真正是个廉洁的士人吗？他居住在於陵，三天没有吃东西，耳朵也听不见了，眼睛也看不清东西了。井上有一棵李子树，有一个被虫子吃过一半的李子掉在地上，他勉强爬过去拿过来吃了，咽了几次才咽下去，然后耳朵才渐渐恢复听觉，眼睛也能看清东西了”。

---

[1] 参见《孟子·滕文公下》第十章。

　　孟子回答道："对于齐国的士人，我也认为於陵子仲是最了不起的。即使如此，陈仲子又怎么叫廉洁呢？如果要推行陈仲子的操行，恐怕只有变成蚯蚓了。蚯蚓，上面吃瘠薄的土壤，下面饮黄色的地下水。仲子所住的房子，究竟是伯夷建造的呢，还是盗跖所建造的呢？他所吃的粮食，究竟是伯夷所种的呢，还是盗跖所种的呢？这也是不知道的啊！"

　　匡章说："这有什么妨害呢！他自己亲手编织草鞋，他妻子用麻纺线，用这些交换来的。"

　　孟子说："仲子，本来是齐国的世家大族，他的哥哥就是陈戴，俸禄万钟。他认为哥哥的俸禄为不义之财而拒绝享用，认为他哥哥的住宅是不义的住宅而不肯居住，于是避开哥哥、离开母亲而住到於陵去。有一天回家，有人送给他哥哥一只鹅。仲子蹙额皱眉说：'哪里用得着这种嘎嘎叫的东西啊？'过一两天，他母亲把这只鹅杀了做给他吃，他吃得很香。他哥哥从外面进来，说：'这就是你说的嘎嘎叫的东西的肉啊！'仲子就出去吐了。母亲做的就不吃，妻子做的就吃；哥哥的房子就不住，於陵的房子就住。这算是把自己的操守推广到一切行动中吗？如果人们向仲子学习，只有先变成蚯蚓才能够推广这种节操啊！"

　　匡章听罢，连连点头道："先生说得极是，确实是这个道理，弟子明白了。"

　　后来，孟子和匡章的交往比较多，临淄的很多人都知道。匡章本身就是大名人，但他又担负着不孝的名声，而孟子是强调孝道的儒家学派的代表人物，于是他们的交往自然引起了人们的注意，乃至已经有了一定的质疑声。

匡章不孝否

　　一天，孟子的弟子公都子终于下定决心问问孟子，因为外面时常有人议论孟子，说一个大力提倡孝道的人却和一个背负着不孝之名的匡章交往，讥讽之声已经不绝于耳。公都子问："匡章，通国皆称不孝焉，夫子与之游，又从而礼貌之，敢问何也？"①

意思是，"全国都说匡章不孝，老师您却和他交往，还很有礼貌地尊重他，这到底是为什么呢？"

孟子曰："公都子啊！我们遇到事情要动脑筋想一想，要有自己的见解，要有辨别是非的能力，不能人云亦云。说话没有事实根据是不好的；说没有事实根据的坏话，遮蔽贤能的小人就是这样的。"②

孟子叹口气，接着说："社会上所谓不孝有这样五种情况：极其懒惰，四体不勤，不赡养父母，这是第一不孝。好赌博，好酗酒，不赡养父母，这是第二不孝。好积攒货物钱财，只私下里爱妻子孩子，不赡养父母，这是第三不孝。放纵自己耳目的欲望，使父母蒙受羞辱，这是第四不孝。逞强好胜，打架下狠手，并连累危及父母，这是第五不孝。匡章有其中的一点吗？"

公都子在仔细聆听，说："没有！没有！这些肯定都没有。"

孟子舒缓一下语气，接着说道："那位匡章，不过是父子之间以善相责而把关系搞僵了而已。相互责善，是朋友之间的相处之道。父子之间相互责善，是最伤感情的。那位匡章，难道不希望夫妻母子团聚吗？就因为得罪了父亲而不能和父亲亲近，匡章休了妻子，赶走了孩子，终身不要他们的奉养。匡章认为如果不这样做，这种罪过就更大了。这就是匡章的品行啊！"

言下之意是，匡章其实是很可怜、很无奈的人啊！父母的问题，难道能让他负责吗？子女不肖，父母难辞其咎；父母不慈，儿女是无奈的，是没有责任的。

最后，孟子简单说明了匡章不孝之名得来的原因，有很大部分都是嫉妒他之人宣扬的。

发 人 深 省

随着匡章和孟子的交往，匡章在人们心目中的形象也在逐渐变化，

---

① 参见《孟子·离娄下》第三十章。
② 参见《孟子·离娄下》第十七章："言无实不祥；不祥之实，蔽贤者当之。"

尤其是齐威王对他的看法有了根本的改变。因此，当秦国军队侵略齐国的时候，齐威王派匡章统帅部队前去迎战，给他以绝对的信任和绝对的指挥权。

军队开到前线，两军对垒，但迟迟不开战。与此同时，前线还不断传回来匡章有投敌嫌疑的信息，说看到有齐国军兵换成秦国兵的服装而走向秦军大营。

对此，齐威王不动声色，有人便建议派人去换回匡章，但齐威王不为所动；又有人建议赶快解决匡章的问题，否则齐国军队就被他败坏了，但齐威王还是不动声色。一个多月后，传回秦军大败退兵、齐军凯旋的大好消息。

《战国策·齐策一》："有司请曰：'言章子之败者，异人而同辞。王何不发将而击之？'王曰：'此不叛寡人明矣，曷为击之？'"意思是，齐威王坚信匡章绝对不会背叛自己和齐国，虽然他非常清楚明确，但并不说明理由。

《战国策·齐策一》："倾间，言齐兵大胜，秦军大败，于是秦王拜西藩之臣而谢于齐。左右曰：'何以知之？'曰："章子之母启得罪其父，其父杀之而埋马栈之下。吾使者章子将也，勉之曰：'夫子之强，全兵而还，必更葬将军之母。'对曰：'臣非不能更葬先母也。臣之母启得罪臣之父。臣之父未教而死。夫不得父之教而更葬母，是欺死父也。故不敢。'夫为人子而不欺死父，岂为人臣欺生君哉？"意思是，一个不肯欺骗死去之父亲的人是绝对讲诚信的，一个连亡父都不肯违背的人怎么会欺骗活着的国君呢？

"夫为人子而不欺死父，岂为人臣欺生君哉"的逻辑推理是很准确和精明的。由此可见，齐威王也是一位聪明睿智的明君。

这一仗提升了匡章的威望和地位，同时也提高了孟子的声望。

"四端"与"人性本善"

孟子刚开始在稷下学宫讲学的时候，除了跟着他来的十几名弟子外，前来听课的人并不多。讲过几次后，整个学堂的位子都坐得满满的，还有人自己带着蒲团前来坐在过道和后面。

孟子环视一下弟子们，开宗明义道："今天讲'人性本善'和如何保持这种善良之心的问题。"

然后，孟子慢条斯理、有板有眼地讲道："我们每个人生下来便具备善良的情怀和明辨是非的能力。"

孟子继续朗声说道："人皆有不忍人之心。先王有不忍人之心，斯有不忍人之政矣。以不忍人之心，行不忍人之政，治天下可运之掌上。所以谓人皆有不忍人之心者，今人乍见孺子将入于井，皆有怵惕恻隐之心，非所以内交于孺子之父母也，非所以要誉于乡党朋友也，非恶其声而然也。由是观之，无恻隐之心，非人也；无羞恶之心，非人也；无辞让之心，非人也；无是非之心，非人也。恻隐之心，仁之端也；羞恶之心，义之端也；辞让之心，礼之端也；是非之心，智之端也。人之有是四端也，犹其有四体也。有是四端而自谓不能者，自贼者也；谓其君不能者，贼其君者也。凡有四端于我者，知皆扩而充之矣。若火之始然，泉之始达。苟能充之，足以保四海；苟不充之，不足以事父母。"[①] 这就是孟子的"性善论"。

意思是，"人人都有怜悯之心。古代圣王有这种同情心，就会有怜悯百姓的政令。用怜悯之心推行怜悯百姓的政令，治理天下就能如同在掌心之上转动东西一样了。我所说的人人都有怜悯心，是有例证的。如果人看见小孩子要掉下井去，都会产生紧张同情的心理，并不是有意借此与小孩子的父母交往，也不是借此在邻里乡间沽名钓誉，也不是讨厌那个小孩子的哭声才这样做的。从这件事来看，没有恻隐同情之心，便算不得是人；没有羞耻之心，也算不得是人；没有推辞礼让之心，也算不得是人；没有是非对错之心，也算不得是人。恻隐同情之心，就是仁的开端；羞耻之心，就是义的开端；推辞礼让之心，就是礼的开端；是非对错之心，就是智的开端。人具有这四种开端，就好像具有四肢一

---

① 参见《孟子·公孙丑上》第六章。

样。具有这四端而自己认为不能实行的人，便是自暴自弃的人；认为国君不能推行的人，便是伤害国君的人。凡是认为拥有这四端的人，认识到它们并将其扩充发展起来，就会像火开始燃烧起来，泉水开始喷涌出来。如果能够不断充实它，就足以安定天下；如果不能不断充实它，就连服侍父母都做不到"。

内 仁 外 礼

孟子又继续讲解道："君子和一般人的不同，就在于他们所怀的心思。君子心里始终怀有仁，始终把礼放在心上。内心仁爱的人，就会爱人、关怀人；内心牢记礼的人，就会尊敬人。爱人的人，人们也会爱他；尊敬人的人，人们也会尊敬他。"

孟子停顿了一下，然后接着讲道："如果有一个人，他对我又蛮横又无礼，那么君子一定要反身自问：我一定是有不仁的地方，一定是有无礼的地方，否则他怎么会以这种态度对待我呢？如果反身自问后认为自己是仁爱的、有礼数的，而那人仍然对我蛮横、无礼，君子一定会再反身自问：我一定是有不尽心竭力的地方。如果反身自问自己已经尽心竭力了，而那人的态度还是那样，君子就一定会说：'这是个狂妄无知的人罢了！这样的人，和禽兽有什么区别呢？对禽兽又有什么可责备的呢！'这样，君子有终生的忧虑，但没有突然发生的灾祸。"值得注意的是，有特殊情况的出现往往也避免不了，这就是尽管君子如此注意自己的修养，坚持以仁和礼的态度待人，但依然有人对其蛮横、无礼。在这种时候，君子也不发火，而是反省自己是否有做得不好的地方。经过两次这样的反省后，如果对方还是蛮横、无礼，那就可以知道这个人是狂妄之人，而这样的人就如同禽兽一般，并不值得与之计较。如此，这样便没有忧患了。

孟子接着说："那么，君子就没有忧患了吗？也有。君子如果有忧患，就是舜也是人，我也是人，舜成为楷模而被天下效仿并流传于后世，而我却不免沦为普通人，这是可以忧虑的。忧虑又怎么办好呢？像舜那样做就是了。如果这样做，君子的忧患就没有了。不是仁义的事我不做，不符合礼的事我不做，那么即使有突然降临的祸患，君子也不害怕了。"①

杯 水 车 薪

这时，有一个人问道："先生，我想问一个问题，可以吗？"

孟子说："可以！"

"先生反复强调'仁'，好像'仁'很有力量，应该很得人心，可是我所看到的就是名利，人人都在争名夺利，国家都在争抢土地。现在充满社会的就是名利地位，谁有权有势有钱就受吹捧，也看不到'仁'啊。'仁'，那么好，为什么人们不去追求呢？"

孟子思考了一会儿，说："仁战胜不仁是一定的。仁能够战胜不仁，就好像水能够战胜火一样。当今之世是衰败混乱的时期，修行仁义之道和推行仁义之道的人太少了，又不在其位，而不仁的势力太大，才造成当今社会这样混乱的局面。这就好像用一杯水去救一车柴火烧起来的大火。火不能被浇灭，就说水不能救火，这种认识就和那些非常不仁的人一样了，最后连他们自己原来的那点仁心也都丧失了。因此，能够坚持这种仁心才是最宝贵的，而这也是我之所以坚定地坚持性善论，坚持仁义道德，坚持王道理想的初衷。最后，正义一定会战胜邪恶，仁心一定可以战胜不仁，否则人类就走到了尽头。"

这段话的原文见于《孟子·告子上》："仁之胜不仁也，犹水胜火。今之为仁者，犹以一杯水救一车薪之火也：不熄，则谓之水不胜火，此又与于不仁之甚者也。亦终必亡而已矣！"②成语"杯水车薪"便出自此句。

---

① 参见《孟子·离娄下》第二十八章。
② 参见《孟子·告子上》第十八章。

居 仁 由 义

孟子接着讲道："仁，人心也。义，人路也。舍其路而弗由，放其心而不知求，哀哉！人有鸡犬放，则知求之；有放心而不知求。学问之道无他，求其放心而已矣。"①

意思是，"仁，是人心应该居住的地方；义，是人应该走的道路。放弃那条道路不走，丧失了善良的本性而不知道追求寻找，真是悲哀啊！有时，人们的鸡和狗走丢了都知道去寻找，但善良的心性丢失却不知道寻找回来。学问的事没有别的，只是寻找丢失的良心而已"。

这就是孟子反复强调的"居仁由义"，不仅有很强的现实针对性，也是对现实人生最切合实际的指导。

孟子又讲道："仁义而已矣。杀一无罪，非仁也。非其有而取之，非义也。居恶在？仁是也。路恶在？义是也。居仁由义，大人之事备矣。"②

意思是，"作为士人，就是追求实行仁义罢了。杀一个无罪的人就是不仁，不是自己应该得到的东西却去取来就是不义。心的居处在哪里？就是仁在的地方。人生道路在哪里？就是义在的地方。居住在仁在的地方，沿着义的道路行走，德行高尚的人该做的事就齐备了"。实际上，君子的人生、圣贤的人生都是如此，这也是光明磊落的人生和最有意义且最有价值的人生。

最后，孟子讲道："世间所有的人，在各个阶层的人都需要仁德。三代之所以得到天下是因为仁，之所以失去天下是因为不仁。诸侯国之所以衰落、兴盛、生存、灭亡，其原因也是这一点。天子如果不仁，就不能够安定天下；诸侯如果不仁，就不能安定国家；卿大夫如果不仁，就不能够保全自己家族的祖庙；士人和普通百姓如果不仁，就不能保全自己的身体。如今，人们都厌恶死亡却愿意行不仁之事，这就好像厌恶醉酒却勉强使劲灌酒一样。"③

---

① 参见《孟子·告子上》第十一章。
② 参见《孟子·尽心上》第三十三章。
③ 参见《孟子·离娄上》第三章。

孟子是发扬光大孔子思想的关键人物，他对孔子思想的领悟是比较深刻和准确的，而本章就是孔子"为政以德，譬如北辰，居其所而众星拱之"的深刻阐释，强调"仁"的决定作用。孟子的比喻精彩，道理深刻，而"仁"与"不仁"必然出现两种截然不同的结果。"仁者无敌，不仁者必败"是古今中外适用的道理，只不过需要一定的时间来验证结果罢了。

孟子的教学活动使儒家思想的影响越来越大，前来讲堂听他讲学的人也越来越多。不过，这引起其他学派学者的不满和不服，于是有的学派的学者便前来和孟子辩论。

舌 战 百 家

告　子

　　告子的思想属于黄老学派。不过，《墨子》中却有关于告子的三条记载，说他是墨子的学生，长于理论而现实品行很一般，故遭到墨子弟子的攻击而要将他清理出门户，最后墨子维护了他。也许，告子是脱离墨家学派后倾向于黄老之学的吧。如今，告子就在稷下学宫中，他算是黄老学派的代表人物了。

　　听说告子带着两名弟子来访，孟子也让自己的几名弟子跟随左右，然后在客厅里接待了告子师生。

　　二人相见，不由得相互打量：告子比孟子大几岁，为人精明，身材中等，长得棱角分明，一看就是一个不服输的人；孟子则魁梧健壮，目光如电，一看就是一位思维敏捷而深邃的人。于是，二人心里暗自称奇，算是棋逢对手了。

　　见面落座，相互寒暄几句，便转入正题。

　　告子抱拳说道："听我的弟子说，先生主张人性本善。我感觉人性就是随着生命而来的本性，没有什么善恶之分吧？"

　　孟子问："你的意思是说天生的就是本性，就好像物体的白色就是白？"

　　告子说："对。就是这个意思。"

　　孟子再问："白色羽毛的白就像白雪的白，白雪的白就像白玉的白吗？"

告子说："对，对，就是这样的。"

孟子再问："这样的话，狗的本性就像牛的本性，牛的本性就像人的本性啦？"①

告子皱眉思索一会儿，想说什么又说不出来，一时间有些张口结舌，不知道如何回答。

人 性 本 善

然后，告子换了一个话题，说道："我认为人性就好比是湍急的流水，从东方打开缺口就向东流，从西方打开缺口就向西流。人性根本没有善与不善的区别，就好像水没有东流、西流的区别一样。"

孟子说："水确实没有往东流和往西流的区别，难道没有往上流和往下流的区别吗？人的本性善良，就好像水往下流。人的本性没有不善良的，水的本性就没有不往下流的。拍击水可以让它飞溅起来，就可以高过人的额头；堵住河流使它倒流，就可以把它引向高山。然而，这是水的本性吗？人之所以能使其做恶事，本性的变化就像这水一样。"②

当时，人性之善恶是主要的话题之一，孟子和告子关于这个话题的辩论便足以说明这一点。告子又提出人性没有善恶之分的观点，并以物无定性来证明人也无定性，就好像水流不选择方向一样。不过，孟子马上抓住告子这一说法的漏洞，水流的方向没有定性，但水流的上下则是一定的：水只能往下流，这是水确定的性格，那么人性也如同水一样，向往善良的趋势是一定的；不加外力的干预，水便永远往下流，不加外力的逼迫，人性便永远向善。

---

① 参见《孟子·告子上》第三章："告子曰：'生之谓性。'孟子曰：'生之谓性也，犹白之谓白与？'曰：'然。''白羽之白也，犹白雪之白；白雪之白，犹白玉之白与？'曰：'然。''然则犬之性犹牛之性，牛之性犹人之性与？'"

② 参见《孟子·告子上》第二章："告子曰：'性犹湍水也，决诸东方则东流，决诸西方则西流。人性之无分于善不善也，犹水之无分于东西也。'孟子曰：'水信无分于东西，无分于上下乎？人性之善也，犹水之就下也。人无有不善，水无有不下。今夫水，搏而跃之，可使过颡；激而行之，可使在山。是岂水之性哉？其势则然也。人之可使为不善，其性亦犹是也。'"

孟子的观点深刻而切合人性。在现实生活中，人干坏事往往是受到压迫，是对人本性的扭曲，或者是受到自己内心欲望的压迫，或者是受到他人的逼迫，而本心是知道不应该如此做却又做了恶事。当然，人们愿意做善事而不愿意做恶事，这是一定的。

告子无法反驳，便又换了个话题说道："我认为人的本性就如同软木的杞柳，仁义就像杯盘，如果要把人性改变为仁义，就如同是用杞柳制作成杯盘。"

孟子说："你说的好像是有道理，实际上却似是而非。请问你是顺应杞柳的本性来制作杯盘呢，还是要通过破坏杞柳本性的方式来制作杯盘呢？如果是破坏杞柳本性的方式来制作杯盘，那么也就是要以破坏人本性的方式才能使人具有仁义之心吗？实际上，引导顺应人的本性，就会走向仁义之途。你这种理论，一定会率领天下之人来祸害仁义啊！"[1] 关于人性的理论，后来荀子有"性恶论"，便与告子的这种观点有类似之处。

告子认为，人的本性是天生的，就像杞柳也是天生的一样；杯盘是经过人加工而成的，所以人的仁义品德也需要培养才能形成。实际上，这种比喻表面看有道理，但仔细分析却不是如此。孟子抓住其中的要害，即如果顺着杞柳的本性无法制作杯盘，如果制作杯盘则必须损坏其原来的形状，而对于人培养其仁义的品性则不可以破坏原来的形状以及性质。同时，人性是抽象的，没有办法看见，也没有具体形状，故用杞柳制作杯盘这样具体的形象来比喻本身就不合理，而这实际上是问题的关键所在。

义"内"还是"外"

告子又说道："食、色，性也。仁，内也，非外也。义，外也，非

---

[1] 参见《孟子·告子上》第一章："告子曰：'性犹杞柳也，义犹桮棬也。以人性为仁义，犹以杞柳为桮棬。'孟子曰：'子能顺杞柳之性而以为桮棬乎？将戕贼杞柳而后以为桮棬也？如将戕贼杞柳而以为桮棬，则亦将戕贼人以为仁义与？率天下之人而祸仁义者，必子之言夫！'"

内也。"

意思是，"饮食男女，就是人的天性。仁是内在的，不是外在的。但义是外在的，不是内在的"。

告子认为仁是内在的品格，是先天带来的，但他提出义是外在的，不是先天就有的。

孟子问道："为什么说仁是内在的，而义是外在的呢？"

告子说："对方年长我就尊重他，并不是因为我内心原本就尊敬他；正如同白色的东西我认为是白的，这是根据它外表的白色，所以说义是外在的。"

孟子说："马的白色和人的白色没有什么区别，不知道同情老马和尊敬老人是否有区别呢？况且你说的义是在长者一方呢，还是在尊敬长者一方呢？"

告子说："是我的弟弟我就爱他，是秦国人的弟弟我就不爱他。爱不爱是由我的内心来决定的，所以说仁是内在的。尊敬楚国的老人，也尊敬我自己的老人，这是因为年长这个外在的原因我才高兴这么做，所以说义是外在的。"

孟子说："喜欢秦国人的烤肉，和喜欢吃自己国家的烤肉没有什么区别。各种事物也有这种情形，难道吃烤肉的心也是外在的吗？"①

孟子在这里强调的仁义是内在的，这便与他提倡"性善说"相一致了。孟子认为，仁、义、礼、智这几种美好的品德都是与生俱来的，那么其都是内在的而不是从外面硬加入的，故只要保持本真就是善人甚至就是贤人。因此，孟子坚决反对"义是外在的"这种说法，后面还会涉及这一话题。孟子以"且谓长者义乎？长之者义乎"反问，即尊敬长者是主体的思想活动而不是客体即被尊敬者的思想活动，那就自然是内在

---

① 参见《孟子·告子上》第四章："告子曰：'食色，性也。仁，内也，非外也；义，外也，非内也。'孟子曰：'何以谓仁内义外也？'曰：'彼长而我长之，非有长于我也；犹彼白而我白之，从其白于外也，故谓之外也。'曰：'异于白马之白也，无以异于白人之白也；不识长马之长也，无以异于长人之长与？且谓长者义乎？长之者义乎？'曰：'吾弟则爱之，秦人之弟则不爱也，是以我为悦者也，故谓之内。长楚人之长，亦长吾之长，是以长为悦者也，故谓之外也。'曰：'耆秦人之炙，无以异于耆吾炙，夫物则亦有然者也，然则耆炙亦有外与？'"

而不是外在了。

对于义是内在还是外在的问题，孟季子（疑孟仲子的弟弟）问孟子的弟子公都子道："凭什么说义也是内在的东西呢？"

公都子回答说："我贯彻我内心的尊敬，所以说它是内在的东西。"

孟季子问："乡人比你兄长大一岁，那么你该尊敬谁？"

公都子说："当然尊敬兄长。"

孟季子再问："如果在一起饮酒，那么你先敬谁？"

公都子回答说："先敬乡人。"

孟季子说："你内心所尊敬的是自己的兄长，而行动上表现的是尊敬乡人，可见义果然是外在的，不是出于内心的。"

公都子无法作答，便把这些话告诉了孟子。

孟子说："（你可以反问他）是尊敬叔父，还是尊敬弟弟呢？他会说：'尊敬叔父。'你就问他：'弟弟如果做受祭的代理人，那么你应该尊敬谁？'他会说：'尊敬弟弟。'你说：'那你刚才怎么说尊敬叔父呢？'他会说：'这是因为现在弟弟处在受尊敬的位置上。'你就说：'尊敬本乡人也是因为他处在客人的位置上。平时的尊敬在大哥，暂时的尊敬在本乡人。'"

孟季子听到这些话后，说："尊敬叔父是尊敬，尊敬弟弟也是尊敬，可见义果然在外在的，不是发自内心的。"

公都子说："冬天就喝热水，夏天就喝凉水，那么饮食也是外在的吗？"[1]

可以说，这种推理过程和结论是合乎逻辑的，也是有说服力的。实际上，内心对兄长的敬爱是经常的，而在饮酒场合先敬乡人是临时的礼节。当然，内心的感情和外在的礼节本来就不是一回事。

---

[1] 参见《孟子·告子上》第五章："孟季子问公都子曰：'何以谓义内也？'曰：'行吾敬，故谓之内也。''乡人长于伯兄一岁，则谁敬？'曰：'敬兄。''酌则谁先？'曰：'先酌乡人。''所敬在此，所长在彼，果在外，非由内也。'公都子不能答，以告孟子。孟子曰：'敬叔父乎？敬弟乎？彼将曰，"敬叔父。"曰，"弟为尸，则谁敬？"彼将曰，"敬弟。"子曰，"恶在其敬叔父也？"彼将曰，"在位故也。"子亦曰，"在位故也。庸敬在兄，斯须之敬在乡人。"'季子闻之，曰：'敬叔父则敬，敬弟则敬，果在外，非由内也。'公都子曰：'冬日则饮汤，夏日则饮水，然则饮食亦在外也？'"

人性可以为善

公都子说："告子说：'人性没有什么善，也没有什么不善。'有人说：'人性可以为善，也可以为不善。因此，文王、武王兴起的时代，百姓就好善；幽王、厉王主政的时代，百姓就好暴力。'有人说：'有的人本性善，有的人本性不善。因此，以尧为国君，却有弟弟象这样的恶人为臣属；有瞽瞍这样的恶人做父亲，却有舜这样的孝子；有纣这样暴虐的侄儿且做了君王，却有微子启、王子比干这样的仁人做他的叔父和大臣。'现在，您说'人性是善良的'，那么他们说的都不对吗？"

孟子说："如果从天生性情来说，那是可以使人善良的，这就是我所说的人性的善良。至于有些人不善良，那不是天生资质的原因。怜悯同情之心，人人皆有；羞耻之心，人人皆有；恭敬之心，人人皆有；辨别是非对错之心，人人皆有。怜悯同情之心是仁，羞耻之心是义，恭敬之心是礼，辨别是非对错之心是智。仁、义、礼、智之心不是由外面渗透强加给我的，是我人性中本来就有的，只不过是没有仔细思考罢了。"

孟子继续说："所以说，'追求就可以得到，放弃就会失去'。人们之间有相差一倍、五倍甚至无数倍的，原因在于不能充分发挥人天生的资质。《诗》云：'上天创造了人类，万物都有其本来法则。百姓掌握这些法则，就喜爱美好的德行。'孔子说：'创作这首诗的人，真是懂得事物的法则啊。有万物就有规则；百姓掌握了规则，所以喜爱美好的德行。'"①

孟子王道思想的基础是"性善说"，也是孟子思想中非常重要的基

---

① 参见《孟子·告子上》第六章："公都子曰：'告子曰："性无善无不善也。"或曰："性可以为善，可以为不善；是故文武兴，则民好善，幽厉兴，则民好暴。"或曰："有性善，有性不善；是故以尧为君而有象；以瞽瞍为父而有舜；以纣为兄之子，且以为君，而有微子启、王子比干。"今曰"性善"，然则彼皆非与？'孟子曰：'乃若其情，则可以为善矣，乃所谓善也。若夫为不善，非才之罪也。恻隐之心，人皆有之；羞恶之心，人皆有之；恭敬之心，人皆有之；是非之心，人皆有之。恻隐之心，仁也；羞恶之心，义也；恭敬之心，礼也；是非之心，智也。仁义礼智，非由外铄我也，我固有之也，弗思耳矣。故曰，"求则得之，舍则失之。"或相倍蓰而无算者，不能尽其才者也。《诗》曰，"天生蒸民，有物有则。民之秉夷，好是懿德。"孔子曰："为此诗者，其知道乎！故有物必有则；民之秉夷也，故好是懿德。"'"

石之一，故如有质疑"性善说"的便一定要与之辩论。

公都子明白了孟子的话，此后便没再提及告子的说法了。

墨家学派的夷之

当时，在稷下学宫主持墨家学派讲学的学者叫夷之，别称夷子。夷子听过孟子的讲学，也听说了孟子和告子辩论的情况，便有心要见一见孟子并与之辩论。于是，夷之便通过孟子的弟子徐辟求见孟子。

孟子听了弟子徐辟的传话，便说道："我当然愿意见他啊！可是我今天身体不舒服。等我身体好了，我可以去见他。你告诉夷之，他暂时不要来。"

几天里，孟子通过弟子和其他途径将夷之的为人处世和理论主张等调查得清清楚楚，心中便有数了。孟子无论做什么都很注意了解对方，"知己知彼，百战不殆"，辩论也是如此，这是非常重要的人生经验。

过些日子，夷之又通过徐辟求见孟子。孟子对徐辟说："我现在可以见他了。如果不直接说明白，那么真理就不能显现，所以我就明明白白告诉他吧。我听说夷子是墨家学派的学者，墨家办理丧事时主张薄葬。夷子是想用这一主张来改革天下习俗，难道是认为不薄葬就不值得崇尚吗？可是，夷子办理他父母的丧事却是极其丰厚的，那么他这是用自己所鄙薄的态度来对待他的父母了。"

徐辟把孟子的这些话原原本本地转告给了夷之。

夷之说："儒家学说认为，古代的圣人对待百姓就像爱护自己的孩子一样，这话是什么意思呢？我认为人对人的爱是没有差别的，只是实行先从自己的双亲开始。"

徐辟把夷之的这些话告诉了孟子。

孟子说："那个夷子，真的认为别人爱他哥哥的小孩与爱他邻居的婴孩是一样的吗？夷子只是抓住了这一点：婴孩在地上爬，快要掉进井里，但这并不是婴孩的过错（无论谁见到这种情况都会去救，但这并不能说明爱无差别）。况且，自然界的万事万物只有一个根本，可是夷子却认为有两个（认为爱无差别），道理就在这里。大约很早以前，曾有人在父母去世后不埋葬，而将尸体扛到山谷里扔掉。过些天路过那里，看见狐狸在吃尸体，苍蝇、蚊虫在上面吸吮，那人不禁额头直冒汗，斜着眼不敢直视父母的尸体。这满头的汗水不是流出来给别人看的，而是自己的悔疚心情在脸上的表现。于是，那人回家拿了簸箕、铁锹等工具掩埋了父母的尸体。埋葬尸体确实是对的，那么孝子仁人掩埋自己死去的父母，也自然是合理的了。"简而言之，爱是有差等的，是由近而远的。实际上，这就是孟子常说的"老吾老以及人之老，幼吾幼以及人之幼"的道理。

徐辟把孟子的这些话原原本本传达给了夷之。夷之听到这些话后，沉默了一会儿，信服地说："请你转告孟夫子吧，我接受他的教育了。"[1]

孟子和夷之始终没有面对面，而是通过孟子的弟子徐辟来回传话，这种交流方式本身就很有意思。孟子的这些辩论，既需要理论修养，也需要卫道的勇气。

顺便提及，当时在稷下学宫墨家学派的代表人物是宋轻，后来和孟子有交谈，但没有辩论过。

大丈夫宣言

几天后，在稷下学宫的一位纵横家学者求见孟子。孟子听说过此人，此人叫景春，在当世纵横家中算是小有名气。当时，纵横家中的大人物

---

[1] 参见《孟子·滕文公上》第五章："墨者夷之因徐辟而求见孟子。孟子曰：'吾固愿见，今吾尚病，病愈，我且往见，夷子不来！'他日，又求见孟子。孟子曰：'吾今则可以见矣。不直，则道不见；我且直之。吾闻夷子墨者，墨之治丧也，以薄为其道；夷子思以易天下，岂以为非是而不贵也；然而夷子葬其亲厚，则是以所贱事亲也。'徐子以告夷子。夷子曰：'儒者之道，古之人若保赤子，此言何谓也？之则以为爱无差等，施由亲始。'徐子以告孟子。孟子曰：'夫夷子信以为人之亲其兄之子为若亲其邻之赤子乎？彼有取尔也。赤子匍匐将入井，非赤子之罪也。且天之生物也，使之一本，而夷子二本故也。盖上世尝有不葬其亲者，其亲死，则举而委之于壑。他日过之，狐狸食之，蝇蚋姑嘬之。其颡有泚，睨而不视。夫泚也，非为人泚，中心达于面目，盖归反蘽梩而掩之。掩之诚是也，则孝子仁人之掩其亲，亦必有道矣。'徐子以告夷子。夷子怃然为间，曰：'命之矣。'"

大多奔波在各大诸侯国，如公孙衍、张仪、苏秦、苏代等，他们都是运用外交手段来呼风唤雨的人物，而后来的成语"朝秦暮楚"实际上说的便是他们的德行。

景春四十多岁，见到孟子后施礼。孟子回礼，没有更多客套，直接说道："先生请不必客气，有话请直言。"

景春说道："当今之世，公孙衍、张仪，难道不是大丈夫吗？他们一愤怒就使诸侯恐惧，他们一安定下来天下就消停了。"

孟子说："这样做怎么能算是大丈夫呢？你难道没有学过礼吗？男子在加冠时，父亲要加以训导；女子出嫁的时候，母亲要训导她，在送她出门的时候，提醒告诫说：'到了你的婆家，一定要恭敬且更加小心，不要违背丈夫的意愿。'顺从是正确的做法，是媳妇的规矩啊。"[1] 言外之意是，顺从天道，顺从人心，使天下安定，免于战乱，才能算是大丈夫。张仪、公孙衍等人朝秦暮楚，到处挑拨是非，挑起战争，在战争中捞取荣华富贵，这样的人都充满罪恶，怎么能算大丈夫呢？

景春听后，有点不好意思。孟子继续说道："居天下之广居，立天下之正位，行天下之大道；得志，与民由之，不得志，独行其道；富贵不能淫，贫贱不能移，威武不能屈，此之谓大丈夫。"[2]

意思是，"居住在天下最广阔的住宅——仁的胸怀里，站立在天下最正确的位置上，行走在天下最宽广的大道上。仕途得意，率领百姓一起前进，一起过和平幸福的生活；仕途不得意，独自走自己正确的人生道路。富贵不能使他淫荡放纵，贫贱不能改变他的意志，威武也不能使他屈服，这样的人才能叫作大丈夫"。

景春听罢，想要说些什么，但又感觉无力再说什么。

当时，纵横家们行走于各诸侯国，到处游说，摇唇鼓舌，煽风点火。

---

① 参见《孟子·滕文公下》第二章："景春曰：'公孙衍、张仪岂不诚大丈夫哉？一怒而诸侯惧，安居而天下熄。'孟子曰：'是焉得为大丈夫乎？子未学礼乎？丈夫之冠也，父命之；女子之嫁也，母命之，往送之门，戒之曰："往之女家，必敬必戒，无违夫子！"以顺为正者，妾妇之道也。'"

② 参见《孟子·滕文公下》第二章。

其中，纵横家中最活跃的要数苏秦、苏代、张仪、公孙衍等人。张仪先到楚国寻求发展，结果因为和氏璧被冤而打掉了四颗牙齿。然后，张仪到了秦国，便运用连横策略来制约合纵之策。其后，张仪带着重金到楚国游说，向楚国提出"联秦绝齐"的外交策略，并答应给楚国商於之地六百里。当时，楚怀王被一群奸佞臣下包围，大夫屈原虽头脑清醒但独木难支，最后楚国与秦国结盟以制约齐国。

公孙衍，号犀首，是纵横家的重要代表人物，他到处串联东方六国联合以对付秦国。另一合纵派的代表人物苏秦披挂六国相印，一时间天下闻名，声势显赫。在《史记》中，司马迁浓墨重彩地描绘了苏秦得意后的心态。实际上，苏秦游说的重要对象是燕王，而他的弟弟苏代也是纵横家，最后成功游说燕王哙禅让。

孟子和这些纵横家没有直接的对话，但从他和淳于髡的两次辩论来看，他对景春算是很客气的。

在稷下学宫的教学活动和学术活动中，孟子极大地提升了他自己的知名度和历史地位，也极大地提升了儒家学说的社会影响力。

回圈的猪崽

由于各家学派的学者都集中到了稷下学宫，他们在辩论和争取信徒方面达到了白热化阶段。这样，稷下学宫便成了各派论争的焦点。孟子继续公开讲学和个别交流，使得儒家学说的听众也越来越多。公孙丑和万章见到这种情况非常高兴，尤其是公孙丑更是到墨家学派和杨朱学派的讲堂中去探看究竟，以求知己知彼。

不过，有的听众是先在这三处都有听讲，后来才逐渐到孟子这里来的。过了些日子，公孙丑发现有几名最近一直来孟子这里听讲的人又回到了墨家学派的讲堂去了，便有些生气和心理不平衡，并将这种情况向孟子报告了。

孟子一听，笑了，说："逃离墨家学派的人，就一定要归向于杨朱学派，逃离杨朱学派的人，则一定归向于儒家学派。无论是哪家学派的人回归，接受就罢了。如今，和杨朱学派、墨翟学派辩论的人，好像是在追赶跑散的猪崽，猪崽已经回到圈里了，还要把它的腿绊住。"[1]

墨家学派强调为天下可以舍弃一切，毫不利己专门利天下，泯灭个人的自由，完全服从纪律，但这样做实际上是不符合人性的，因此在坚持一段时间后就有许多人受不了而离开。离开墨家学派的自然归向了杨朱学派，因为这一学派主张完全自私自利，但这也是不符合人性的，而且无法面对和融入社会。于是，离开杨朱学派的就必然归向儒家了。

从孟子的话可以看出，在儒家、墨家、杨朱学派的长期辩论中，儒家逐渐有了取胜的倾向，并呈现出墨家逐渐衰退，杨朱也逐渐衰退，儒家逐渐胜出的状况。孟子的意思是说，如果有回归的，那么接受就是了，不要像追逐跑散的猪崽一样，只要赶回圈里就是了，何必再绑上猪崽的腿呢？换句话说，墨家没落，杨朱学派衰微，儒家开始恢复上升的势头了。孟子的态度是大度的，只要回归就欢迎，不必牢牢控制，而是采用一种宽松自由的态度用思想的光芒以感召。

到 下 面 去

孟子的讲学和交流活动非常顺利，但这并不是他的最高理想。孟子的最高理想和孔子一样，他要推行王道政治，使天下回到和平的轨道上来，让百姓过上安居乐业的生活。

孟子在稷下学宫的待遇不错，生活安定舒适，但与他的王道理想和推行仁政的理念还相差甚远，故他的内心总是感觉有些不安。

这天，孟子到母亲仉氏的房间请安。仉氏请孟子坐下来，想跟他聊一聊。

孟子的母亲仉氏自从跟随儿子到临淄后便一直进行纺线以维持生活开支，而孟子的妻子和一个女佣则负责家中的饮食和卫生，他的一位堂

---

[1] 参见《孟子·尽心下》第二十六章："孟子曰：'逃墨必归于杨，逃杨必归于儒。归，斯受之而已矣。今之与杨、墨辩者，如追放豚，既入其苙，又从而招之。'"

弟则负责内外事务。孟子一开始是反对母亲仇氏劳作的，但仇氏给他讲了当年敬姜的故事，并说这样自己心安理得，对自己的身心也都大有好处，于是孟子也就顺从了母亲。

这次，母亲仇氏让孟子留下来，孟子唯唯诺诺地坐在旁边听从教海。这一年，孟子三十八岁，母亲仇氏五十八岁，身体还很硬朗。仇氏对孟子说："娘感觉最近几天你好像有心事，如果有什么难处尽管跟娘说，不要因为娘耽误你的前程。你如果感觉在这里不能施展你的才能，一切都任凭你选择。娘是什么样的生活都能适应的人，千万不要考虑怕拖累为娘就是。"

仇氏的话说得很直接。孟子说："娘，您多虑了。我是觉得自己应该到齐国的下面去走一走，观察一下齐国百姓的生活状况和精神风貌。然后，我再思考一下如何觐见国君，并献上自己的建议。不过，这样我就要离开家一段时间，不能早晚来给母亲请安了，所以有些犹豫。"

"这有什么可犹豫的。娘也不老，不用你天天陪伴在身旁。你的这种想法很好，什么事情都要有实际根据，看看民情民风，看看下面百姓的实际生活状况，这样说话就有根据了。"仇氏充分支持孟子的想法。①

孔距心与蚯虿

孟子带着万章和公孙丑在齐国平陆的一些地方走访，目睹了百姓困苦的生活状况，以及孤苦无依而迷茫的精神状态，便直接到平陆邑去见大夫孔距心。

孟子在齐国已经待了很长的时间，一般的官员们都认识他，故很热情地接待他们师生一行。当然，孔距心见孟子到了自己管辖的邑镇，自然也非常热情。见面后，孟子问孔距心道："孔大夫，如果你属下手持武器的战士，一天三次掉队，那么你是否开除他呢？"

孔距心回答说："那是肯定的，不用等到第三次就开除了。"

孟子说："然而你掉队的次数也太多了。火荒严重的年岁，你的百

---

① 这段文字根据刘向《列女传》所作。

姓中老弱辗转死在沟沟坎坎里的，年轻力壮的四散去逃亡的，差不多有几千人啊！"

孔距心听明白了，知道孟子这是在责备自己管理的辖区内百姓生活困苦，但他无奈地摊开双手说："先生的话我听明白了，但这些也不是我所能够解决的啊！"

孟子说："如今有人接受别人委托而为之放牧饲养牛羊，那就一定要为人家放牧和喂养草料。如果寻求牧场或者草料而寻找不到，是把牛羊返还给主人呢，还是站着看牛羊都饿死、冻死呢？"

孔距心说："对，这样说就是我的责任和罪过了。"[1]

孟子说："好好好，你知道自己没有能够尽职尽责，这就很好了。真的希望你有所改善。"孔距心连连答应。

孟子去的下一个地方是灵丘，距离平陆不是很远。灵丘的情况和平陆也差不多，田地不整，道路不畅，百姓生活也很困苦。孟子见到了这里的行政长官蚳鼃，此人不到四十岁，是位很有个性的人物。蚳鼃和孟子交谈后，他觉得自己不应该对辖境治理不好负责任，因为这是朝廷各种政策和制度的问题。于是，蚳鼃干脆和孟子表态说："我不做这个地方官了，把这个地方交还给朝廷，请朝廷另派人来。我干脆回临淄去，这样可以和国君直接对话，可以发表一些自己的意见。"于是，蚳鼃和孟子一起回到了临淄。

回去过了几天后，孟子见到了齐王（齐威王），说："大王属下管理地方的大臣，我认识五位。知道自己罪过的人，只有孔距心啊！"并向齐王转述了孔距心的话。

齐王说："这样看来，则是我的罪过了。"[2] 就这样，轻轻一语便搪塞

---

[1] 参见《孟子·公孙丑下》第四章："孟子之平陆，谓其大夫曰：'子之持戟之士，一日而三失伍，则去之否乎？'曰：'不待三。'然则子之失伍也亦多矣。凶年饥岁，子之民，老羸转于沟壑，壮者散而之四方者，几千人矣。'曰：'此非距心之所得为也。'曰：'今有受人之牛羊而为之牧者，则必为之求牧与刍矣。求牧与刍而不得，则反诸其人乎？抑亦立而视其死与？'曰：'此则距心之罪也。'"

[2] 参见《孟子·公孙丑下》第四章："他日，见于王曰：'王之为都者，臣知五人焉。知其罪者，惟孔距心。'为王诵之。王曰：'此则寡人之罪也。'"

过去了。孟子也不好再说，只好告辞出来。①

蚔鼃辞去灵丘行政长官职务后，齐王任命他做了"士师"，即执掌禁令刑狱的官员，同时这个官职也负有向国君进谏的责任。

可是，过了几个月也没有听说蚔鼃有什么进谏的消息。恰好，孟子遇到了蚔鼃，便对蚔鼃说："您辞去灵丘地方长官的职务而请求担任狱官好像是很有道理的，因为狱官可以直接向国君进言。如今，您担任狱官已经好几个月过去了，还不能向君王进言吗？"

蚔鼃向齐王提出几条建议，但都不被齐王采纳，于是坚决辞去官职离开了朝廷。

这时，有人听说了这种情况，就说："孟子为蚔鼃所谋划的确实很好啊，但是他为自己谋划的怎么样呢？那我就不知道了。"

弟子公都子把这些话告诉了孟子。

孟子说："吾闻之也，有官守者，不得其职则去；有言责者，不得其言则去。我无官守，我无言责也，则吾进退，岂不绰绰然有余裕哉？"

意思是，"我听说，有具体官职便是有一定职责的，不能实行他的职责就应该辞职离开；有进谏责任的人，不能采纳他的建议就应该离开。我既没有实际的官职，也没有进谏的职责，那么我无论是进还是退，难道不是有很大的余地吗？"②成语"绰绰有余"，便出自此句。

通情达理的母亲

周慎靓王元年（前320），岁当辛丑，孟子五十三岁。又是十几年

---

①孟子是否见过齐威王没有明确的记载和说法，但孟子见齐宣王时一般都明确写明"齐宣王"，而本章（《孟子·公孙丑》第四章）直接记载的是"齐王"，此处叙述推测为齐威王。因为，齐威王与齐宣王一样追求富国强兵，实际的主导思想还是要称霸，故对孟子的主张也不置可否。

②参见《孟子·公孙丑下》第五章："孟子谓蚔鼃曰：'子之辞灵丘而请士帅，似也，为其可以言也。今既数月矣，未可以言与？'蚔鼃谏于王而不用，致为臣而去。齐人曰：'所以为蚔鼃则善矣；所以自为则吾不知也。'公都子以告。曰：'吾闻之也：有官守者，不得其职则去；有言责者，不得其言则去。我无官守，我无言责也，则吾进退，岂不绰绰然有余裕哉？'"

过去了，孟子依旧是一位讲学的学者，并没有取得任何实际的功绩。为此，孟子的心情便有些焦急和郁闷，于是表情必然显示出来而隐藏不住了。对于孟子的这种情况，明察秋毫的母亲仉氏看在眼里。

孟子到母亲仉氏屋里请安，母亲问道："看你心事重重，好像有忧愁之事，究竟是什么事呢？"

孟子微微笑着说："娘！没有事，稍微感觉有点不舒服。"

过了两天，孟子靠着大堂上的楹柱叹气。母亲仉氏从屋里出来，问道："你说实话，到底有什么难心之事就告诉为娘吧。"

"娘，真的没有什么。"

"儿啊！不要瞒我，我看出你有心事了。你前两天就忧心忡忡，我问你却说没有事。今天，你又靠着柱子长吁短叹的，到底有什么心事呢？"

"娘，那我就不瞒您了。儿子知道，君子称心称职就位，不能苟得而受赏。不贪图荣禄，诸侯不听信就不上达建议，听而不用就不上朝就职。如今，儿子的道在齐国难以推行，想要另谋出路。但是，娘年纪已经大了，因此儿子非常难心，故很纠结。"

仉氏长长出了一口气，说道："你就该把心事跟娘说了，娘是识文断字、知书达礼的人。妇人之道，是精五饭，幂酒浆，养舅姑，缝衣裳而已。故有闺内之修，而无境外之志。《诗》曰：'无非无仪，惟酒食是议。'《易》曰：'在中馈，无悠遂。'它们都要求妇人无擅自之议，有三从之道也。故年少则从父，出嫁则从夫，夫死则从子。这便是礼。如今你已成人，而我则老了，你尽管去从事你的道义，我则守我的礼。你有什么想法，尽管去做。"

"娘，如今您已经过七十岁了，儿子远行有点担心。孔子不是说'父母在，不远游'吗？"

仉氏没有等孟子说完，便接过话茬说道："儿子，下句不是说'游必有方'吗？你去哪里，告诉娘，不就行了嘛！再说了，你看看娘的身子骨还很硬朗，两年三年的还死不了，你想去哪里尽管去吧。"

孟子一听，说："娘说得有道理。最近听说梁惠王在急于招贤，十多年前我见过此人，既然他如此求贤若渴，魏国又遇到了大问题，那么我想去试一试。"

"好啊！好男儿志在四方，你放心去吧！"

孟子紧紧拥抱一下母亲仉氏，什么也没有说，便告辞出来。[1]

---

[1] 这一篇根据刘向《列女传》所作。

二见梁惠王

二见梁惠王

这一年，周显王死了，周慎靓王即位。当然，对于周之衰微已成定势的局面，周慎靓王已经无力回天，不可逆转。同时，齐威王和梁惠王这两位对孟子有重要影响的君主也都到了晚年，而且都想在生命的余年再进行一次拼搏，尤其是梁惠王。

梁惠王魏䓨生于公元前400年，此年已经是八十高龄的老人，在那个时代是非常难得的。这一年，梁惠王身体尚可，他感觉在自己执政的几十年间战争多败，国土面积缩小，国力衰弱，便很不甘心地想在临死前再振作一把。于是，梁惠王发出招贤令，在天下招纳贤士，并提出给予优惠的政策。

见到梁惠王的招贤令后，孟子和稷下学宫的淳于髡、邹衍先后来到魏国。

淳于髡是一位集智慧、幽默于一身的智者，而邹衍则是稷下学宫中的一位新晋学者。其时，邹衍见各大国诸侯的注意力都集中在耕战事功和战争方面，百姓的死活已无人关心，于是便提出了"阴阳五行决定论"以及"五德终始说"，其内核中有劝谏当世大国君主重视人民力量的因素，因其言论"尽谈天事"而人们称为"谈天衍"。

孟子在二十多年前到过魏国，并与梁惠王有过几次交谈。当时，梁惠王重用水利专家白圭和军事家庞涓，对孟子的学说和政治主张不感兴趣，于是孟子也有"道不同不相为谋"的感觉而离开了。

孟子离开后不久，发生了马陵道大战，并使魏国遭受重创。次年，秦军再进攻魏国，魏国再次大败，损失土地几百里。十几年过去了，梁惠王忽然觉得孟子的理论还是有道理的，而且对孟子不卑不亢的气度以及滔滔雄辩的才能也有着很深的印象。因此，梁惠王听说孟子等人到来，便首先召见了孟子。

何必曰利

到朝廷见礼，孟子落座后，梁惠王问道："老先生，您不远千里来到魏国，给魏国将带来什么利益呢？"

孟子高高一揖道："大王何必说利，最重要的还是仁义。"

这是一位八十岁的国君和一位五十多岁的儒者的对话，实际上其谈论的话题就是"义利之辩"。

很明显，梁惠王的观点是魏国的利益放在第一位。孟子知道这一点，但他接着说道："大王您说'怎样对我国有利'，大夫说'怎样对我家有利'，世庶人说'怎样对我本身有利'，如果天下上上下下的人都相互争着想着对自己有利，那国家就危险了！"

梁惠王和其他几名大臣都仔细聆听着，想看看孟子是什么逻辑和道理。

孟子接着说道："拥有万辆战车的大国，杀害其国君的人，一定是拥有千辆战车的大夫之家；拥有千辆战车的中等诸侯国，杀害其国君的人，一定是拥有百辆战车的大夫之家。在万辆战车的国家，拥有一千辆战车；在一千辆战车的国家，拥有一百辆战车，都不能算不多了。如果先追求利益而把正义放在后面，那么不全部抢夺到手就不会满足。然而，没有一个仁义之人会遗弃自己的亲人，也没有仁义之人不顾国君而将其放在后面。因此，大王只要说仁义就可以了，何必说什么利益？"①

---

① 参见《孟子·梁惠王上》第一章："孟子见梁惠王。王曰：'叟！不远千里而来，亦将有以利吾国乎？'孟子对曰：'王！何必曰利？亦有仁义而已矣。王曰，"何以利吾国？"大夫曰，"何以利吾家？"士庶人曰，"何以利吾身？"上下交征利而国危矣。万乘之国，弑其君者，必千乘之家；千乘之国，弑其君者，必百乘之家。万取千焉，千取百焉，不为不多矣。苟为后义而先利，不夺不餍。未有仁而遗其亲者也，未有义而后其君者也。王亦曰仁义而已矣，何必曰利？'"

在"利"和"义"之间，哪一个更重要可以说是考验或衡量一个人、一个民族或一个国家的关键尺度。正如宋代大文豪苏轼所说，"苟非吾之所有，虽一毫而莫取"①，而一切君子都不会苟取苟得。

仁 者 无 敌

片刻的沉默后，梁惠王没有接着孟子的话题答复，而是转移到了一个新的话题。梁惠王问孟子道："老先生，魏国本来是天下最强大的国家了，这是您所知道的啊！到了我执政时，在东方被齐国打败，我的大儿子死在那里；西方又丧失土地七百里，被秦国占领；南方又被楚国所羞辱。我实在是感到耻辱，愿意替这些死者报仇雪恨，怎样做才可以成功呢？"说到这里，梁惠王的眼睛里露出了仇恨的光芒。

孟子深深叹了一口气，说道："一个国家的疆土即使只有纵横百里，也可以使天下归服。大王如果对百姓施行仁政，减轻刑罚，少收赋税，让百姓有时间深耕细作，及时除草；让年轻人利用闲暇时间学习，培养他们孝顺父母、敬爱兄长、待人诚实、恪守信用等品德，在家里用之侍奉父母兄长，在外面则用之尊重长者上级，这样即使他们手持棍棒也足以抗击身披坚固铠甲、手持锐利武器的秦、楚军队。秦、楚那些国家征兵备战，耽误了农时，以致百姓无法耕种以养活父母。他们的父母饥寒交迫，兄弟、妻子、儿女离散到四方。秦、楚的君主使百姓陷入水深火热之中，大王若去讨伐他们，还有谁能来抵抗呢？所以，古语说：'施行仁政的人天下无敌。'请大王对此不要再怀疑了！"②

"'仁者无敌。'王请勿疑！"孟子最后又加重语气强调了一次。

---

① 参见苏轼《前赤壁赋》。

② 参见《孟子·梁惠王上》第五章："梁惠王曰：'晋国，天下莫强焉，叟之所知也。及寡人之身，东败于齐，长子死焉；西丧地于秦七百里；南辱于楚。寡人耻之，愿比死者壹洒之，如之何则可？'孟子对曰：'地方百里而可以王。王如施仁政于民，省刑罚，薄税敛，深耕易耨；壮者以暇日修其孝悌忠信，入以事其父兄，出以事其长上，可使制梃以挞秦楚之坚甲利兵矣。彼夺其民时，使不得耕耨以养其父母。父母冻饿，兄弟妻子离散。彼陷溺其民，王往而征之，夫谁与王敌？故曰：'仁者无敌。'王请勿疑！'"

从孟子这番话可以看出，孟子是对当时天下局势和弊端做出概括和解析，而且是有针对性的。当然，孟子"杀害国君者必定是大夫"这一说法不是危言耸听，而是极其深刻的看法。如果只是强调和考虑利益，对国君威胁最大的不是百姓而一定是国君身边的重臣或权臣，因为大臣最大的利益则是弑君篡位，接近上级领导最大的利益则是取而代之。这样，天下便会充满陷阱和机关，哪里还会有什么正义和公平。

孔子说："富与贵，是人人都追求的，但不通过正道获得，则不取。"[①]意思是，追求利益是人人都追求的，但不通过正当渠道获得的就不应该取用。孔子在《论语·里仁篇》里还有一句话，"放于利而行，多怨"。意思是，完全放纵追逐利益而行，结果一定会招致更多的怨气甚至怨恨。简而言之，如果天下人都向利益看齐的话，社会道德就一定会一塌糊涂以致天良泯灭，则会导致最深重的人类灾难。

当然，追求正当的物质利益是生活所必需的，故追求利益本身没有错，但追求利益的前提是正义。因此，人人要明白："义"者，"宜"也。"宜"，即适宜、合适、应当。在孔子弟子樊迟问"仁"的时候，孔子回答说："仁者先难而后获，可谓仁矣。"[②]其实，孔子这个回答既是"仁"的问题，也是"义"的问题。"先难而后获"，即先付出劳动后再获得报酬，而这种获得是应该的、适宜的，也就是"义"。

需要说明的是，孟子是在特定对象和背景下讲述的"义利之辩"，实际上他是针对当时上层统治者贪婪无度、奢侈腐败，不问百姓疾苦，"狗彘食人食而不知检，涂（途）有饿莩而不知发"[③]的情况而发的。鉴于梁惠王在魏国国力衰败之时还想继续追逐利益称霸，故而孟子对其这样进行劝谏。

---

① 参见《论语·里仁篇》第五章："子曰：'富与贵，是人之所欲也，不以其道得之，不处也。'"
② 参见《论语·雍也篇》第六章。
③ 参见《孟子·梁惠王上》第三章。

惠　施

其实，魏国的情况就像是一位衰老的人驾驶着一辆残破的马车，当然不可能走得快、走得远了。当然，八十岁高龄的梁惠王不可能有魄力重整旗鼓推行仁政，而他也意识到自己执政造成的衰败情形已经没有挽救回来的可能了。此时，梁惠王或许内心深处可能有一些悔恨之意，懊悔当初没有重用孟子推行仁政，而是选择重用白圭和庞涓进行对外战争，以致魏国的国力衰败到如此境地。不到半年，梁惠工便黯淡地死去了。

梁惠王魏䓨死后，出灵那天天降大雪，城墙内外积雪数尺，道路封堵难以通行，风吹雪起后让拉灵柩车的牛都睁不开眼睛。

就这样，梁惠王出葬灵柩困难重重，百官和百姓都满面愁容。于是，大臣们进谏太子，请求缓期进行丧葬。不过，太子回答说："为人子，而以民劳与官费用之故，而不行先生之丧，不义也。子勿复言。"

太子的话虽冠冕堂皇但也在理，因此群臣都不敢说话了。公孙衍也没有办法，说道："此时能够说话的大概只有惠公了。转告惠公，就请他出面吧。"[①]

于是，有人请惠施出面，惠施也不推托，前去见太子。惠施是魏国的老臣，也是梁惠王信任的大臣，因此太子还是很尊重他的。[②]

惠施见到太子，君臣见礼，然后说道："下葬的日子很近了。"

太子说："是啊！天降大雪，但也不能推迟啊。"

惠施说："当年文王的父亲季历将要下葬的时候，滦河发大水，都要涨到坟墓的入口了。文王见状，说道：'这是我父亲一定要再见见群臣和百姓啊！那就过些日子择日安葬。于是将灵柩摆放在那里，让百姓

---

① 参见《战国策·魏策二》："魏惠王死，葬有日矣。天大雨雪，至于牛目，坏城郭，且为栈道而葬。群臣多谏太子者，曰：'雪甚如此而丧行，民必甚病之。官费又恐不给，请弛期更日。'太子曰：'为人子，而以民劳与官费用之故，而不行先生之丧，不义也。子勿复言。'群臣皆不敢言，而以告犀首。犀首曰：'吾未有以言之也，是其唯惠公乎！请告惠公。'"

② 参见《战国策·魏策二》中几次提到"惠公"，并未提及惠施之名。但是，当时可以称公而又有口才的人只有惠施，推测"惠公"为"惠施"的可能性最大。故此处写作"惠施"。

瞻仰拜见。'如今，这样的天气，当是先王留恋群臣和百姓啊，请太子效仿文王，也过些日子择日下葬。"

太子连声答应："诺！诺！"①

就这样，一个莫大的难题让惠施几句说辞就解决了，可见其确实是个智者。这个时候，惠施已经六十多岁了，他见新君不会有什么作为，便在梁惠王下葬后心灰意冷地回故乡去了。不久，惠施也在黯淡中死去了。

惠施死后，好友庄周到墓地送葬，有人问庄周道："你们两人见面就争论，打了一辈子嘴仗。他死了，你怎么还很悲伤呢？"

庄子回过头来对跟随的人说："你们不知道啊，当年楚国有个人往顶棚上刷白灰，'啪'掉下来一滴白灰，正好落在这位工匠的鼻头上，像蚊蝇的翅膀那样大小，然后他就让一个木匠用斧子砍削掉这个小白点。木匠抡动斧子呼呼作响，一斧子就把那点白灰砍削得干干净净，但鼻子却一点也没有受伤。刷棚的楚国人若无其事，两个人都好像很平常一样。宋元君知道了这件事，召见那木匠说：'你为我也这么试试。'木匠说：'我确实能够轻易砍削掉鼻尖上的小白点，但必须是那个搭档，没有那个搭档我就无法发挥那么高的水准了！'惠施就是我的搭档啊！他死了，我就没有可以匹敌的对手了，也就没有可以与之论辩的人了！我的水平也就难以发挥了！"②

这便是"运斤成风"这一成语的来源。当然，庄周和惠施确实是一对难得的搭档。

---

① 参见《战国策·魏策二》："惠公曰：'诺。'驾而见太子曰：'葬有日矣。'太子曰：'然。'惠公曰：'昔王季历葬于楚山之尾，欒水啮其墓，见棺之前和。文王曰："嘻！先君必欲一见群臣百姓也夫，故使欒水见之。"于是出而为之张于朝，百姓皆见之，三日而后更葬。此文王之义也。今葬有日矣，而雪甚，及牛目，难以行，太子为及日之故，得毋嫌于欲亟葬乎？愿太子更日。先王必欲少留而扶社稷、安黔首也，故使雪甚。因弛期而更为日，此文王之义也。若此而弗为，意者羞法文王乎？'太子曰：'甚善。敬弛期，更择日。'"

② 参见《庄子·徐无鬼》："庄子送葬，过惠子之墓，顾谓从者曰：'郢人垩慢其鼻端若蝇翼，使匠石斫之。匠石运斤成风，听而斫之，尽垩而鼻不伤，郢人立不失容。宋元君闻之，召匠石曰："尝试为寡人为之。"匠石曰："臣则尝能斫之。虽然，臣之质死久矣。"自夫子之死也，吾无以为质矣，吾无与言之矣。'"

魏国的新君

"国不可一日无君"，魏国新君即位后照例要接见各种人物。孟子被召见，但进去不长时间就出来了。在外面等待的几名弟子万章、公孙丑和乐正克等见状，都急于知道老师对于这位魏国新君的印象。

孟子当然知道弟子们的心情，也不等他们问便说道："这位新国君，远处望之，没有人君的气质，近看也没有令人畏惧的威严，张嘴突然就问：'天下怎样来安定？'我回答说：'安定于统一。'再问：'谁能统一天下？'我回答说：'不爱好杀人的人就能够统一天下。'又问：'谁能够参与梁国的政治而来支持他？'我回答说：'天下没有人会不参与支持啊！大王您也知道禾苗吧？七八月间大旱，那么禾苗就要枯萎了。这时，天空忽然乌云密布，非常充沛地下起雨来，那么禾苗便都兴致勃勃地挺立起来了。如果像这样的话，谁能够抵抗呢！如今天下统治百姓的人，没有不爱好杀人的。如果有不爱好杀人的仁义的国君，那么天下的百姓便都会伸长脖子盼望了。如果真如此的话，那么百姓都会归向于他，就好像水流往下流淌一样，那种汹涌奔腾的样子谁能抵挡得了呢！'"[①]

新君梁襄王眼睛直勾勾地看着孟子，有点疑惑。

孟子接着说："以力假仁者霸，霸必有大国。以德行仁者王，王不待大——汤以七十里，文王以百里。以力服人者，非心服也，力不赡也。以德服人者，中心悦而诚服也，如七十子之服孔子也，诗云：'自西自东，自南自北，无思不服。'此之谓也。"[②]

意思是，"依靠实力再假借仁义名号的诸侯就可以称霸，称霸必须凭借强大的国力。以德政而推行仁义的诸侯就可以称王，称王不必一定

---

① 参见《孟子·梁惠王上》第六章："孟子见梁襄王，出，语人曰：'望之不似人君，就之而不见所畏焉。卒然问曰："天下恶乎定？"吾对曰："定于一。""孰能一之？"对曰："不嗜杀人者能一之。""孰能与之？"对曰："天下莫不与也。王知夫苗乎？七八月之间旱，则苗槁矣。天油然作云，沛然下雨，则苗浡然兴之矣。其如是，孰能御之？今夫天下之人牧，未有不嗜杀人者也。如有不嗜杀人者，则天下之民皆引领而望之矣。诚如是也，民归之，由水之就下，沛然谁能御之？'"

② 参见《孟子·公孙丑上》第三章。

需要强大的国力，如商汤以七十里的土地，周文王以一百里的土地就得以称王天下。依靠武力来征服天下的，不是从心里归附，而是力量不足不得已。用道德来征服天下的，是心里高兴而真正的归附，就好像七十二弟子信服孔子一样。《诗·大雅·文王有声》说：'无论从西来，还是从东来，无论是从南来，还是从北来，没有不心悦诚服的。'说的就是这个意思"。

孟子是担心梁襄王缺乏信心，鼓励他完全可以实行王道政治来实现对天下的统一。魏国当时虽然已经不是一流强国，但国土面积也远远超过当年的商汤和周文王，如果实行王道政治是可以征服天下的。但是，梁襄王的眼神表现出更多的疑惑，意思好像是在说——"您说的是什么啊？我是问谁能够帮助我统一天下，您跟我讲这些干什么呢？"

孟子见梁襄王没有回答，便告辞出来。听到孟子告辞，梁襄王也没有挽留，好像很轻松地连连说："好，好。"

春秋无义战

孟子提出了一个非常重要的命题，即"以力服人者，非心服也，力不赡也。以德服人者，中心悦而诚服也，如七十子之服孔子也"。简言之，就是凭借力量来压服他人的，他人内心是不服的，只不过力量不足罢了；只有用道德来征服人心的，他人才是真正服从，就如同孔子的众多弟子信服孔子一样。如果从长远的观点来看，无论是个人还是国家、民族，都是如此。

孟子出来后，告诉弟子们马上驾车准备回齐国去。书中暗表，这位梁襄王名叫魏嗣，当时已经四十多岁，但孟子无法清晰看到他所呈现的形象和气质，可见他不是一位有志向、有韬略、有智慧的人。如此，梁襄王要想振兴魏国自然也没有希望了，而在这样的国家空耗时光是不值得的。于是，孟子果断地离开了魏国，踏上了回归齐国的路途。

孟子认为，就当时天下的情形看，恢复周礼是完全没有希望了，要结束各诸侯国之间相互侵犯战争也是不可能的，只有统一天下才可能停

止战争状态。这就是孟子明确的"定于一"的肯定态度，其心灵深处是
想辅佐明君而统一天下的。孟子开始时对梁惠王是有这种期许的，后来
对齐宣王也曾经寄予过这种期望，但最后都让他失望了。

路上，孟子反而感觉轻松了，到魏国推行王道政治的希望彻底破灭
就不必再想了。在车上，孟子和弟子公孙丑、万章等聊了起来。

孟子说："梁惠王实在是太不仁道啊！仁人是把他所爱之人的仁德
推及于他不爱之人的身上，不仁者则正好相反，是把他不爱之人的祸害
推及于他所爱之人的身上。"

公孙丑问："老师，您说的是什么意思啊？"

孟子说："梁惠王因为要扩张土地，不惜牺牲百姓的血肉之躯去打
仗，大败亏输。但他还准备再战，唯恐不能取胜，又驱使他所爱的儿子
和弟弟去作战送死，这不就是把对他不爱之人的祸害推及于所爱之人的
身上吗？"[1]

"噢，明白了。"公孙丑说。

"那么，老师是坚决反对战争啦？"万章问。

孟子道："也不能一概而论，我是主张正义战争的。真正为解救百
姓疾苦，吊民伐罪的战争是坚决支持的。商汤伐夏桀，武王伐商纣，我
都是极力肯定的。"

万章和公孙丑仔细听着，没有插话。

孟子接着说："春秋无义战，彼善于此，则有之矣。征者，上伐下也，
敌国不相征也。"[2]

意思是，"春秋时期没有正义合法的战争，某一场战争好于另一场
战争的情况则是存在的。征伐，是指上征伐下，即天子征伐诸侯，地位
相同或相近的诸侯国是不能相互征伐的"。

孟子的"春秋无义战"是被经常引用的话，影响极其深远。不过，

---

① 参见《孟子·尽心下》第一章："孟子曰：'不仁哉梁惠王也！仁者以其所爱及其所不爱，
不仁者以其所不爱及其所爱。'公孙丑问曰：'何谓也？''梁惠王以土地之故，糜烂其民而战之，
大败，将复之，恐不能胜，故驱其所爱子弟以殉之，是之谓以其所不爱及其所爱也。'"。

② 参见《孟子·尽心下》第二章。

孟子对"春秋无义战"的判断来自这样的前提，即春秋时期周天子已经无法掌控天下，更无力宣布和发动战争，其间发生的所有战争都不是周天子下达的征伐命令。孔子强调"礼乐征伐自天子出"①，就是说修订或颁发新的礼乐制度以及征战讨伐的命令应该是由天子下达的。但是，春秋时期的所有战争没有一次是周天子颁发的征伐命令，因此孟子说春秋没有正义的战争，即没有合法的战争。不过，在具体的战争上还是有区别的，即虽然都是不合法的战争，但是还是有好坏的区别。

孟子接着讲到了战争，说："有人说'我善于布阵，我善于打仗'，这都是大的罪过。国君喜欢推行仁政，就会天下无敌。向南方征讨，北方的少数民族就会埋怨；向东方征讨，西方的少数民族就会埋怨，说'为什么把我们放在后面？'武王伐殷商的时候，战车三百辆，勇士三千人。武王对百姓说：'你们不要害怕，我是来保证你们安宁的，不是和你们为敌的。'百姓们便都叩头到地，声音洪亮，如同雷鸣。'征'的本义是'正'，如果各个国家都能够正确行政，哪里用得着战争？"②

孟子认为，推行仁政能获得百姓的普遍拥护，然后再去讨伐那些残害鱼肉百姓的地方，便是真正的"吊民伐罪，解民倒悬"，而这样的战争怎么能不胜利。

喜 而 不 寐

公孙丑忽然想到了一件事，便问道："老师，您现在有点疲惫，好像昨天晚上没有睡好觉吧？那您休息一会儿吧？"

孟子一听这话，反而精神一振，说道："是啊。昨天听说鲁国要让乐正克执政，我听说这个消息，高兴得睡不着觉，居然还失眠了。"

---

① 参见《论语·季氏》。
② 参见《孟子·尽心下》第四章："孟子曰：'有人曰："我善为陈，我善为战。"大罪也。国君好仁，天下无敌焉。南面而征，北狄怨；东面而征，西夷怨，曰："奚为后我？"武王之伐殷也，革车三百两，虎贲三千人。王曰："无畏！宁尔也，非敌百姓也。"若崩厥角稽首。征之为言正也，各欲正己也，焉用战？'"

公孙丑问："乐正子非常优秀吗？"乐正子也是孟子的弟子，因此公孙丑才会有这些疑问。

孟子说："不是。"

公孙丑问："乐正子很有智谋吗？"

孟子说："不是。"

公孙丑再问："乐正子见多识广吗？"

孟子说："不是。"

公孙丑问："这样的话，您为什么会高兴得睡不着觉呢？"

孟子说："乐正子爱好听取好的意见。"

公孙丑问："爱好听取好的意见就足够了吗？"

孟子说："执政者爱好听取好的意见，治理天下都绰绰有余，何况是治理鲁国呢？如果执政者爱好听取好的意见，那么天下的人都会不远千里来告诉他好的意见。如果执政者不喜欢听取好的意见，那么天下人人将会学他的样子说：'喷喷，我已经知道了。''喷喷'的声音和脸色、表情，就把人距之于千里之外了。贤士止步在千里之外，那么善于谗毁、谄媚和会当面讨好的人就都来了。与这些善于谗毁、谄媚和会当面讨好的人在一起，要想把国家治理好，怎么可能呢？"[①]

其实，孟子这里说的是善于听取他人的意见。不过，乐正克的才能可能是有限的，因此他执政鲁国并没有给鲁国带来改变和繁荣。总之，乐正克没有留下可以赞扬的政绩。

另一位弟子浩生不害问孟子道："乐正子到底算是什么样的人？"

孟子说："是个好人，诚信的人。"

浩生不害又问："什么样的人算是好？算是诚信？"

孟子回答说："值得人喜欢就叫好，善良的品质确实存在于他自身

---

① 参见《孟子·告子下》第十三章："鲁欲使乐正子为政。孟子曰：'吾闻之，喜而不寐。'公孙丑曰：'乐正子强乎？'曰：'否。''有知虑乎？'曰：'否。''多闻识乎？'曰：'否。''然则奚为喜而不寐？'曰：'其为人也好善。''好善足乎？'曰：'好善优于天下，而况鲁国乎？夫苟好善，则四海之内皆将轻千里而来告之以善；夫苟不好善，则人将曰，"讪讪，予既已知之矣。"讪讪之声音颜色距人于千里之外。士止于千里之外，则谗谄面谀之人至矣。与谗谄面谀之人居，国欲治，可得乎？'"

就叫诚信。那些善良的品质充满自身就叫美，不但充满自身而且能够闪耀出光辉就是大，这种美好的品质能够化育百姓就是圣，圣而达到不可测度的高度就是神。乐正子处在'好'和'诚信'之间，但还没有达到'美''大''圣''神'的境界。"①

乐正子是孟子比较优秀的弟子。当浩生不害问孟子对乐正子的评价时，孟子回答说是好人和诚信的人。对方再问时，孟子便阐释了人之正面形象的六种境界，是递进式上升的——这六种境界便是"善""信""美""大""圣""神"。这对于我们认识孟子的文章以及古人对人物的品评都有重要的启迪作用，如伯夷、伊尹、柳下惠是圣人，各得圣人之一体；孔子是集大成者，应该算得上达到了神的境界了。

说大人则藐之

由于路上比较轻松，弟子们的提问越来越宽泛。

万章一向比较稳重，问道："老师，弟子跟随您见过很多大人物，感觉您越是面见大人物越是精神昂扬，没有一点谦卑的样子，感觉很是不理解。您能给我们讲一讲，这是为什么吗？"

孟子说："游说诸侯，可以藐视他，不要把他高高在上的样子放在眼里。别看那里殿堂高好几丈，雕画的椽子头好几尺，没有什么了不起，我如果得志就不会这样做。别看满桌子的美味佳肴，侍奉的姬妾几百人，我如果得志就不会这样做。别看他尽情饮酒作乐、驰骋射猎，随从的车上千辆，我如果得志就不会这样做。他所做的，都是我所不屑做的；我所做的，都是符合古代制度。这样的话，我为什么要畏惧他呢？"②

---

① 参见《孟子·尽心下》第二十五章："浩生不害问曰：'乐正子何人也？'孟子曰：'善人也，信人也。''何谓善？何谓信？'曰：'可欲之谓善，有诸己之谓信，充实之谓美，充实而有光辉之谓大，大而化之之谓圣，圣而不可知之之谓神。乐正子，二之中、四之下也。'"

② 参见《孟子·尽心下》第三十四章："孟子曰：'说大人，则藐之，勿视其巍巍然。堂高数仞，榱题数尺，我得志，弗为也。食前方丈，侍妾数百人，我得志，弗为也。般乐饮酒，驱骋田猎，后车千乘，我得志，弗为也。在彼者，皆我所不为也；在我者，皆古之制也，吾何畏彼哉？'"

孟子总是堂堂正正有大丈夫气，读来令人精神振作。其实，人的威信在于道德而不在于地位，人的威信取决于自身的行为而不在于什么级别。孟子的这种观点便是"以德抗位"，道德高比地位高更加可贵，更加有公信力，更加有持久性，故对一切正人君子都有鼓舞的作用。

孟子见弟子们都很开心，便继续给弟子们讲人生的道理。

穷则独善其身，达则兼善天下

在途中住店的时候，孟子遇见了在稷下学宫中讲学的一个朋友，名叫宋勾践。宋勾践是倾向于儒家学派的，但他特别爱好游说，时常到各国去游说诸侯。两个熟人见面，自然很是高兴。饭后，宋勾践来拜访孟子，两个人便随意交谈起来。

孟子对宋勾践说："你不是很喜欢游说君主吗？我跟你说说游说的事。别人明白了你的意图，你自得其乐；别人不了解你的意图，你也自得其乐。"

宋勾践问："怎样做才可以自得其乐呢？"

孟子说："尊德乐义，则可以嚣嚣矣。故士穷不失义，达不离道。穷不失义，故士得己焉。达不离道，故民不失望焉。古之人，得志泽加于民，不得志修身见于世。穷则独善其身，达则兼善天下。"[1]

意思是，"尊崇道德，爱好道义，就能够自得其乐了。因此，士人穷困时，不会离开道义；发达时，不会背离道德。穷困不离开道义，因此能够自得其乐；发达不离开道德，因此百姓就不会对他感到失望。古代的士人，得志时就把恩泽加给百姓，不得志时就修养自身而在社会上显现出来。穷困时独善其身，得志时就使天下都受到恩惠"。

"穷则独善其身，达则兼善天下"，概括提出了士人应该秉持的人生态度，也为后世士人的进取出路指出了方向，影响极其深远。

---

[1] 参见《孟子·尽心上》第九章。

善战者服上刑

孟子说:"人有同心,心有同理。希望得到尊贵,这是人们共同的心愿。人人自己本身都有尊贵的东西,只是没有想过罢了。别人给你的尊贵,不是真正的尊贵。像晋国正卿赵盾那样给你荣华富贵而使你尊贵,那他照样也可以把荣华富贵收回去让你贫贱。《诗》说:'酒已经喝得酣畅了,德行也已经饱受了。'说的是仁义之心已经具备了,就不羡慕别人珍馐佳肴的美味了;广为赞誉的美好名声已经集于一身了,就不羡慕别人的锦绣华服了。"①

希望受到尊重是人之常情,但通过什么方式来使自己所受到的尊重名副其实,那就要凭借自己高尚的品德和渊博的学识了,如"腹有诗书气自华",而外界给予的富贵不能使人真正被尊重。孔子曾赞美子路说:"衣敝缊袍,与衣狐貉者立,而不耻者,其由也与?'不忮不求,何用不臧?'"②说的就是这种精神气质。意思是,穿个破旧的袍子和那些穿华贵的裘皮衣服的人并排站立,一点也不感觉自己可怜低贱,这便是一种精神气质。

弟子们听完这番话,都不由自主地露出了会心的笑容。

当时,纵横家是异常活跃的人物,军事家也不例外,如孙膑、庞涓、白起、赵奢、廉颇、田忌、匡章等也都在这个时期出现。不过,还有一类就是法家学派,主张发展经济,聚敛财富,富国强兵。孟子对这三类士人都进行了强烈的指责和批判。

孟子曾经和弟子们说:"冉求担任季氏家臣,不能改变其德行,而赋税比往常增加了一倍。所以,孔子说:'冉求不是我的弟子,小子们可以大张旗鼓地攻伐他。'从这一点来看,国君不推行仁政而富有,都

---

① 参见《孟子·告子上》第十七章:"孟子曰:'欲贵者,人之同心也。人人有贵于己者,弗思耳矣。人之所贵者,非良贵也。赵孟之所贵,赵孟能贱之。《诗》云:"既醉以酒,既饱以德。"言饱乎仁义也,所以不愿人之膏粱之味也;令闻广誉施于身,所以不愿人之文绣也。'"

② 参见《论语·子罕》第二十七章。

是抛弃孔子之道的人。"①

由此可见，孔子强烈谴责为统治者穷奢极欲而聚敛财富的人，而孟子对孔子指责冉求的话的深刻内涵也是极其深刻和到位的。

孟子接着说："争地以战，杀人盈野；争城以战，杀人盈城，此所谓率土地而食人肉，罪不容于死。故善战者服上刑，连诸侯者次之，辟草莱、任土地者次之。"②

意思是，"为争夺土地而进行战争，战死的人漫山遍野；为夺取城池而交战，战死的人全城都是。这就叫作为争夺土地而去吃人肉，罪行深重，即使处死也不能偿清。所以，好战的人应受到最严厉的刑罚，联结诸侯挑起战争的人受次一等的刑罚，迫使百姓开荒种地以求增加田租的人受再次一等的刑罚"。

这就是孟子对当时最容易取得富贵的三类人的总体看法和批判，并不屑为之。

孟子思想主要是王道理想和推行仁政，其核心是让百姓过上和平稳定、安居乐业的生活。孟子的政治理想与孔子的如出一辙，即实现"天下为公"的大同世界，而好战是至关重要的阻碍因素，只有停止战争才可能推动社会向前发展。

吾岂好辩哉，不得已也

弟子公都子提问道："外面的人都说老师您特别好辩论，敢问这是为什么啊？"

孟子说："我怎么能是好辩论呢？我也是万不得已啊。人类产生已经很久了，总是有时太平，有时混乱。在尧的时代，洪水逆行，到处泛

---

①参见《孟子·离娄上》第十四章："孟子曰：'求也为季氏宰，无能改于其德，而赋粟倍他日。孔子曰："求非我徒也，小子鸣鼓而攻之可也。"由此观之，君不行仁政而富之，皆弃于孔子者也，况于为之强战？'"

②参见《孟子·离娄上》第十四章："争地以战，杀人盈野；争城以战，杀人盈城，此所谓率土地而食人肉，罪不容于死。故善战者服上刑，连诸侯者次之，辟草莱、任土地者次之。"

滥，龙蛇百兽居住在中原地区，百姓没有固定的住处，住在低处的巢穴和高处的窑洞。《尚书》说：'泽水在警告我们。'所谓泽水，就是洪水。于是，尧派禹去治理洪水。禹挖掘河道而把洪水引到大海里，驱赶龙蛇到沼泽湖泊里，水在大地上流动，长江、淮河、黄河、汉水就形成了。危险阻碍已经远离，害人的鸟兽也消失了，然后人们能够得以在平坦的地方居住生活。"①

弟子们在倾心听讲，也在思考老师讲话的逻辑。

孟子继续说："尧、舜死后，圣人的政治开始衰微，残暴的君主不断出现。毁坏宫室房屋而建造池塘，使百姓没有安居休息的地方；抛弃农田而建设园林池沼，使百姓不能够穿衣吃饭。歪理邪说盛行，残暴的行为又开始产生，园林、围场、池塘、沼泽多而禽兽也都回来了。等到商纣王的时候，天下又开始大乱。周公辅佐周武王诛杀了纣王，讨伐奄国，经过三年征战诛杀其国君，把奸佞之人飞廉驱逐到海边诛杀，先后消灭了五十多个国家，把老虎、豹子、犀牛、大象都驱赶得很远，于是天下的百姓都兴高采烈。《尚书》说：'文王的谋略多么英明啊，武王的功绩多么伟大啊。保佑启迪我们，直到后世都完美无缺地守正道。'"②孟子由尧舜时代直接讲述到西周初年，然后过渡到春秋时代。

"社会衰败而圣贤之正道开始衰微，歪理邪说横行，臣弑君、子弑父的事件多有发生。孔子很是担忧，才编写了《春秋》。编写《春秋》本来是天子的事，因此孔子说：'后世知道我孔丘的，大概就是《春秋》

---

① 参见《孟子·滕文公下》第九章："公都子曰：'外人皆称夫子好辩，敢问何也？'孟子曰：'予岂好辩哉？予不得已也。天下之生久矣，一治一乱。当尧之时，水逆行，泛滥于中国，蛇龙居之，民无所定；下者为巢，上者为营窟。《书》曰："泽水警余。"泽水者，洪水也。使禹治之。禹掘地而注之海，驱蛇龙而放之菹；水由地中行，江、淮、河、汉是也。险阻既远，鸟兽之害人者消，然后人得平土而居之。'"

② 参见《孟子·滕文公下》第九章："（孟子曰：）'尧舜既没，圣人之道衰，暴君代作，坏宫室以为污池，民无所安息；弃田以为园囿，使民不得衣食。邪说暴行又作，园囿、污池、沛泽多而禽兽至。及纣之身，天下又大乱。周公相武王诛纣，伐奄三年讨其君，驱飞廉于海隅而戮之，灭国者五十，驱虎、豹、犀、象而远之，天下大悦。《书》曰："丕显哉，文王谟！丕承哉，武王烈！佑启我后人，咸以正无缺。"'"

吧！后世责难我孔丘的，大概也是《春秋》吧！'"①

  孟子停顿一下，继续说道："圣明的天子不再出现，诸侯肆无忌惮地放纵自己，没有官职的人乱发议论。杨朱、墨翟的学说遍布天下且最为盛行，天下的言论不是倾向杨朱就是倾向墨翟。杨朱主张极端自私，便是泯灭君臣之义；墨翟提倡兼爱，便是泯灭父子亲情。没有君臣观念，没有父子观念，就是没有理性、没有人性的禽兽。公明仪说：'厨房里有肥美的肉食，马圈里有肥壮的马匹，百姓有饥饿的脸色，野外有饿死的人，这就是率领野兽在吃人啊！'不破不立，杨朱、墨翟的学说不驳倒、不消亡，孔子的仁义学说就不能显著发扬，这就是荒谬的歪理邪说在欺骗百姓，就堵塞了仁义的道路。仁义的道路被堵塞，就等同于率领禽兽吃人，人与人也相互残杀。我就是为这种状况担忧，才出来捍卫先圣的仁义之道，反对杨朱、墨翟的学说，批驳浮夸失实的言论，使宣传邪说的人不能得逞。邪说在心里发生作用，就会妨害所做的事；妨害了所做的事，就会损害国政。即使圣人再出现，也不会不同意我的观点。"②

  "从前大禹抑制洪水而天下太平，周公兼并夷狄等异族，驱赶猛兽，百姓生活得以安宁。孔子作成《春秋》而叛乱的大臣和贼人恐惧。《诗》说：'去降服戎狄，去惩罚荆、舒，那么就没有谁敢和我对敌。'没有君臣没有父子的人，是周公所要降服的。因此，我也要端正人心，制止歪理邪说，批驳那些不正当的行为，来继承大禹、周公和孔子这三位圣人的作为。哪里是我好辩论呢，我是实在没有办法、万不得已啊。能够用

①参见《孟子·滕文公下》第九章："（孟子曰：）'世衰道微，邪说暴行有作，臣弑其君者有之，子弑其父者有之。孔子惧，作《春秋》。《春秋》，天子之事也；是故孔子曰："知我者其惟《春秋》乎！罪我者其惟《春秋》乎！""

②参见《孟子·滕文公下》第九章："（孟子曰：）'圣王不作，诸侯放恣，处士横议，杨朱、墨翟之言盈天下。天下之言不归杨，则归墨。杨氏为我，是无君也；墨氏兼爱，是无父也。无父无君，是禽兽也。公明仪曰："庖有肥肉，厩有肥马；民有饥色，野有饿莩，此率兽而食人也。"杨墨之道不息，孔子之道不著，是邪说诬民，充塞仁义也。仁义充塞，则率兽食人，人将相食。吾为此惧，闲先圣之道，距杨墨，放淫辞，邪说者不得作。作于其心，害于其事；作于其事，害于其政。圣人复起，不易吾言矣。'"

语言理论来批驳杨朱、墨翟学说的人，才是圣人的门徒。"①

弟子们听完后鼓起掌来，孟子也感到非常欣慰。

三圣继承人

在孔子死后一个世纪后，孔门的弟子们也全部去世了，而儒家思想并未能挽救天下衰退的形势，天下的思想仍然一片混乱。当时，周天子早已名存实亡，根本没有控制天下的实际能力。春秋时期，"五霸"的历史功绩主要在文化方面，其作用也是坚持周文化，并将周天子请来奉为共主。战国时期，诸侯只有十多个国家，大的诸侯国实行的都是华夏文化，但这些诸侯国不再尊奉周天子了。于是，面对社会形态到底走向何处，如何解决天下纷乱的局面，不同的学派便开始纷纷提出各自解决这一问题的方案。

最显著的是杨朱学派和墨家学派，这两派的观点直接与每个人的生存有关，故得到了最普遍的关注。杨朱奉行极端的利己主义，主张"人不为己，天诛地灭"的观点，因此杨朱明确说"拔一毛而利天下也不为"。当然，杨朱的这一观点，对于当时统治者借用为天下的名义横征暴敛甚至将众多百姓卷入战争的做法是一种抵制。墨家则提出"兼爱"并泯灭自我利益，主张个人无条件地兼爱普天下的人。

鉴于当时严重混乱的社会形势和思想言论使得百姓懵懂而无所适从，孟子才挺身捍卫孔子的仁义之道和儒家思想的命脉，后面的议论都是阐明自己之所以这样做的原因和苦衷。最后，孟子明确表示自己的辩论就像大禹治理洪水一样，就像周公抵制异族文化一样，就像孔子笔削《春秋》一样，都是要挽救衰颓的社会而使其走上正确的道路。

孔子是"为天地立心，为生民立命，为往圣继绝学，为天下开太平"，

---

① 参见《孟子·滕文公下》第九章："（孟子曰：）'昔者禹抑洪水而天下平，周公兼夷狄，驱猛兽而百姓宁，孔子成《春秋》而乱臣贼子惧。《诗》云："戎狄是膺，荆舒是惩，则莫我敢承。"无父无君，是周公所膺也。我亦欲正人心，息邪说，距诐行，放淫辞，以承三圣者；岂好辩哉？予不得已也。能言距杨墨者，圣人之徒也。'"

而孟子的挺身而出捍卫孔子学说同样也是"为天下开太平"。这种责任心和勇于担当的精神便有了极大的感染力。唐代大文豪韩愈在《读荀》一文中说"始吾读孟轲书，然后知孔子之道尊，圣人之道易行，王易王，霸易霸也"，从侧面说明了孟子在捍卫宣扬孔子学说方面的伟大贡献；在《进学解》中说"昔者孟轲好辩，孔道以明，辙环天下，卒老于行"，进一步肯定和颂扬了孟子通过辩论而发扬孔子学说的功绩。韩愈在中国文化史上是极为重要的人物，他对孟子的地位和作用有着深刻的见解。

孟子实际上是说大禹治水使百姓有了安居乐业的生活，使得夏朝得以建立。此后，三代时期开启，到了西周时期才完成了文化大一统。西周建立后，周公制定礼乐制度，使西周时期得以和平发展。但是，东周后出现"礼崩乐坏"的倾向，臣弑君、子弑父屡见不鲜，人伦大坏，因此孔子才坚持礼乐制度而编削《春秋》。如今，天下大乱，人心大坏，更需要有正确的指引，因此孟子才旗帜鲜明、立场坚定地倡导孔子的仁义之道和维护儒家思想。应该指出的是，孟子当时已经提出了统一天下的王道政治理想，因此孟子的思想才更具有经世的魅力。

圣 母 离 世

这一年是周慎靓王二年（前319），孟子五十四岁。此时，孟子希望自己能像孔子一样做出成绩来，故孟子便有了一些急迫感。因此，孟子急于赶回齐国都城临淄，再寻找寻找机会。

回到临淄已经是年末，此时七十多岁的仉氏身体已逐渐衰弱，于是孟子决定大部分时间在母亲的病榻前服侍照顾，少部分时间再到稷下学宫的讲堂里去讲学。

清明这一天早上，仉氏没有醒过来，但是前一天晚上并没有什么征兆。孟子每天晚上都去看看母亲并说一会儿话，见没有任何异常，才安心地去休息。

早晨，孟子的妻子去请婆婆仉氏吃饭，轻轻叫了几声，没有答应，细看才发现没有呼吸了。仉氏的面部表情十分平静，脸色正常，没有任何痛苦的样子，就像睡着了一样。

孟子见母亲仉氏这样安详离世，内心虽然极度悲痛，但他不能哭泣，而是立即着手办理丧事。孟子的弟子们也都前来帮忙，尽心地参加到了孟母葬礼的准备中。孟子知道弟子充虞最谨慎稳重，于是让他负责棺椁事宜。

孟子的身份是大夫，因此孟母葬礼的规格以及祭品、供品都要按照大夫的礼数。三天过后，入殓仪式结束，送葬的队伍开始起行。孟子将母亲仉氏的灵柩送回到鲁国南边的邹国北郊祖茔里，和父亲孟公宜合葬。

仉氏的葬礼非常隆重，轰动了鲁国和邹国，都为孟公宜有如此有孝道的儿子赞叹不已。

三天后圆坟，一切仪式都顺利完成了。然后，孟子让家人和弟子们回到客店去，他自己则留在了母亲坟前。

孟子忆起母亲教育自己的三个故事，其中两个都是为了自己有良好的学习环境而搬家——第一次是因自己学习人家哭丧而搬家，第二次是因自己学习人家做小买卖再次搬家，而另一个故事是自己逃学回家被母亲发现，然后母亲剪断织布机上的经线，并语重心长地教育自己要好好读书。

在孟子的心里，母亲仉氏一直都是他精神上的支柱，每当他遇到人生难题的时候都会被母亲点拨一两句，然后所有问题都变得迎刃而解了。如今，母亲仉氏离开了，孟子的人生中多了一份遗憾。孟子想到，自己以后一定要尽最大的心力为天下苍生谋福祉，不让自己的生命荒废丝毫，这样才能对得起父母双亲的养育之恩。如今，作为普通人来说，就是"仰不愧天，俯不愧地，中间不愧人，顶天立地"。

在将母亲的灵柩与父亲合葬并一切祭祀的礼仪都结束后，孟子跪在父母的坟前，看着五鼎装着祭品和缭绕的烟雾，他在心里默默地坚定了"推行王道政治，推行仁政思想，造福于天下百姓"的理想，并坚守"居仁由义，为苍生造福，为万世开太平"的信念。

宋王偃与滕文公

宋 王 偃

到了周慎靓王四年（前317）岁次甲辰，孟子五十六岁了。此时，母亲仉氏下葬已经满一周年了，但天下又出现了新的情况。

近年来，与齐国、鲁国比邻的南方宋国发生了一些大事，出现了一个很有特点的人物。宋国前任国君叫戴剔成，本是宋戴公的后代，他用武力废黜宋辟公（史称宋桓侯）而自立为国君。宋王戴剔成做了四十一年宋国国君，被他的弟弟戴偃用武力推翻，于是他逃亡到了齐国。

据说，这位戴偃虎背熊腰，豹头环眼，力大无比。

在孟子回乡葬母的前一年，戴偃打跑了他的兄长戴剔成自己做了宋国的国君。此年，戴偃二十七八岁，正是年富力强的时候，于是他想要干一番功绩。戴偃手下有几位得力的臣子，比较信任的有戴盈之和戴不胜。

戴偃刚刚坐上宋国国君的宝座时，见天下战乱频仍，百姓处在水深火热之中，便下决心要有所作为，使自己统治下的宋国强大起来，于是便重用戴盈之和戴不胜等贤人，向天下表明要推行王道政治的想法，并采取与其他诸侯国不同的政治制度。然后，戴盈之等大臣出谋划策、积极作为，使得原来混乱不堪的宋国被治理得上了轨道。宋国此前一直是中等诸侯国，即常说的千乘之国，与鲁国的实力不相上下，而戴盈之等执政的这一时期却在军事力量上超过了鲁国。

一年之后，戴偃听说儒家学者孟子回乡葬母，便派出专使来请孟子到宋国去帮助自己推行王道。

孟子留下重礼，并答复来使说他在一旬内就起身前去宋国。这样，来使高兴地回去了。

孟子在家守丧期间，万章等弟子也一直陪伴左右。于是，师生们经常讨论问题。

宋国使者走后，弟子万章疑惑地问孟子道："宋国是个小国，如果要推行王政，齐国、楚国厌恶而讨伐它，那该怎么办呢？"

孟子回答说："商汤居住在亳的时候，与葛国为邻，葛国诸侯放纵而不祭祀。汤派人去问葛伯道：'为什么不祭祀呢？'葛伯说：'没有人供应牲口啊。'汤派人赠送牛羊，葛伯杀了吃掉，还是不祭祀。汤又派人去问葛伯道：'为什么不祭祀呢？回答说：'没有粮食和酒菜啊。'汤便派本地的百姓前去为他们耕种，对老人和弱者赠给食物。葛伯率领他的百姓拦住那些有粮食和酒菜的人而进行抢夺，不交出来的人就被杀了。有个儿童去送饭和肉，葛伯把他也给杀了，然后把饭和肉抢走了。"

万章很气愤，说："这太过分了，实在是难以容忍！"

孟子接着说："《尚书》说：'葛伯仇视给他送饭的人。'说的就是这件事。因为葛伯杀孩童而起兵讨伐他，天下人都说：'为的不是财富，是替普通百姓报仇啊！'"

孟子见弟子在凝神聆听，又接着说："汤开始征伐，自葛开始，十一次征伐后便天下无敌了。往东方征讨，西方的少数民族埋怨；向南方征讨，北方的少数民族埋怨。百姓们都说：'为什么后讨伐我们这里呢？'百姓们盼望汤来讨伐，就好像久旱而盼望甘霖啊。征战时，做生意的人照常做生意，种地的人照常种地。商汤诛杀了暴君，安抚了百姓，就好像天下了及时雨一样，百姓们都非常高兴。"

孟子继续说："周朝初年的时候也是这样。《尚书》上说：'等待我们的王，我们的王来了我们就不受苦了。''有个攸国不肯臣服，周王出师东征，安抚那里的百姓，百姓把黑色和黄色的绸子放在筐里作为礼品献给周王，并以被介绍给周王为荣，希望做大周朝的臣民。'那些官员都在筐里装上黄色、黑色的布帛来迎接周朝的官员，百姓们都提着饭桶和水壶来迎接周王的士兵。这是因为周王的征战是拯救百姓于水深火热之中，攻取杀掉了那些残害百姓的暴君罢了。《尚书·泰誓》说：'发扬我们的威武，攻到商纣的疆土上，杀死那个残暴的君王。我们开展征伐，功绩比商汤还要光荣。'不施行王政就罢了；如果施行王政，普天之下的百姓都会抬起头来仰望，并准备拥立他做君王。齐国、楚国虽然强大，又有什么可怕的呢？"[①]

万章思考着，他理解了王道思想的内涵是为最广大的百姓着想，体现的是百姓的愿望，而实行这种王道政治的国家怎么会害怕敌国的攻伐呢？况且，宋国并不是非常小的诸侯国，而是当时的中等诸侯国。

邻 人 攘 鸡

孟子带着弟子万章、公孙丑乘坐马车来到宋国的都城彭城（今江苏徐州）。当时，宋王戴偃刚过三十岁，又新做国君，一心想要把宋国发展成为东方的另一个大国以争霸天下。宋王戴偃早就听说在齐国稷下学宫有一位坚持儒家仁政理念的孟子，他提出的王道思想比较符合自己的发展思路，于是他便派人去请。

听说孟子到来，宋王戴偃非常高兴，安排孟子师生一行住下，并让国相戴盈之前去向其请教并共同商量和制定新的国策。

戴盈之是帮助宋王戴偃夺得国君位置的关键人物，四十多岁，为人

---

① 参见《孟子·滕文公下》第五章："万章问曰：'宋，小国也；今将行王政，齐楚恶而伐之，则如之何？'孟子曰：'汤居亳，与葛为邻。葛伯放而不祀。汤使人问之，曰："何为不祀？"曰："无以供牺牲也。"汤使遗之牛羊。葛伯食之，又不以祀。汤又使人问之曰："何为不祀？"曰："无以供粢盛也。"汤使亳众往为之耕，老弱馈食。葛伯率其民，要其有酒食黍稻者夺之，不授者杀之。有童子以黍肉饷，杀而夺之。《书》曰："葛伯仇饷。"此之谓也。为其杀是童子而征之，四海之内皆曰："非富天下也，为匹夫匹妇复仇也。"汤始征，自葛载，十一征而无敌于天下。东面而征，西夷怨；南面而征，北狄怨，曰："奚为后我？"民之望之，若大旱之望雨也。归市者弗止，芸者不变，诛其君，吊其民，如时雨降。民大悦。《书》曰："徯我后，后来其无罚！""有攸不惟臣，东征，绥厥士女，匪厥玄黄，绍我周王见休，惟臣附于大邑周。"其君子实玄黄于匪以迎其君子，其小人箪食壶浆以迎其小人；救民于水火之中，取其残而已矣。《太誓》曰："我武惟扬，侵于之疆，则取于残，杀伐用张，于汤有光。"不行王政云尔；苟行王政，四海之内皆举首而望之，欲以为君；齐楚虽大，何畏焉？'"

沉稳，谋划事情比较周到。孟子是当时天下推行儒家道统的宗师，而戴盈之是宋国的国相，二人见礼后便开始畅谈和交流。

戴盈之征求孟子关于宋国如何尽快改革和发展起来的意见。孟子提出，首先是改革过重的赋税负担，全面实行十分之一的税率，因为这是周朝建立后采用的天下通行的税率；其次是取消关税，在关口只是检查而不收税，这样宋国内外的货物就会流通，而流通的过程就会刺激生产并增加财富。

戴盈之仔细地一边听着，一边思索。待孟子说完，戴盈之微微皱皱眉头问道："先生说得很对，很有道理，这些措施确实是仁政的开端。但是，采用十分之一的税率，免除关税的征收，现在还不能实行。请让我们先减轻一些税率，等来年再全部实行，您看怎么样？"完全是客气的商量的口吻。

孟子说："今有人日攘其邻之鸡者，或告之曰：'是非君子之道。'曰：'请损之，月攘一鸡，以待来年，然后已。'如知其非义，斯速已矣，何待来年？"

意思是，"假如有人每天偷邻居一只鸡，有人警告他说：'这可不是君子应该干的事。'那人说：'请让我先减少偷鸡的数量和频率，一个月偷一只，等待来年后再停止。怎么样？'如果知道是不对的，那就迅速改正就是了，为什么要等来年呢？"[①]

这便是流传甚广的孟子关于"邻人攘鸡"的典故，比喻十分精彩。

戴盈之不能反驳，但他也没有接受这种意见。然后，孟子又提出贤人政治，即国君要将道德高尚的善士作为自己的师友，时常接受善士的意见，而这是保证国家政治清明的关键。

不 速 之 客

不久，宋王戴偃便把在宋国人气最高的公认的大善人薛居州礼聘到

---

① 参见《孟子·滕文公下》第八章："戴盈之曰：'什一，去关市之征，今兹未能，请轻之，以待来年，然后已，何如？'孟子曰：'今有人日攘其邻之鸡者，或告之曰："是非君子之道。"曰："请损之，月攘一鸡，以待来年，然后已。"如知其非义，斯速已矣，何待来年？'"

宫中担任谏官之职，同时税率和关税也都相应地减轻了一些。可以说，孟子的意见产生了一些效果。

孟子在观察宋王戴偃的行动，也在等待他召见自己到宫中谈话。忽然，有人来求见，原来是小国滕国的世子姬宏，史称滕文公。滕国是西周初年受封的姬姓小国，一直比较平稳，其时，滕国执政的是姬宏的父亲，史称滕定公。

孟子接待了这位不速之客。姬宏三十多岁的样子，他说明自己是奉命到楚国出使，路过宋国时听说儒家学者孟子在宋国，便来拜访并真心请教如何做人、如何治国的道理。

孟子见来人非常诚恳，又是世子，即未来的国君，便倾心与之交谈起来。孟子给姬宏讲述了"人性本善"的道理，只要保持本性中的善良之心，以尧舜的言行为榜样，便可以使自己成长完善起来，同时用这种心理来齐家治国也是没有问题的。姬宏表示大受启发，但因出使要紧不便逗留，继续南行到楚国的都城郢都去了。

话说当时各个诸侯国的地理位置是这样的：齐国的都城在临淄（今山东淄博），鲁国的都城在曲阜，而宋国的都城在彭城（今江苏徐州）。也就是说，鲁国都城曲阜在中间，东南是宋国，东北是齐国，而孟子的宗国是很小的诸侯国邹国，在曲阜南边不远的地方（当时还是独立的，后来被鲁国灭掉）。滕国在邹国之南不远的地方，距离宋国的都城彭城不是很远，而楚国却在更南的地方。因此，姬宏出使到楚国正好要路过宋国都城彭城，于是才能顺路前来拜访孟子并求教。

薛 居 州

姬宏刚走，宋国的另一位重臣戴不胜便来孟子处拜访。此时，孟子急于推广自己的主张，他见宋国的政治状况进步不是太快，与自己内心的期许相去甚远，便有点着急了。戴不胜刚刚坐下，孟子便直接地说："你希望宋王开明而走上仁义之途吗？"戴不胜有点疑惑地反问："那还用问吗？当然是这样啊！"

孟子说："我明确告诉你一个道理。这里有一位楚国大夫，他想让自己的小孩儿学习齐国话，是请齐国人为师父呢，还是请楚国人为师父呢？"

戴不胜依旧有点迷糊，马上说："这还用问吗？当然要请齐国人当师父。"

孟子接着说："如果一个师傅教他说齐国话，但很多楚国人吵吵嚷嚷，你即使每天用鞭子抽打他，要求他学好齐国话，也不可能啊。你把他带到临淄城里的庄街、岳里小区住上几年，即使天天打他，逼迫他说楚国话也办不到。"

戴不胜还是有点愣神，不知道孟子想表达什么意思，但他又不能说自己不明白，只好继续听着。

孟子接着说："你说薛居州是好人、是端士，让他住在宫里陪伴宋王。如果宋王身边的人，无论尊卑、无论男女都像薛居州一样是好人，你让宋王和谁去干坏事呢？如果宫中只有一个薛居州是好人，其他都是小人、佞人，他独自又能把宋王影响到什么程度呢？"①

戴不胜这才明白了孟子的意思，因为他曾经向孟子夸耀过薛居州是大贤人、大善人，并说他已经将其推荐给宋王偃了。因此，孟子才这样告诫戴不胜，只有一个薛居州是远远不够的，要想影响宋王施政就必须有更多的善人、贤人才可以。

当然，戴不胜和戴盈之一样，他对孟子的意见是很重视的，于是他又向宋王偃推荐了几位贤才。因此，宋国的朝廷政治便向好的方面转化了。

滕文公姬宏

孟子继续住在宋国。一个多月后，去楚国出使的滕国世子姬宏在回

---

① 参见《孟子·滕文公下》第六章："孟子谓戴不胜曰：'子欲子之王之善与？我明告子。有楚大夫于此，欲其子之齐语也，则使齐人傅诸？使楚人傅诸？'曰：'使齐人傅之。'曰：'一齐人傅之，众楚人咻之，虽日挞而求其齐也，不可得矣；引而置之庄岳之间数年，虽日挞而求其楚，亦不可得矣。子谓薛居州，善士也，使之居于王所。在于王所者，长幼卑尊皆薛居州也，王谁与为不善？在王所者，长幼卑尊皆非薛居州也，王谁与为善？一薛居州，独如宋王何？'"

国的途中再次到宋国拜访孟子。

孟子对世子姬宏虚心求教的态度非常赞赏，但看出其尚有一定的疑虑，便很直白地说："世子怀疑我的话吗？天下的道理就这么一个罢了。齐国勇士成覸评价齐景公说：'他是男子汉，我也是男子汉，我为什么要畏惧他呢？'颜渊说：'舜，是什么样的人？我，是什么样的人？有作为的人都应该像舜一样。'公明仪说：'文王，是我的老师；周公，难道会欺骗我吗？'如今的滕国，如果截长补短也有纵横五十里的土地，可以治理成为一个很好的国家。《尚书》说：'如果药吃下去不能使患者感觉晕眩，（那就是药力不足，）患者的病就不会痊愈。'"①

孟子这段话是鼓励姬宏要向成覸、颜渊和公明仪学习，要立下志向做舜那样的人。滕国虽然小，但毕竟是个纵横五十里的国家，依旧是可以有所作为的。

可以看出，滕文公姬宏非常尊重孟子，所以他才在做世子时两度拜访孟子。滕文公听了孟子的话后，信心十足地离开了。

孟子提倡"性善说"，这是最早出现的文献。"性善说"，是孟子提倡仁政和教化的理论基础。孟子在本章中反复强调的是要建立自信，要坚信自己努力之后的现实可能性，而且必须加大力度才能取得相应的成效。"若药不瞑眩，厥疾不瘳"是引用典故，出自《尚书·商书·说命上》。

孟子在宋国住了半年多，虽眼见宋国的政治状态和经济环境都有所好转，但在同戴盈之、戴不胜的几次接触中感觉宋王戴偃不是很积极，而且其在和孟子对话时一直不用正眼，总是斜眼一瞥且眼光游移不定。因此，孟子实在看不出宋王戴偃有什么真正的雄才大略，并认为宋王戴偃是一位小富即安且有些轻佻和狂妄性格的小丈夫，没有一点王者风范，更多的是一些狡诈多疑的品性。于是，孟子决定离开宋国，便带着

---

① 参见《孟子·滕文公上》第一章："滕文公为世子，将之楚，过宋而见孟子。孟子道性善，言必称尧舜。世子自楚反，复见孟子。孟子曰：'世子疑吾言乎？夫道一而已矣。成覸谓齐景公曰："彼，丈夫也；我，丈夫也；吾何畏彼哉？"颜渊曰："舜，何人也？予，何人也？有为者亦若是。"公明仪曰："文王，我师也；周公岂欺我哉？"今滕，绝长补短，将五十里也，犹可以为善国。《书》曰："若药不瞑眩，厥疾不瘳。"'"

弟子万章、公孙丑、充虞等人再次回齐国去了。

胸中正，则眸子瞭

回齐国途中，几个弟子忍不住问孟子："宋王偃明确提出要实行仁政，而且对老师很尊重，为什么不在宋国实现王道理想而要离开呢？"

孟子说："你们也跟着为师见过宋王偃，你们看他是能够推行王道政治、有雄才大略的君主吗？"

弟子们面面相觑，没有表态。

孟子接着说道："存乎人者，莫良于眸子。眸子不能掩其恶。胸中正，则眸子瞭焉；胸中不正，则眸子眊焉。听其言也，观其眸子：人焉廋哉！"①

意思是，"长在人身上的器官，没有比眼睛更重要的了。人的眼睛不能掩藏他的邪恶。思想端正的人，那么他的眼睛就明亮干净；心中不正的人，他的眼睛就昏暗不明。听他说话，再观察他的眼睛，这个人的内心能往哪里躲藏呢？"

实际上，孟子想说的是这样的："我曾经和他对视过，但他不敢用正眼看我。这样的人内心是不纯正的。他轻佻浮躁的性格已经有所显露，故不可能有大作为。所以，我们没有必要在这里消耗时光了。"

这是关于如何观察人的经验之谈，也是很重要的经验。观察人、鉴识人是大学问大智慧，因为这涉及如何对待一个人的问题。孔子也曾经说过："视其所以，观其所由，察其所安。人焉廋哉？人焉廋哉？"②可见，古圣先贤是很注意识人的。因为，眼睛是心灵的窗户，故能从中观察出其人品的大半。

当然，言辞也能反映出一个人的品质。《易经·系辞传》云："将叛者，其辞惭，中心疑者其辞枝，吉人之辞寡，躁人之辞多，诬善之人其

---

① 参见《孟子·离娄上》第十五章。
② 参见《论语·为政》。

辞游，失其守者其辞屈。"① 意思是，"将要反叛的人，他的言辞必定惭愧不安；内心疑虑的人，他的言辞必定散乱无章；善良美好的人，他的言辞必然少而精；性情浮躁的人，他的言辞必然多而杂乱；诬陷好人的人，他的言辞必定游移不定；丧失操守的人，他的言辞必然理亏"。

君子不以天下俭其亲

当在嬴地（今山东莱芜境内）停留的时候，弟子充虞见孟子心情愉悦，便请教说："前些日子为老师的母亲送葬的时候，老师不嫌我愚钝无能，派我监工管理木匠之事。因为事情很紧迫，我也不敢请教，只能遵照您的吩咐行事。如今，我想向您请教，那棺木的质料也太好了吧？"

孟子说："是的，棺木的质料是很好，但完全是遵照礼制的标准来制造的。上古时棺椁大小厚薄没有一定的规定，到中古时内棺木厚七寸，外棺的厚度与内棺厚度相称。自天子一直到普通百姓都是这种规格，讲究棺木厚度不是为了外表美观，而是这样做了才算尽了孝心。受礼制规定所限，不能用上好木料，活人心里不好受；没有足够财力用上好木料，活人心里也不好受。"

弟子们在静静地听着，孟子接着说："我的地位和财力都允许我用上好木料，况且古代的人也都用好木料做棺木，我为什么不能这样做呢？况且棺木做得厚实些，只是为了使死者的身体不进泥土，这么做活人的心里不就更畅快了吗？我听说过这样的道理：有德行的人绝不会因为爱惜天下物力而在父母身上节省。"②

听了孟子的讲解后，充虞和其他弟子们默默点头，表示要终身奉行"不以天下俭其亲"的话。

---

① 参见《易经·系辞传》。

② 参见《孟子·公孙丑下》第七章："孟子自齐葬于鲁，反于齐，止于嬴。充虞请曰：'前日不知虞之不肖，使虞敦匠事。严，虞不敢请。今愿窃有请也：木若以美然。'曰：'古者棺椁无度，中古棺七寸，椁称之。自天子达于庶人，非直为观美也，然后尽于人心。不得，不可以为悦；无财，不可以为悦。得之为有财，古之人皆用之，吾何为独不然？且比化者无使土亲肤，于人心独无恔乎？吾闻之也：君子不以天下俭其亲。'"

孟子叹口气道："养生者不足以当大事，惟送死可以当大事。"[1]

意思是，"赡养父母还不足以算是大事，只有在临终时尽心尽力，送葬时尽心尽力才是大事"。这是孟子在办完母亲丧事后的切身感受，因为赡养父母只有生前抚养还不算完成，只有将丧事办完，儿女的孝心才算真正完成。

王　驩

孟子回到齐国，到稷下学宫一看，只见其规模变得更大了，学者们的待遇也提升了。当然，孟子在学宫里的居住条件也变好了，同时淳于髡告诉他说齐威王已经将他列入客卿的行列，俸禄和各种待遇都相应地提高了。

刚刚住下不久，孟子便接到了朝廷的任命，让其出使滕国去吊唁刚刚去世的国君滕定公，盖地大夫、朝廷臣子王驩作为副使随行。不过，孟子在出使前向齐威王请示，出使任务完成后要回到邹国继续为母亲守丧，齐威王应允。于是，孟子便带着弟子万章、公孙丑与盖地大夫王驩一同前往滕国。

这位王驩是齐威王的宠臣，办事圆滑，八面玲珑，是个非常世故的人。王驩是盖地大夫，实际上就是主管盖地的邑宰，但他在都城临淄也有豪华的宅院。当然，这是春秋战国时期的通例，许多大贵族、大夫都有。从齐国前往滕国的路程不算近，王驩虽在往返的过程中早晚都前来和孟子相见，但孟子与他从来不谈出使之事。

公孙丑有些不理解，便问孟子道："齐卿之位，不为小矣；齐滕之路，不为近矣，反之而未尝与言行事，何也？"

意思是，"齐国卿的官位，不算小了；齐国到滕国之间的路程也不算近，来往之间您没有和王驩谈论一次出使的事，这是为什么呢？"

孟子回答说："既然有人已经在办理那些事情了，我还有什么可

谈呢？"①

孟子作为齐国的使者，代表齐国去滕国参加葬礼，却与副使王驩在往返途中没有一次关于出使之事的交谈，跟随他的弟子公孙丑不理解并询问老师，于是便了有这段对话。

孟子的回答很发人深省，实际上就是"道不同不相为谋"。王驩是齐王宠臣，圆滑世故，与孟子自然不是一类人，因此孟子与他便也没有什么话题。当然，还有一种可能性，就是王驩确实很能干，也懂外交礼节，故把应该小理的事情都办好了。不过，正如清代乾嘉学者焦循所说："孟子若与之言，谦卑则转为驩所帅，高亢则又似忌其揽权而争之。故为往反千里，一概以默而不言处之。"这个分析应该说是很精到的。

其实，对待小人的唯一办法就是不远不近、不卑不亢。俗语说"宁得罪君子不得罪小人"，一旦得罪小人，对方一定会伺机报复，而且会将所有阴险手段用尽。

孟子与王驩的相遇还有一次，更能凸显孟子的性格。

齐国一位大臣的儿子死了，作为右师的王驩前去吊唁，站在最主要的位置上。先秦后期以右师、左师、司马、司徒、司城、司寇为六卿，而右师为六卿之长，实际上便相当于第一长官。前来参加吊唁的大臣都主动去与王驩说话，有的直接走过去，有的上个台阶与之点头哈腰，只有孟子没有前去跟王驩说话。仪式结束，王驩很不高兴，说："各位大臣都和我打招呼，只有孟子不跟我说话，他是瞧不起我啊！"

孟子听说后，说："按照礼制，在朝廷上不能越位相互说话，不能超越台阶相互作揖。我是在严格遵守礼的规定，子敖（王驩字子敖）却认为我简慢，这不是很奇怪的事吗？"②

孟子的话有理有据，最后一句还委婉地批评了王驩不懂礼。其实，王驩不是不懂礼，只是他觉得自己是齐国炙手可热的人物，人们都应该

---

① 参见《孟子·公孙丑下》第六章："孟子为卿于齐，出吊于滕，王使盖大夫王驩为辅行。王驩朝暮见，反齐、滕之路，未尝与之言行事也。公孙丑曰：'齐卿之位，不为小矣；齐、滕之路，不为近矣，反之而未尝与言行事，何也？'曰：'夫既或治之，予何言哉？'"

② 参见《孟子·离娄下》第二十七章。

围绕着他转而已。当然，孟子不喜王骥的做派，自然不会主动接近他和他说话。不过，孟子最后并没有被齐威王真正重用，应该是与他这种耿介的性格有关系的。

三 年 之 丧

孟子去滕国吊唁完成使命后，没有回到齐国去，而是回到邹国的家乡继续为母亲守丧，并处理家中和学堂的一些琐事。

滕定公去世后，滕国主事的自然是世子姬宏，即滕文公。滕文公对他的老师、滕国大臣然友说："从前孟子在宋国时，我曾经向他请教过，给我留下了极其深刻的印象，以至于在心里始终不能忘怀。如今不幸乃至遭遇大丧，我想派你去请教孟子，然后再办丧事。"

然友赶到邹国，向孟子咨询请教。

孟子说："世子能够这样做非常好！亲人死亡，当然要尽量哀悼。曾子说：'父母活着，按照礼制侍奉；父母去世，按照礼制进行送葬。按照礼制进行祭祀，就是孝道了。'诸侯的礼制，我没有学习过；可是我却听说过：实行三年丧期，穿粗布齐边的孝服，吃稀粥，自天子一直到普通百姓，三代以来都是如此。"[①]

然友迅速返回滕国，向世子汇报了孟子的意见，于是确定为三年丧期。但是，世子的叔父、兄弟以及百官都不想这样做，说："我们的宗主国鲁国的先君没有这样实行过，我们的先君也没有这样实行过。到你这里却违反祖宗的做法，这样做是不可以的。况且《志》上说：'丧事祭祀遵从先祖的做法。'所以说，我这种意见是有依据的。"

然后，世子对然友说："我以前没有好好学习请教，只喜欢骑马舞

---

① 参见《孟子·滕文公上》第二章："滕定公薨。世子谓然友曰：'昔者孟子尝与我言于宋，于心终不忘。今也不幸至于大故，吾欲使子问于孟子，然后行事。'然友之邹问于孟子。孟子曰：'不亦善乎！亲丧，固所自尽也。曾子曰："生，事之以礼；死，葬之以礼，祭之以礼，可谓孝矣。"诸侯之礼，吾未之学也；虽然，吾尝闻之矣。三年之丧，齐疏之服，飦粥之食，自天子达于庶人，三代共之。'"

剑。如今，叔父兄弟以及百官都不信服我，恐怕我难以尽心尽力办好丧事了。请你为我再去请教孟子。"

然友再次到邹国，请教于孟子。

孟子说："是啊，这件事是不能求助于别人的。孔子曾经说：'国君死亡，世子把政务完全交给太宰，自己喝粥，面色悲戚，到孝子的位子上悲哀哭泣。这样，百官们就没有不悲哀的，因为世子带头哭泣了。'在上位的人喜好什么，在下位的人就一定喜好得更厉害。'君子的德行，就像风；小人的德行，就像草。风吹行在草上，草就一定随风倒伏。'因此，这件事的关键还在于世子。"①

然友返回滕国，交代了孟子的话。世子说："是这样，这确实在于我。"

于是，世子在守丧的茅草屋里居住了五个月，没有发布任何政令和训诫，宗族和百官都认为这样很好，说世子知道遵守礼制。等到下葬的时候，四面八方的人都来观看，只见世子神色悲戚，哭得极其哀伤，前来吊丧的人都非常满意。②

应该说，孟子在这个时期是最开心的，因为他的主张开始受到重视，并部分用到了现实政治上。在世子姬宏当国成为滕文公后，滕文公就如何重新治理国家请教孟子具体策略，于是孟子被请到了滕国。

滕文公是真正理解和相信孟子的思想主张的人。孔子曾说："父在观其志，父死观其行。"意思是，"父亲在世时，观察他的志向；父亲死后，观察他的行动"。滕文公在做世子时就去拜访请教于孟子，在父亲滕定公去世办理丧事的问题上更是派自己的老师去向孟子请教，并在遇到阻力时仍然坚持听从孟子的意见且完全遵照去做。可以说，滕文公用

---

① 参见《孟子·滕文公上》第二章："然友反命，定为三年之丧。父兄百官皆不欲，曰：'吾宗国鲁先君莫之行，吾先君亦莫之行也，至于子之身而反之，不可。且《志》曰："丧祭从先祖。"曰："吾有所受之也。"'谓然友曰：'吾他日未尝学问，好驰马试剑。今也父兄百官不我足也，恐其不能尽于大事，子为我问孟子！'然友复之邹问孟子。孟子曰：'然；不可以他求者也。孔子曰："君薨，听于冢宰。歠粥，面深墨，即位而哭，百官有司莫敢不哀，先之也。"上有好者，下必有甚焉者矣。君子之德，风也；小人之德，草也。草尚之风，必偃。是在世子。'"

② 参见《孟子·滕文公上》第二章："然友反命。世子曰：'然；是诚在我。'五月居庐，未有命戒。百官族人，可谓曰知。及至葬，四方来观之，颜色之戚，哭泣之哀，吊者大悦。"

他的实际行动证明了自己，也实践了自己的志向和孟子的主张。

窗台上的鞋丢了

由于滕国距离邹国还有一段距离，滕文公为了能够随时向孟子请教，便恳请孟子到滕国居住。孟子见盛情难却，便带着几十名弟子乘坐七八辆大车前往滕国。

滕文公一听孟子来到，立即派出专门人员接待，并安排师生们先行在旅店住下。

有位住旅店的客人在窗台上面放了一双粗布鞋，不知怎么就找不着了。旅店的伙计帮助寻找，但无论如何也找不到，便轻声问孟子道："请问老先生，会不会是您的哪位弟子把鞋子收错了呢？"

孟子有点不高兴，便说："你以为他们是偷鞋来啦？"

客人也有点不高兴，说："那倒不是。但是，您开设学堂收弟子，走的人也不追，来的人也不拒，只要是有求学之心来的就都接受罢了。"①

这件事大概就这样不了了之了，至于那位客人的鞋是否找到就更不知道了。不过，从那位客人的话倒可以看出，孟子收受弟子应该是既来者不拒又去者不挽留的，以致他的弟子虽然数量可能不小但成名的则不多。

晚饭后，弟子彭更来到孟子的房间向老师请教，因为他对最近一段时间一些学者率领一大批弟子到处讲学传道有些不理解，包括对自己和众弟子随老师到本来就不太大又不富裕的滕国也感觉有点不安。

彭更问曰："后车数十乘，从者数百人，以传食于诸侯，不以泰乎？"

意思是，"后面跟随着几十辆大马车，随从的弟子门人几百人，从这一国转到那一国，接受他们的食物，是不是太过分了？"

孟子回答说："如果不合理，就是别人的一碗饭也不可以接受；如果合理，舜接受了尧禅让的天下，也不算过分。你认为那样过分吗？"

---

① 参见《孟子·尽心下》第三十章："孟子之滕，馆于上宫。有业屦于牖上，馆人求之弗得。或问之曰：'若是乎从者之廋也？'曰：'子以为为窃屦来与？'曰：'殆非也。夫子之设科也，往者不追，来者不拒。苟以是心至，斯受之而已矣。'"

彭更又说："不过分。我说的是士人不干什么事而白吃饭，这好像是不可以的吧？"

孟子说："你如果不让各行各业互通有无，不让多余的产品补充那些不足的需求，那么农民就会有多余的粮食，妇女就会有多余的布匹。如果让产品流通运转起来，那么木匠和造车人就可以从你那里获得食物。假如这里有一个人，在家孝敬父母，出门友爱兄长，严守古代先圣的道义，培养后辈学人，可是却不能从你那里获得食物。那么，你怎么能尊重木匠以及造车人却轻视仁义之士呢？"

彭更接着又发问道："木匠和造车人，他们干活的目的是有饭吃；士人推行仁道的目的也是有饭吃吗？"

孟子立即反问道："你为什么要提到他们的动机呢？他们只要对你有功劳，就把食物给他们。况且，你给他们食物是因为他们的动机，还是因为他们对你有功劳呢？"

彭更说："因为他们的动机。"

孟子马上反问："比如有个泥瓦工把屋瓦打碎了在新粉刷的墙上乱抹乱画，他的动机也是为了有饭吃。你给他食物吗？"

彭更说："当然不能给他食物。"

孟子说："那么，你并不是根据动机给他食物，而是凭借功劳给他食物。"[1]

其实，孟子所要说的是，士人是因为对社会教化有功用才获取的报酬，并不是白吃饭。这是社会分工的必然，但也可以看出当时社会风潮的一个方面。

当时，正是"战国四公子"开始登上历史舞台且各大诸侯国和各大

---

[1] 参见《孟子·滕文公下》第四章："彭更问曰：'后车数十乘，从者数百人，以传食于诸侯，不以泰乎？'孟子曰：'非其道，则一箪食不可受于人；如其道，则舜受尧之天下，不以为泰。子以为泰乎？'曰：'否；士无事而食，不可也。'曰：'子不通功易事，以羡补不足，则农有余粟，女有余布；子如通之，则梓匠轮舆皆得食于子。于此有人焉，入则孝，出则悌，守先王之道，以待后之学者，而不得食于子；子何尊梓匠轮舆而轻为仁义者哉？'曰：'梓匠轮舆，其志将以求食也；君子之为道也，其志亦将以求食与？'曰：'子何以其志为哉？其有功于子，可食而食之矣。且子食志乎？食功乎？'曰：'食志。'曰：'有人于此，毁瓦画墁，其志将以求食也，则子食之乎？'曰：'否。'曰：'然则子非食志也，食功也。'"

贵族需要人才的时代，故养客之风兴起。因此，这种现象不是偶然的。其时，贵族用大量财富养食客，而孟子以及大学者们用自己的道德和学问吸引人才，因而出现了如此现象。

孟子在这里强调的是士人，尤其是儒家学者对于社会文明的作用。文化是需要传承的，而传承文化的学者不是物质文明的创造者，但他们是文化的传承者。例如，孔子便以文化传播者自居，"文王既没，文不在兹乎？天之将丧斯文也，后死者不得于斯文也；天之未丧斯文也，匡人其如予何"①。

意思是，"文王已经死了，天下的文化不就都在我这里吗？上天如果要丧失这种文化，后来的人就见不到这种文化了。如果上天不想丧失这种文化，匡人能把我怎么样？"

孟子也说："如欲平治天下，当今之世，舍我其谁也！"②孟子自觉担当天下重任，是儒家学者的思想传承。正是这种担当精神，儒家学者中才出现了许多大丈夫，而也是中国历史最终选择儒家的原因。

百姓生活是头等大事

在滕定公的丧事办完后，滕文公就实际执政了。"新官上任三把火"，新君滕文公上任自然有极大的热情。于是，滕文公亲自前来请教于孟子。孟子说："百姓的事情，是头等大事。百姓的生产和生活是不可以拖延迟缓的，首先要让百姓过上好日子。《诗·豳风·七月》说：'白天割茅草，晚上搓绳子。赶紧修缮房屋，开春播种庄稼。'"

滕文公仔细听着，孟子接着说："百姓的情况是，有固定产业的人就有坚定的道德观念，没有固定产业的人就没有坚定的道德观念。如果没有坚定的道德观念，就会放任自流，歪门邪道没有不干的。等到他们犯了罪，然后再去处罚，这等于是设置网罗而陷害百姓啊。哪里有仁人

---

① 参见《论语·子罕》。
② 参见《孟子·公孙丑下》第十三章。

在位执政，还能发生陷害百姓的事情呢？因此，贤明的君主一定要恭敬谨慎而礼贤下士，从百姓那里收取赋税要有一定的节制。阳虎说：'追求发财就不能仁爱，要仁爱就不能发财。'这倒是实话。"①

"那么，具体应该怎么办呢？"滕文公问道。因为马上就需要实行，故必须有现实可以操作的具体措施才行。

孟子说："古代税法，夏朝是每户五十亩田地按'贡'法征税，殷商朝是每户七十亩地按'助'法征税，周朝是每户百亩按'彻'法征税。这几种税制都是抽取十分之一的税率。'彻'就是通达，全天下都一样的税率；'助'就是助耕，借力莳弄公田。龙子说：'管理土地没有比"助"法更好的方式了，也没有比贡赋制更不好的了。'贡赋制度，是按照几年中的收成取其平均数制定标准。丰收年景，粮食满地都是，多取一些也不算虐政，却要按标准少收；大灾年景，连弥补农夫肥田的费用都不够，还按标准足额收取。作为百姓的父母官，却使百姓忙忙碌碌终年不得休息，连父母也不能够养活，还要借贷来交贡赋，使老弱病残辗转流离并死在沟壑里。这怎么算是百姓的父母官呢？世代做官并传给下一代，滕国早已经实行了。《诗·小雅·大田》说：'雨水降下给我的公田吧，顺便也下给我的私田。'只有实行'助'法才可能会有公田。从这一点来看，即使在周代，也是实行'助'法的。"②

孟子接着说："其次，再设立庠、序、校来教育少年们。'庠'就是培养，'校'就是教育，'序'就是陈列实物进行教育。夏代称作'校'，商代称作'序'，周代称作'庠'，三代都一样。兴办学校的目的，是让

---

① 参见《孟子·滕文公上》第三章："孟子曰：'民事不可缓也。《诗》云："昼尔于茅，宵尔索绹；亟其乘屋，其始播百谷。"民之为道也，有恒产者有恒心，无恒产者无恒心。苟无恒心，放辟邪侈，无不为已。及陷乎罪，然后从而刑之，是罔民也。焉有仁人在位罔民而可为也？是故贤君必恭俭礼下，取于民有制。阳虎曰："为富不仁矣，为仁不富矣。"'"

② 参见《孟子·滕文公上》第三章："夏后氏五十而贡，殷人七十而助，周人百亩而彻，其实皆什一也。彻者，彻也。助者，藉也。龙子曰：'治地莫善于助，莫不善于贡。'贡者，校数岁之中以为常。乐岁，粒米狼戾，多取之而不为虐，则寡取之；凶年，粪其田而不足，则必取盈焉。为民父母，使民盻盻然，将终岁勤动，不得以养其父母，又称贷而益之，使老稚转乎沟壑，恶在其为民父母也？夫世禄，滕固行之矣。《诗》云：'雨我公田，遂及我私。'惟助为有公田。由此观之，虽周亦助也。"

百姓能够学习人与人之间的伦常关系。在上位的人明确了人伦秩序，在下位的百姓自然会亲近和睦。如果有英明的圣王要兴起的话，就一定来学习效仿。这就是王天下之人的典范。《诗·大雅·文王》说：'岐周虽然是古老的诸侯国，但是它的命运却气象一新。'这里说的就是周文王啊。您努力实行吧，也一样会使您的国家出现新的面貌。"①

滕文公听罢，增加了许多信心，也感谢孟子的倾心教诲。过了两天，滕文公又派毕战去向孟子请教关于井田制的问题。

井 田 制

孟子说："毕战啊，你们的国君将要推行仁政，选中你来问我，你应该努力啊！仁政，一定要从分配田地开始，如果田地的分界线不规范不公正，那么分配的土地面积就不平均；如果土地面积不平均，作为官员俸禄的田租收入也就不公平。所以，残暴的君主和贪官污吏必定轻视田地的划分。田地的分界线都已经完成，给百姓分配田地，给官员制定俸禄，便可以轻而易举确定了。滕国，领土虽然狭小，可是也有官吏，也有劳动的百姓。没有官吏，就没有人管理百姓；没有百姓，就没有人养活官吏。对于他们的贡赋，请在郊野实行九分抽一的税率，而在城中实行十分之一的税率。卿以下的官员一定有供祭祀的田地，官员祭祀的田地是五十亩，其余人祭祀的田地是二十五亩。无论丧葬还是迁徙都不出本乡，一乡的井田属同井田，出入相互友爱，相互守望帮助，有疾病则相互扶持，这样百姓就会亲近和睦。纵横一里的土地为一井田，共有九百亩，中间的一百亩是公田，周围的八家每家一百亩私田，八家共同莳弄养护公田。公田的农事料理完成了，然后才料理自己的私田，用这种办法来区别官吏和百姓。这是大概的情况，至于具体如何修饰调整，

---

① 参见《孟子·滕文公上》第三章："设为庠序学校以教之。庠者，养也；校者，教也；序者，射也。夏曰校，殷曰序，周曰庠；学则三代共之，皆所以明人伦也。人伦明于上，小民亲于下。有王者起，必来取法，是为王者师也。《诗》云：'周虽旧邦，其命惟新。'文王之谓也。子力行之，亦以新子之国！"

那就是滕文公和先生你的事了。"①

孟子给出的是一个原则，即城外郊区农村的地方，要把田地按照面积分配好，采取公田和私田兼顾的井田政策，相互照应；而在城里的各行各业则按照十分之一的税率收取各行业的税，包括百工和商贾，这样负担不重而百姓们都承担得起。

孟子为滕文公设计的是总体蓝图，而具体如何细化还要看具体执行人员。不过，这里有几点值得我们注意：一是孟子一贯强调先发展生产、发展经济，保障百姓的基本生活需求，这是仁政的开端。二是追求公平正义，兼顾官吏和百姓各自的利益。三是每一块井田算是一个单位，要相互帮助和照应，实际上是最基础的互助单位，也便于管理。四是统治者不可以毫无节制地索取，要节俭，要礼贤下士。五是在具体运作中可以具体情况具体分析，可以润饰调整，可以灵活运用。

对此，朱熹把《孟子》中的本章和前章合并一起评论说："丧礼经界两章，见孟子之学识其大者。是以虽当礼法废坏之后，制度节文不可复考，而能因略以致详，推旧而为新，不屑屑于既往之迹，而能合乎先王之意，真可谓命世亚圣之才矣。"② 这是很有真知灼见的。

小小的滕国在新君滕文公即位后在孟子的指导下开始推行王道政治，并在天下产生了广泛的影响。

许　行

孟子在滕国一边教学，一边具体指导滕文公推行改革。滕文公采纳

---

① 参见《孟子·滕文公上》第三章："使毕战问井地。孟子曰：'子之君将行仁政，选择而使子，子必勉之！夫仁政，必自经界始。经界不正，井地不钧，谷禄不平，是故暴君污吏必慢其经界。经界既正，分田制禄可坐而定也。夫滕，壤地褊小，将为君子焉，将为野人焉。无君子，莫治野人；无野人，莫养君子。请野九一而助，国中什一使自赋。卿以下必有圭田，圭田五十亩；余夫二十五亩。死徙无出乡，乡田同井，出入相友，守望相助，疾病相扶持，则百姓亲睦。方里而井，井九百亩，其中为公田。八家皆私百亩，同养公田；公事毕，然后敢治私事，所以别野人也。此其大略也；若夫润泽之，则在君与子矣。'"

② 朱熹：《四书章句集注》，中华书局，1983 年，第 260 页。

孟子的意见开始推行仁政的消息不胫而走，很快传遍四方并惊动了许多人。于是，从南方的楚国来了一位叫许行的学者，以及他的一大批弟子，这些人的理论主张和举止言谈在当时都很另类。

许行奉行的是所谓神农氏学说，后世称为"农家"。

许行直接求见滕文公，向滕文公请求说："我是来自远方的人，听说您推行仁政，我愿意请求一块地方而成为您的百姓。"在那个时代，所有国君都希望有人自愿到自己的国家来生活，因此滕文公很高兴地给许行划了一片土地，并由他管理和经营。

许行的弟子有几十人，都穿着粗布衣服，以编织草鞋、席子来谋生。

其时，陈良的弟子陈相和他弟弟陈辛也扛着农具从宋国来到滕国，对滕文公说："听说您要推行圣人的政治，这样您也就是圣人了，我们愿意当圣人的百姓。"

陈相见到许行后非常高兴，抛弃了他自己所学的转而跟许行学习了。①

许行没有去见孟子宣扬自己的学说，倒是这位陈相去见了孟子，并向孟子陈述许行的言论。陈相说："许行说：滕文公，确实是位贤君，但还没有听说到最高的道理。古代的贤君和百姓一起耕作才有饭吃，他们既要自己做饭，又要治理国家。如今，滕国有仓库和府库，这就是盘剥百姓来养活自己，这样的做法怎么能叫贤君？"

孟子问："许行他们一定要自己耕种才吃饭吗？"

陈相回答："对，就是这样。"

孟子再问："许行他们一定自己织布然后才穿衣裳吗？"

陈相回答："不是的，他们穿粗布衣裳。"

孟子问："他们戴帽子吗？"

陈相答："戴帽子。"

孟子问："戴什么帽子？"

---

① 参见《孟子·滕文公上》第四章："有为神农之言者许行，自楚之滕，踵门而告文公曰：'远方之人闻君行仁政，愿受一廛而为氓。'文公与之处。其徒数十人，皆衣褐，捆屦，织席以为食。陈良之徒陈相与其弟辛，负耒耜而自宋之滕，曰：'闻君行圣人之政，是亦圣人也，愿为圣人氓。'陈相见许行而大悦，尽弃其学而学焉。"

答："戴白布做的帽子。"

问："是他们自己织的吗？"

回答说："不是，是用粮食换的。"

孟子问："许行他们为什么不自己亲自织呢？"

陈相回答："耽误耕种。"

孟子问："许行他们用各种锅做饭吗？用铁犁耕地吗？"

陈相回答："是的。"

孟了问："锅和犁都是他们自己造的吗？"

陈相回答："不是，都是用粮食换的。"

孟子说："用粮食交换铁锅陶器做饭，交换铁犁耕地，不能算侵占剥削陶工和铁匠；那些陶工和铁匠用他们制造的器械交换粮食，难道就侵占剥夺农夫了吗？况且许行等人为什么不进行陶器和铁器制造，都生产出来而收藏在他的家里自己使用呢？为什么各种各样的东西都要和那些工匠交换？许行他们这样做不怕麻烦吗？"

陈相说："各种工匠的事，当然不是一边耕种一边可以做的啊！"

孟子说："那么，治理天下偏偏就可以和耕种同时进行吗？天下有做官吏的工作，有普通劳动的工作。况且，只要是一个人，就需要具备各种工匠制造的东西。如果一定要自己制造的东西才可能使用，那就是率领天下的人都疲于奔忙了。所以，我认为，有的人费心思，有的人费力气；费心思的人统治别人，费力气的人被人统治；被人统治的人供养别人，统治别人的人被人供养。这便是天下最普遍的道理。"[①]

---

① 参见《孟子·滕文公上》第四章："陈相见孟子，道许行之言曰：'滕君则诚贤君也；虽然，未闻道也。贤者与民并耕而食，饔飧而治。今也滕有仓廪府库，则是厉民而以自养也，恶得贤？'孟子曰：'许子必种粟而后食乎？'曰：'然。''许子必织布而后衣乎？'曰：'否；许子衣褐。''许子冠乎？'曰：'冠。'曰：'奚冠？'曰：'冠素。'曰：'自织之与？'曰：'否；以粟易之。'曰：'许子奚为不自织？'曰：'害于耕。'曰：'许子以釜甑爨，以铁耕乎？'曰：'然。''自为之与？'曰：'否；以粟易之。''以粟易械器者，不为厉陶冶；陶冶亦以其械器易粟者，岂为厉农夫哉？且许子何不为陶冶，舍皆取诸其宫中而用之？何为纷纷然与百工交易？何许子之不惮烦？'曰：'百工之事固不可耕且为也。''然则治天下独可耕且为与？有大人之事，有小人之事。且一人之身，而百工之所为备，如必自为而后用之，是率天下而路也。故曰：或劳心，或劳力；劳心者治人，劳力者治于人；治于人者食人，治人者食于人，天下之通义也。'"

陈相被驳斥得张口结舌，说不出话来。

孟子接着说："在尧的时代，天下还没有太平，洪水横流到处泛滥；草木繁茂，禽鸟走兽繁殖得非常快，粮食没有收成。凶禽猛兽威胁百姓的安全，它们的足迹在人口稠密的地方也随处可见。尧正是忧虑这些情况，才选拔舜去治理。舜派益掌管火，益用火去焚烧大山湖泊，禽鸟和野兽逃跑或藏匿起来。大禹疏通九条大河，引导疏通济水、漯河而注入大海，决开汝水、汉江，疏通淮河、泗水，将它们导入长江。这样，中原地区一带才可以正常生活。在这个时代，大禹在外面奔波八年，三次路过自家的门口而不能进去，他即使想要耕种有可能吗？"①

陈相只能洗耳恭听了，一句话也不敢插嘴。

孟子继续说道："后稷教导百姓种地与收获，种植培养各种粮食作物，五谷成熟了就可以养育百姓。人之所以为人，吃饱了饭、穿暖了衣服、住得安逸了却没有教化，就与禽兽差不多了。圣人忧虑这种情况，便让契做司徒，用人伦道德教化百姓：父子之间要有亲情，君臣之间要有恩义，夫妻之间要有分工，长幼之间要有秩序，朋友之间要有信用。尧帝说：'使他们勤奋努力，帮助他们，使他们培养良好的品德，然后对他们施加恩惠。'圣人忧虑百姓到这个地步，还有闲暇耕种吗？"②

陈相无言以对。实际上，孟子针对的不是陈相，而是许行的学说和观点。

孟子又继续说道："尧以得不到任用舜作为自己的忧虑，舜以不能任用禹、皋陶作为自己的忧虑。因为不能把百亩田地耕种好而忧虑

---

① 参见《孟子·滕文公上》第四章："当尧之时，天下犹未平，洪水横流，泛滥于天下，草木畅茂，禽兽繁殖，五谷不登，禽兽逼人，兽蹄鸟迹之道交于中国。尧独忧之，举舜而敷治焉。舜使益掌火，益烈山泽而焚之，禽兽逃匿。禹疏九河，瀹济漯而注诸海，决汝汉，排淮泗而注之江，然后中国可得而食也。当是时也，禹八年于外，三过其门而不入，虽欲耕，得乎？"

② 参见《孟子·滕文公上》第四章："后稷教民稼穑，树艺五谷；五谷熟而民人育。人之有道也，饱食、暖衣、逸居而无教，则近于禽兽。圣人有忧之，使契为司徒，教以人伦：父子有亲，君臣有义，夫妇有别，长幼有序，朋友有信。放勋曰：'劳之来之，匡之直之，辅之翼之，使自得之，又从而振德之。'圣人之忧民如此，而暇耕乎？"

的，那是农夫。把钱财分给他人叫作惠，教育人向善叫作忠，为天下求得人才叫作仁。因此，把天下让给别人容易，为天下求得人才难。孔子说：'尧作为君王，真是伟大啊！只有天是最广大的，只有尧能够效法天。尧的品德伟大高远，百姓都没有恰当的词来形容了。舜也是真正的君王，他是那样崇高，拥有天下却不运用权力来为自己图谋私利。'尧、舜治理天下，难道就不费心力吗？只不过是不用在耕种上罢了。"[1]

孟子再继续说道："我只听说华夏文化影响改变边远少数民族的文化，没有听说边远少数民族的文化影响改变华夏文化的。陈良本是楚国人，喜欢周公、孔子的学说，从南方北上到中原来学习。即使北方的学者，没有人比他学得更好。陈良就是所说的豪杰之士。你们兄弟做陈良的弟子跟他学习几十年，老师一死就背叛他了。从前孔子去世，三年丧期之后，弟子们收拾好行李准备各自回家，进去和子贡作揖告别时相顾而哭，然后才回去。子贡送走他们回去后，在孔子墓旁又搭了一个小屋，独自在那里居住了三年，然后才回去。后来，子夏、子张、子游认为有若很像圣人，便想用侍奉孔子的礼数来侍奉有若，并让曾子同意。曾子说：'不可以这样做。孔子的品德学问如同用长江汉水的水洗涤过一样，如同用秋天的太阳晾晒过一样，其高尚洁白是没有可以比得上的了。'

"如今，许行这个南方蛮夷之人说起话来如同鸟语，竟然贬低非难先王的正义真理之道，而你却背叛老师来向他学习，这与曾子比相差实在太远了。我只听说禽鸟从幽深的山谷中飞出来乔迁到高大的树木上，没听说飞下高大的树木落入幽深的山谷里去的。《诗·鲁颂·閟宫》说：'西戎、北狄要征讨，楚国、舒国要惩罚。'周公还要讨伐惩罚楚国、舒

---

[1] 参见《孟子·滕文公上》第四章："尧以不得舜为己忧，舜以不得禹、皋陶为己忧。夫以百亩之不易为己忧者，农夫也。分人以财谓之惠，教人以善谓之忠，为天下得人者谓之仁。是故以天下与人易，为天下得人难。孔子曰：'大哉尧之为君！惟天为大，惟尧则之，荡荡乎民无能名焉！君哉舜也！巍巍乎有天下而不与焉！'尧舜之治天下，岂无所用其心哉？亦不用于耕耳。"

国这样的国家，你却要向他们学习，真是越变越坏了。"①

陈相说："如果按照许行的学说，那么市场上的买卖就没有二价，国中就没有伪劣产品；即使是儿童到市场去，也没有人欺骗。布匹长短相同，价格也一样；麻、线、丝、絮的重量相同，价格也一样；粮食多少相同，价格也一样；鞋子大小一样，价格也一样。"

孟子反驳说："各种东西的质量不相同，这是事物的实际情况。它们的价格，有的相差一倍五倍，有的相差十倍百倍，有的相差千倍万倍。你如果都并列而相同，这就是祸乱天下的商业秩序。如果制作粗糙和制作精细的鞋都卖一个价钱，那么谁还会精细制作、仔细加工呢？如果听任许行的学说，就会相互作伪了，怎么能够治理好国家呢？"②

孟子已经感觉到价格的竞争才会让加工制造者们精心改良和不断提高产品质量，这是非常细微而敏锐的思想。同时，孟子在这里所强调的是社会分工的合理性和其推动社会不断进步的必然性。

陈相再无话可说，只得告辞离开。后来，农家学派就再也没有发出什么声音了。

薛 要 筑 城

孟子继续在滕国坐镇，滕文公有疑惑便向孟子来请教。这一天晚饭

①参见《孟子·滕文公上》第四章："吾闻用夏变夷者，未闻变于夷者也。陈良，楚产也，悦周公、仲尼之道，北学于中国。北方之学者，未能或之先也。彼所谓豪杰之士也。子之兄弟事之数十年，师死而遂倍之！昔者孔子没，三年之外，门人治任将归，入揖于子贡，相向而哭，皆失声，然后归。子贡反，筑室于场，独居三年，然后归。他日，子夏、子张、子游以有若似圣人，欲以所事孔子事之，强曾子。曾子曰：'不可，江、汉以濯之，秋阳以暴之，皓皓乎不可尚已。'今也南蛮舌之人，非先王之道，子倍子之师而学之，亦异于曾子矣。吾闻出于幽谷迁于乔木者，未闻下乔木而入于幽谷者。《鲁颂》曰：'戎狄是膺，荆舒是惩。'周公方且膺之，子是之学，亦为不善变矣。"

②参见《孟子·滕文公上》第四章："'从许子之道，则市贾不贰，国中无伪；虽使五尺之童适市，莫之或欺。布帛长短同，则贾相若；麻缕丝絮轻重同，则贾相若；五谷多寡同，则贾相若；屦大小同，则贾相若。'曰：'夫物之不齐，物之情也；或相倍蓰，或相什伯，或相千万。子比而同之，是乱天下也。巨屦小屦同贾，人岂为之哉？从许子之道，相率而为伪者也，恶能治国家？'"

后，滕文公来访，忧虑地问孟子道："老夫子，齐国将要在薛地建造城池，我感觉很可怕，您说应当怎么办？采用什么对策？"

孟子说："这个问题是这样的，我看您也不必忧虑。人家在自己境内修筑城池，也不一定是针对滕国，不必考虑太多。"

见滕文公在默默聆听，孟子接着说："从前周太王居住在邠地，狄人前来侵扰，周太王就离开那里搬迁到岐山脚下去居住。这也不是周太王自己选择这条道路的，是万不得已啊。如果为善行仁，后世子孙一定会有成就王业的人。君子创立功业，留下传统，为的是后代可以继承。如果能够成功，就是天命。您对齐国修筑薛城能有什么办法，只能尽力为善行仁，治理好滕国就是了。"①

薛地是离滕国很近的一个小诸侯国，最近被齐国灭掉了。齐国将这片土地分封给了靖郭君田婴，而田婴想要在薛地修筑城池。这便是滕文公战战兢兢的原因，于是求教于孟子该怎么办。

那么，齐国究竟发生了什么事呢？这座城池到底建了还是没建呢？

齐威王后期，国力大增，便把新扩张的薛地封给了最受器重的大臣靖郭君田婴。封地的过程和田婴准备建城都遇到了一些曲折，而这个过程可以看出当时的社会概况和人们的精神风貌。

齐国将要把薛地封给靖郭君田婴，而这位田婴可不是一般人，他是齐威王最小的弟弟，为人有胆识、有魄力，善于识人，是个了不起的人物。因为薛城的原名叫"靖郭"，而田婴被封在薛地，故被称为靖郭君。

听到齐国要封田婴到薛地，楚王大怒，欲发兵攻伐。因此，齐威王便有点犹豫了，而田婴自然感觉有点失落。这时，田婴的一位食客公孙闬说："封与不封，应当由齐国决定，怎么会由楚国决定呢？我去一趟楚国，保证让楚王希望封您到薛地去。"

田婴说道："那就拜托先生了。"

---

① 参见《孟子·梁惠王下》第十四章："滕文公问曰：'齐人将筑薛，吾甚恐，如之何则可？'孟子对曰：'昔者太王居邠，狄人侵之，去之岐山之下居焉。非择而取之，不得已也。苟为善，后世子孙必有王者矣。君子创业垂统，为可继也。若夫成功，则天也。君如彼何哉？强为善而已矣。'"

这位公孙閈说走就走，到楚国见到了楚王，说："鲁国、宋国都侍奉楚国，而齐国不肯侍奉楚国，其原因是齐国大而鲁国、宋国小。大王您只是感觉鲁国、宋国小而有利，却不厌恶齐国之大，这是为什么呢？齐国要把薛地封给田婴，是自己缩小地盘而削弱自己，希望您不要反对和制止。"

楚王说："对，说得好。本王不管了。"①

海　大　鱼

田婴受封薛地很是高兴，便决定要修筑新城。对于修筑新城，田婴的食客多数都反对，但他自己坚持，于是告诉守门的人不要给食客们通报。这时，有位齐国的食客向守门人请求说："我就说三个字，多说一个字就用油锅炸了我。"

田婴听说有人只说三个字，感觉有点好奇，就答应让他进来。来人小步快走，见到主人便大声说："海—大—鱼！"然后，转身就往回走。

田婴急忙说："客人请留步！"

来人说："我不敢用生命开玩笑。"

田婴说："没有关系。你接着说，这三个字是什么意思，把话说完整。"

来人转过身来，说道："您没有听说过海里的大鱼吗？渔网不能捕，鱼钩不能钓，一旦没有水，蝼蚁都可以欺负它。如今齐国就是您的水，如果您长期拥有齐国的保护，哪里用得着修筑薛城？如果没有齐国，您把薛地的城墙修到天那么高又有什么用！"于是，田婴便决定不修筑薛城了。②

---

① 参见《战国策·齐策一》："齐将封田婴于薛。楚王闻之，大怒，将伐齐。齐王有辍志。公孙閈曰：'封之成与不，非在齐也，又将在楚。閈说楚王，令其欲封公也又甚于齐。'婴子曰：'愿委之于子。'公孙閈为谓楚王曰：'鲁、宋事楚而齐不事者，齐大而鲁、宋小。王独利鲁、宋之小，不恶齐大何也？夫齐削地而封田婴，是其所以弱也。愿勿止。'楚王曰：'善。'因不止。"

② 参见《战国策·齐策一》："靖郭君将城薛，客多以谏。靖郭君谓谒者，无为客通。齐人有请者曰：'臣请三言而已矣！益一言，臣请烹。'靖郭君因见之。客趋而进曰：'海大鱼。'因反走。君曰：'客有于此。'客曰：'鄙臣不敢以死为戏。'君曰：'亡，更言之。'对曰：'君不闻大鱼乎？网不能止，钩不能牵，荡而失水，则蝼蚁得意焉。今夫齐，亦君之水也。君长有齐阴，奚以薛为？夫齐，虽隆薛之城到于天，犹之无益也。'君曰：'善。'乃辍城薛。"

因此，过了一段时间，修建薛城的事便不了了之了。

孟子不能长期住在滕国，他提出要回家处理一些事情后再去齐国。最后，滕文公向孟子再请教了两个问题。

滕文公问曰："滕，小国也；间于齐楚，事齐乎？事楚乎？"

意思是，滕文公问孟子道："滕国，是个小国，处在齐国和楚国的中间，是侍奉齐国呢，还是侍奉楚国呢？"

孟子回答说："这种谋略和主意不是我所能够思考出来的。如果一定要让我出个主意，则也有一个办法：不能侍奉任何一国，采取中立态度，然后深挖护城河、加固城墙，与百姓共同守护城池，如果百姓宁愿战死也不离开，这样就可以有所作为。"①

滕文公接着问道："滕国，是个小国，尽心竭力侍奉大国，却不能免除威胁，怎么办才可以呢？"

孟子回答说："往昔周太王居住在邠地的时候，狄人来侵扰，就送给狄人皮革和钱币，但不能免除侵扰；再送给良犬和好马，还是不能免除侵扰；再送给珠宝玉器，还是不能免除。于是，周太王召集邠地的长老并告诉他们说：'狄人所要的，是我们居住的土地。我听说，君子不会因为用来养育人的东西而害人。你们何必忧虑没有君主呢？我将要离开这里。'于是，离开邠地，越过梁山，在岐山之下修造民居而居住在那里。邠地的人说：'这是仁人，不可以失去他的领导。'跟从周太王来的人就像赶集一样多。有人说：'这是我们世代守护的地方，不是我自己所能够随便处理的，就是死也不能离开这里。'请您在这两种方式中选择一种。"②

----

① 参见《孟子·梁惠王下》第十三章："滕文公问曰：'滕，小国也，间于齐楚。事齐乎？事楚乎？'孟子对曰：'是谋非吾所能及也。无已，则有一焉：凿斯池也，筑斯城也，与民守之，效死而民弗去，则是可为也。'"

② 参见《孟子·梁惠王下》第十五章："滕文公问曰：'滕，小国也；竭力以事大国，则不得免焉，如之何则可？'孟子对曰：'昔者太王居邠，狄人侵之。事之以皮币，不得免焉；事之以犬马，不得免焉；事之以珠玉，不得免焉。乃属其耆老而告之曰："狄人之所欲者，吾土地也。吾闻之也：君子不以其所以养人者害人。二三子何患乎无君？我将去之。"去邠，逾梁山，邑于岐山之下居焉。邠人曰："仁人也，不可失也。"从之者如归市。或曰："世守也，非身之所能为也。效死勿去。"君请择于斯二者。'"

春秋战国时期，战争频仍，小国生存很艰难。这样，小国如何生存下去确实需要抉择，需要智慧。孟子为滕文公指出两条道路：一是效法当年的周太王，躲避战争，推行仁政，使天下百姓从之如流；二是有敌人来侵犯，则与之拼死战斗守卫住祖先留下的土地，宁可战死也不离开。前者是委曲求全，寻求长期发展而最后强大的方式；后者是"宁为玉碎，不为瓦全"的做法，也是一种选择。前者看似容易其实更难，后者刚烈却没有退路，而作为小国的国君只有这两条路可走。如果小国真正得到百姓的拥护，百姓就会和国君同心协力拼死守城，那么敌人是很难攻打下来的，故得民心是国家政权得以延续的关键。

曹交与滕更

滕国开始了全面的新政。孟子和滕文公进行了一次促膝长谈，嘱咐他要坚持推行仁政，不要急于求成，起码要一年以上才可以见到效果，三年才可以见到大的效果。滕文公挽留孟子不下，因为孟子将要先回家，然后便准备到齐国都城临淄去。

孟子到家第二天，便有人求见。孟子来者不拒，见面一打量来客，心中便有数了。来人是一个大块头，体重应该在二百斤以上，身高九尺开外，大脸盘，蒜头鼻子，大嘴巴，一身华服。毫无疑问，来人绝对是一位贵族子弟。

来人叫曹交，是曹国国君的亲弟弟。曹国虽然不大，但在春秋时期也算是中等诸侯国，即使到战国时期也还算是有头有脸的国家。曹交说他听过很多孟子的观点，便到滕国去拜访孟子，结果孟子刚刚离开回国了，于是便急忙到邹国来请教。

孟子一听，觉得此人心诚，便问道："曹公子有何问题？"

曹交问："听人家说，先生说过'人人都可以成为尧舜'，真的有这种说法吗？"

孟子回答："是这样的，这是我说的。"

曹交提出疑问道："我听说文王身高十尺，商汤身高九尺。如今，我的身高是九尺四寸，但我只会吃饭，是个普通百姓而已。我要怎样做才能成为尧舜呢？"

孟子说："噢，公子问的是这个问题啊！这有什么关系呢？只要去做就可以了。假如有一个人，他的力气提不起一只小鸡，那么他就是没有力气的人。假如他能够举起三千斤，那他就是有力气的人。然而，即使能够举起古代大力士乌获那样的重量，也不过是乌获而已。"

见曹交好像没有听明白，孟子继续说道："人怎么能以不胜任为忧患呢？只是不做罢了。慢点走，跟随在兄长的后面，叫作悌；快走而抢在兄长的前面，叫作不悌。慢点走，难道是人不能做到的吗？是不做。尧、舜之道，就是孝悌罢了。你穿上尧的衣服，说尧说的话，做尧做的事，你就是尧。你穿夏桀的衣服，说桀说的话，做桀做的事，你就是桀。"

曹交说："我还是没有完全明白，但我愿意拜先生为师。我能够见到邹国的国君，可以向他借个地方住下来，愿意留下来在您的门下学习。"

孟子说："道，就像一条宽敞的大路，怎么会认不清呢？人的错误在于不去寻求罢了。你回去寻找一下，可以当老师的人很多了。何况再过几天，我就要去临淄了。"①

孟子之所以没有收留这位贵族弟子，可能是感觉曹交的贵公子骄气未退，很难悟道。对此，朱熹分析得很准确："曹交事长之礼既不至，求道之心又不笃，故孟子教之以孝弟（悌），而不容其受业。"②其实，曹交应该对其兄长曹国国君有不够恭敬的地方，因而孟子才用走在兄长前后的比喻来说事，并对他傲慢的态度不满意，故没有收下他这个弟子。

曹交悻悻离去。当曹交刚刚出门，弟子公都子便问孟子道："老师

---

① 参见《孟子·告子下》第二章："曹交问曰：'人皆可以为尧舜，有诸？'孟子曰：'然。''交闻文王十尺，汤九尺，今交九尺四寸以长，食粟而已，如何。则可？'曰：'奚有于是？亦为之而已矣。有人于此，力不能胜一匹雏，则为无力人矣；今曰举百钧，则为有力人矣。然则举乌获之任，是亦为乌获而已矣。夫人岂以不胜为患哉？弗为耳。徐行后长者谓之弟，疾行先长者谓之不弟。夫徐行者，岂人所不能哉？所不为也。尧舜之道，孝悌而已矣。子服尧之服，诵尧之言，行尧之行，是尧而已矣。子服桀之服，诵桀之言，行桀之行，是桀而已矣。'曰：'交得见于邹君，可以假馆，愿留而受业于门。'曰：'夫道若大路然，岂难知哉？人病不求耳。子归而求之，有余师。'"

② 朱熹：《四书章句集注》，中华书局，1983年，第364页。

为何不收他为弟子？"

孟子说："曹交是贵族子弟，他对兄长都不尊敬，能教导出来吗？"

公都子又问道："滕更在您门下的时候，好像应该在以礼相待的位置，而您却不答复他的问题，这是为什么呢？"

孟子说："依仗自己地位高贵来问，依仗自己贤能来问，依仗自己有功勋业绩来问，依仗自己有老交情来问，我都是不回答的。滕更便有这其中的两个方面。"①

滕更是滕国国君滕文公的弟弟，地位高贵，当年曾经在孟子门下求学，但孟子对他的提问往往不给予答复，因此弟子公都子才有此问。孟子的回答很值得当老师的思考，实际上是要求求教者要有虚心真诚的态度，如果带着这些情绪和心气来问，就不是真心求教了。

---

① 参见《孟子·尽心上》第四十三章："公都子曰：'滕更之在门也，若在所礼，而不答，何也？'孟子曰：'挟贵而问，挟贤而问，挟长而问，挟有勋劳而问，挟故而问，皆所不答也。滕更有二焉。'"

齐 宣 王

齐宣王田辟疆

在返回齐国的路上，孟子坐在马车里闭着眼睛思考自己下一步的方向。随着梁惠王的去世、梁襄王的即位，魏国已经没有什么发展前途，也就不必再去了。就在梁惠王死前的几个月，有性格有雄才大略的齐威王先死了。齐威王的嫡长子田辟疆继任，这便是齐宣王。当时，孟子从魏国回到了齐国，很快便奉母亲灵柩回了鲁国，故一直没有见过这位即位三年的齐国新国君齐宣王。

齐宣王比孟子小二十多岁，此年刚过三十岁。齐宣王算是一个比较精明的人，他即位时齐国依旧处在上升期。因此，孟子对齐宣王充满期待：一旦采纳自己的意见，或者真正重用自己，可能是自己的大幸，也是齐国的大幸，甚至可以说是天下的大幸。在孟子看来，如今各诸侯国基本都争强斗胜并互相抢夺地盘，真正把百姓作为自己依靠的国君半个都没有。这样的时期，正是齐国推行王道最好的时期，如果坚持仁政，充分调动百姓的积极性，增强凝聚力和向心力，以齐国当时的基础可以在十年之后巍然屹立于东方，而当其他诸侯国出现混乱时，便可以不断扩大疆域甚至统一天下。孟子希望通过齐国新君田辟疆来实现自己此生最大的理想——平治天下。

孟子想，就目前天下的情势看，要想结束战争状态就必须统一，如果始终处于几大诸侯国分割状态，战争便永无休止；要统一天下并走向太平盛世，只有自己的主张是正确的。因此，孟子总是自信地认为"如今欲平治天下，只有我孟轲可以办到"，他要回到齐国说服齐宣王推行王道。

齐宣王做国君已经第三年了，听说孟子守丧期满回到齐国来，非常高兴。

孟子刚刚回到自己在稷下学宫的宅院里，齐国的一位老熟人储子便来告诉孟子："齐王派人去偷窥老夫子，看一看您和普通人有不同的地方吗？"①

孟子听了感觉很好笑，回答说："和常人怎么能有区别呢？即使是尧舜，也与常人相同啊。"

孟子的回答很幽默，更有自信地把自己比作为尧舜的意味。与孔子一样，孟子也非常自信，而且比孔子的自信更外露一些。当然，孟子"如欲平治天下，当今之世，舍我其谁也"的话并不只是夸海口，应该说是符合当时的实际情况。

这是《孟子·离娄下》记载的情景，也可以看出齐宣王对孟子的期待和重视。当然，这对孟子推行自己的仁政主张是大有益处的，而从中也可以知道在这之前孟子和齐宣王是没有见过面的。

那么，这位齐国新君田辟疆到底是怎样的人呢？

淳于髡荐士

齐威王去世，世子田辟疆即位为齐国的国君，是为齐宣王。齐宣王刚刚即位时，对田婴等齐威王时原有的一些大臣进行了调整，他需要有自己合用的臣属。因此，元老人物淳于髡一天就向齐宣王推荐了七个人，但齐宣王感觉淳于髡太过分，便请他前来。

淳于髡刚刚进来，齐宣王田辟疆就迫不及待地问："寡人听说，千里如果有一个士人，就算比肩而立；百世而有一个圣人，就好像前脚跟后脚

---

① 参见《孟子·离娄下》第三十二章："储子曰：'王使人瞯夫子，果有以异于人乎？'孟子曰：'何以异于人哉？尧舜与人同耳。'"

那样多。如今，您一天就荐举七位士人，您了解的士人岂不是太多了吗？"

淳于髡分辩道："大王，不是您说的这样。鸟，翅膀相同的就聚居在一起；兽，足相同的就一起走。如今，到低洼湿地寻找柴胡、桔梗，则半年也找不到一棵；等到高地山坡的阴面，则可以车载斗量。万物各有聚集的地方，如今我淳于髡就是贤士集聚处。大王您向我淳于髡求贤士，就好像到大河里舀水，到火石里取火一样。我还要再向您推荐贤士，岂止是七个人而已。"①

等孟子来到齐国都城临淄的时候，齐宣王的主要官员都已经配备齐全。齐宣王早就知道孟子的大名以及他的王道政治理想，又听过淳于髡对孟子的赞誉，便急于知道孟子到底是怎样的人，于是派人先去查看孟子的长相。

第二天下朝后，齐宣王便召见孟子，并在堂上接见了他。

古代贵族的住宅建筑都有堂，进大门后是萧墙，绕过萧墙便可以看见大院中有一个高台，台高根据主人的级别而定，如诸侯之堂离地面的高度是七尺。堂的左右和前面没有墙，而是用粗大的柱子支撑起上面的房盖，正面是四根大柱子，左右各两根，称作"楹柱"。堂的后半部分则是实体建筑，主人的住宅就在后面。堂前边左右各有一个台阶，供人上下。这样，坐在堂上便可以看见堂下。因此，古代接见比较亲密尊贵的客人都在堂上。

齐宣王就在自己住宅的堂上接见孟子，这样两个人可以非常轻松地无所不谈。其时，天公作美，春风习习，丽日高照，正是一年最好的时光。

这一年，孟子五十六岁，齐宣王三十四岁。齐宣王是赤红面庞，两绺小胡须，为人比较老实厚道。

这样，二人见面寒暄之后，谈话很快进入正题。

---

① 参见《战国策·齐策三》："淳于髡一日而见七人于宣王。王曰：'子来，寡人闻之，千里而一士，是比肩而立；百世而一圣，若随踵而至也。今子一朝而见七士，则士不亦众乎？'淳于髡曰：'不然。夫鸟同翼而聚居，兽同足而俱行。今求柴葫、桔梗于沮泽，则累世不得一焉。及之睪黍、梁父之阴，则郄车而载耳。夫物各有畴，今髡贤者之畴也。王求士于髡，譬若挹水于河，而取火于燧也。髡将复见之，岂特七士也。'"

不忍牛之觳觫

齐宣王问："齐桓公、晋文公的事迹，老先生可以讲给我听听吗？"

孟子回答说："孔子的弟子们没有讲述齐桓公和晋文公的事迹，后世也没有流传，我没有听说过。如果没有什么话题的话，我就给大王讲一讲如何才能称王天下吧。"

齐宣王一听是"称王天下"的话题，很是感兴趣，就问道："道德达到什么程度就可以称王了呢？"

孟子回答说："爱护百姓就可以称王，能够得到百姓的衷心拥护就可以称王，没有谁能够阻挡得住。"

齐宣王对这一话题更感兴趣了，便问道："像我这样的人，可以爱护百姓吗？"

孟子回答："当然可以啊！"①

齐宣王问："您凭什么知道我就可以呢？"齐宣王有点纳闷，追问道。

孟子笑了笑，说："我听大夫胡龁说过这样一件事：大王您坐在堂上，有人牵着牛从堂下走过。大王您看见了，就问：'牛要牵到哪里去？'那人回答说：'准备杀掉后用它的血来衅钟。'大王说：'放过它，我不忍心看见它瑟瑟发抖的样子，就像这样没有罪过却要被杀死。'对方问：'这样的话，那么就废弃衅钟了吗？'您说：'怎么可以废弃衅钟呢？用羊来代替牛吧。'不知是否有这件事？"

说着，孟子下意识地看看堂下，似乎当时牵牛过堂下的情景就在眼前一样，然后再看齐宣王的反应。

齐宣王马上接过话题回答说："有这件事，确实有这么回事。"

孟子说："大王您如果有这种善心就足以称王天下了。百姓都认为大王是吝啬，但我知道大王是于心不忍啊！"

齐宣王扑哧一声笑了，说道："是的，还真有认为我吝啬的百姓。

---

① 参见《孟子·梁惠王上》第七章："齐宣王问曰：'齐桓、晋文之事可得闻乎？'孟子对曰：'仲尼之徒无道桓文之事者，是以后世无传焉，臣未之闻也。无以，则王乎？'曰：'德何如则可以王矣？'曰：'保民而王，莫之能御也。'曰：'若寡人者，可以保民乎哉？'曰：'可。'"

齐国虽然狭小，可是我又怎么会舍不得一头牛呢？我就是不忍心看它瑟瑟发抖的样子，就像毫无过错却要被杀掉，所以就用羊换了牛。"

孟子说："大王不要诧异百姓认为大王是吝啬。您用小的牲口换下大的牲口，百姓怎么能够知道其中的深意呢？可是，大王如果同情它们没有过错却要被杀掉，那么杀牛和杀羊又有什么区别呢？羊也是没有过错却要被杀掉呢！"

齐宣王一听，笑了，说道："这是什么心理呢？我真的不是吝啬钱财把牛换成羊的。百姓说我吝啬也是有道理的啊！"

孟子说："大王，这没有什么关系，您的不忍正是仁爱之心的体现，只是因为您看见牛而没有看见羊啊！有德行的人对待飞禽走兽，看见它们活着，就不忍心看到它们被杀死；听到它们哀鸣的声音，就不忍心吃它们的肉。因此，君子总是远离厨房。"

齐宣王说："《诗》说：'他人有心事，我可以揣度出来。'说的就是先生您啊。我自己做过的事，反过来想自己为什么这样做，却怎么也想不明白这样做出于什么心理。先生这么一说，感觉说到我的心坎里去了，还真的就是这么回事。然而，这种心理合乎称王的道理，这又是为什么呢？"①

不能与不为

孟子说："如果有人告诉大王说：'我的力量非常强大，足以举起三千斤的东西，却举不起一根羽毛；我眼睛很明亮，足以观察到秋天野

---

① 参见《孟子·梁惠王上》第七章："曰：'何由知吾可也？'曰：'臣闻之胡龁曰，王坐于堂上，有牵牛而过堂下者，王见之，曰："牛何之？"对曰："将以衅钟。"王曰："舍之！吾不忍其觳觫，若无罪而就死地。"对曰："然则废衅钟与？"曰："何可废也？以羊易之！"不识有诸？'曰：'有之。'曰：'是心足以王矣。百姓皆以王为爱也，臣固知王之不忍也。'王曰：'然；诚有百姓者。齐国虽褊小，吾何爱一牛？即不忍其觳觫，若无罪而就死地，故以羊易之也。'曰：'王无异于百姓之以王为爱也。以小易大，彼恶知之？王若隐其无罪而就死地，则牛羊何择焉？'王笑曰：'是诚何心哉？我非爱其财而易之以羊也。宜乎百姓之谓我爱也。'曰：'无伤也，是乃仁术也，见牛未见羊也。君子之于禽兽也，见其生，不忍见其死；闻其声，不忍食其肉。是以君子远庖厨也。'王说，曰：'《诗》云："他人有心，予忖度之。"夫子之谓也。夫我乃行之，反而求之，不得吾心。夫子言之，于我心有戚戚焉。此心之所以合于王者，何也？'"

兽毫毛的末梢，却看不见一车柴火。'那么，大王您能同意吗？"

齐宣王说："不能，怎么会这样呢？当然不同意这种说法。"

孟子说："如今，大王您的仁慈和恩德已经到了禽兽身上，但功德却不能到达百姓身上，这是为什么呢？然而，一根羽毛举不起来，是不肯用力；一车柴火看不见，是不肯用眼睛去看；百姓的生活没能得到改善，是因为没有施行慈善之心。因此，大王之所以没有称王天下，是不去做而不是不能做到。"①

齐宣王问："那么，不去做和不能做到的情况，怎么区别呢？"

孟子说："用腋下夹着泰山跳过北海，对别人说'我不能办到'，这是真的办不到；为年长的老者折取一根树枝当拐杖，对人说'我不能做到'，这就是不去做。所以，大王没有施行仁政称王天下，不是夹泰山越过北海一类，而是为长者折枝一类。"

孟子见齐宣王有点疑惑不解，进一步解释说："敬爱自己的长辈，推及于敬爱别人的长辈；爱护自己的孩子，推及于爱护别人的孩子。如果有这样的心思，治理天下就会像在手掌中转动东西那么容易了。《诗》说：'先做妻子、儿女的榜样，然后影响到兄弟，再进一步推及于封邑领地和国家。'说的就是把对待亲人的慈善之心推及于别人身上就行了。"

孟子见齐宣王在认真听着，接着说："因此，推行慈善之心足以使天下安定，如果不推广慈善之心则可能没有办法保护妻子儿女。古代的圣人之所以远远超过一般人，没有别的原因，就在于善于推广他们的善行罢了。如今，大王您的恩德足以推及禽兽，而您的功德却不能到达百姓身上，这又是为什么呢？"

齐宣王在默默地听着，他在思考，但很明显感觉到他是动心了。孟子见状，继续说："用秤称量一下，然后就知道物体的轻重了；测量一下，然后就知道物体的长短了。所有的事物都是这样，人的心理也是如此。

---

① 参见《孟子·梁惠王上》第七章："曰：'有复于王者曰："吾力足以举百钧"，而不足以举一羽；"明足以察秋毫之末"，而不见舆薪，则王许之乎？'曰：'否。''今恩足以及禽兽，而功不至于百姓者，独何与？然则一羽之不举，为不用力焉；舆薪之不见，为不用明焉；百姓之不见保，为不用恩焉。故王之不王，不为也，非不能也。'"

大王请仔细思考衡量一下吧。"

接着，孟子反问道："难道大王您想发动战争，让将士冒着死亡的危险去与各国诸侯结成仇怨，这样做您心里才高兴吗？"

齐宣王说："不是！我怎么会感到高兴呢！我是将要追求更大的欲望。"[1]

缘 木 求 鱼

孟子问："大王所追求的更大的欲望，可以让我听听吗？"

齐宣王微笑着不说，孟子再问，还是不说。

孟子转而问道："是香甜的食物不足以满足您的嘴巴，轻暖的衣服不能满足您的身体，还是歌舞美色不能满足您的视觉，悠扬美妙的声音不能满足您的听觉呢？或者那些机灵而会办事的侍从不够您用呢？您的臣下都能满足这些，难道大王真的是为了这些吗？"

齐宣王一听，连忙说："不是！不是！当然不是，我可不是为了这些。"

孟子说："那么，大王所说的大欲，就可以知道了。那就是要开疆拓土、扩大疆域，像强大的秦国、楚国都得以臣服，屹立于天下之中做盟主统治周围的部族。如果以大王现在这样的作为来追求这样的欲望，就好像爬到树上去捉鱼啊！"

齐宣王说："怎么会这样？能这样严重吗？"

孟子回答说："大概有更严重的后果。爬上树去捉鱼，虽然捉不到鱼，但没有什么灾祸。但以您现在的这种做法想实现理想，再尽心尽力

---

① 参见《孟子·梁惠王上》第七章："曰：'不为者与不能者之形何以异？'曰：'挟太山以超北海，语人曰，"我不能。"是诚不能也。为长者折枝，语人曰，"我不能。"是不为也，非不能也。故王之不王，非挟太山以超北海之类也；王之不王，是折枝之类也。老吾老，以及人之老；幼吾幼，以及人之幼。天下可运于掌。《诗》云："刑于寡妻，至于兄弟，以御于家邦。"言举斯心加诸彼而已。故推恩足以保四海，不推恩无以保妻子。古之人所以大过人者，无他焉，善推其所为而已矣。今恩足以及禽兽，而功不至于百姓者，独何与？权，然后知轻重；度，然后知长短。物皆然，心为甚。王请度之！抑王兴甲兵，危士臣，构怨于诸侯，然后快于心与？'王曰：'否；吾何快于是？将以求吾所大欲也。'"

而为之，则一定会有大灾祸。"①

齐宣王有点疑惑不解，问："先生可以让我听一听其中的道理吗？"

孟子问："如果邹国和楚国打仗，大王您认为谁能胜利？"

齐宣王说："那还用问，当然是楚国人胜利啊！"

孟子说："是的，确实是这样。这样看来，小国当然抵抗不了大国，人口少的国家当然抵抗不了人口多的国家，弱小的国家当然抵抗不了强大的国家。四海之内的地域，方圆千里的地方就有九个，齐国只是其中的一个而已。用一个来和八个作对，这和邹国人与楚国人作战有什么区别呢？这是本末倒置啊！"

齐宣王沉默不语，孟子接着说："如今，大王发号施令，推行仁政，使天下做官的人都愿意站立在齐国的朝堂上，使天下种地的农夫都愿意在齐国的土地上耕种，使天下的商人都愿意在齐国的市场上收藏和贩卖货物，使天下旅行的人都愿意行走在齐国的道路上，使天下痛恨自己国君的人都想到齐国来申诉。如果能够做到这样的话，谁还能抵挡得了呢？"②

齐宣王说："我头脑昏乱，不能达到这种地步了。希望先生能辅佐指导我实现理想，明确教我应该怎样做。我虽然愚钝不聪敏，也希望尝试一下。"

孟子说："没有固定的产业而有坚定的道德信念，只有士人才能够做到。如果是普通百姓，没有固定的产业就没有坚定的道德信念。如果没有坚定的道德信念，就会为非作歹，违法乱纪，无所不为。等到他们

---

① 参见《孟子·梁惠王上》第七章："曰：'王之所大欲可得闻与？'王笑而不言。曰：'为肥甘不足于口与？轻暖不足于体与？抑为采色不足视于目与？声音不足听于耳与？便嬖不足使令于前与？王之诸臣皆足以供之，而王岂为是哉？'曰：'否，吾不为是也。'曰：'然则王之所大欲可知已，欲辟土地，朝秦楚，莅中国而抚四夷也。以若所为求若所欲，犹缘木而求鱼也。'王曰：'若是其甚与？'曰：'殆有甚焉。缘木求鱼，虽不得鱼，无后灾。以若所为求若所欲，尽心力而为之，后必有灾。'"

② 参见《孟子·梁惠王上》第七章："曰：'可得闻与？'曰：'邹人与楚人战，则王以为孰胜？'曰：'楚人胜。'曰：'然则小固不可以敌大，寡固不可以敌众，弱固不可以敌强。海内之地方千里者九，齐集有其一。以一服八，何以异于邹敌楚哉？盖亦反其本矣。今王发政施仁，使天下仕者皆欲立于王之朝，耕者皆欲耕于王之野，商贾皆欲藏于王之市，行旅皆欲出于王之途，天下之欲疾其君者，皆欲赴愬于王。其若是，孰能御之？'"

犯了罪，再去加之处罚，这就是设置罗网坑害百姓。哪里有仁者在位，却给百姓设置罗网坑害百姓的呢！因此，贤明的君主，规定百姓的产业规模，一定要使他们对上可以赡养父母，对下可以抚养妻子和孩子；好年景终身饱暖，灾荒年头也能免于冻饿而死。然后，引导他们走向为善之途，这样百姓就很容易听从了。如今，规定百姓的产业规模，对上不足以赡养父母，对下不足以养育妻子和孩子。好年成终年穷苦，坏年成则没有办法避免冻饿而死。这样，百姓们避免死亡都恐怕做不到，哪里还有闲心思去追求礼义呢？"①

返 回 根 本

齐宣王边听边思索，孟子继续说道："大王要实现您的大欲，那么为什么不从根本上做起呢？五亩的宅院里，前后都栽上桑树养蚕，五十岁的人就可以穿丝绸衣服了。鸡猪狗鹅之类的家畜和家禽，不要错过繁殖的时期，七十岁的老人就可以吃肉了。百亩的农田，不要侵夺农时，几口人的家庭就可以免除饥饿了。谨慎地做好学校教育，再用孝悌的道理反复教育孩子们，头发斑白的老人就不会在道路上背扛东西了。五十岁以上的老人都能穿丝绸衣服，七十岁的老人都能吃上肉，百姓们都不饥饿不寒冷，然后还不能称王天下那是不可能的，也是没有的。"②

齐宣王说："先生的意思，我都听明白了，让我好好思考一下。"

孟子说："我对大王充满信心，您拥有齐国这样的大国，一定会大

---

①参见《孟子·梁惠王上》第七章："王曰：'吾惛，不能进于是矣。愿夫子辅吾志，明以教我。我虽不敏，请尝试之。'曰：'无恒产而有恒心者，惟士为能。若民，则无恒产，因无恒心。苟无恒心，放辟邪侈，无不为已。及陷于罪，然后从而刑之，是罔民也。焉有仁人在位罔民而可为也？是故明君制民之产，必使仰足以事父母，俯足以畜妻子，乐岁终身饱，凶年免于死亡；然后驱而之善，故民之从之也轻。今也制民之产，仰不足以事父母，俯不足以畜妻子；乐岁终身苦，凶年不免于死亡。此惟救死而恐不赡，奚暇治礼义哉？'"

②参见《孟子·梁惠王上》第七章："（孟子曰：）'王欲行之，则盍反其本矣：五亩之宅，树之以桑，五十者可以衣帛矣。鸡豚狗彘之畜，无失其时，七十者可以食肉矣。百亩之田，勿夺其时，八口之家可以无饥矣。谨庠序之教，申之以孝悌之义，颁白者不负戴于道路矣。老者衣帛食肉，黎民不饥不寒，然而不王者，未之有也。'"

有作为的。"

齐宣王稍微停顿了一下，便转移了话题，问孟子道："和邻国交往，有什么规律和原则吗？"

孟子回答说："当然有啊。只有仁者能够做到大国侍奉小国，所以商汤曾侍奉葛国，文王曾侍奉昆夷。只有智者才能够做到以小国服事大国，所以周太王曾服事猃狁（也作獯鬻），勾践曾服事吴王夫差。以大国身份侍奉小国的人，是乐天命之人；以小国身份服事大国的人，是敬畏天命的人。乐天命的人能够安定天下，敬畏天命的人能够保护好自己的国家。《诗》上说：'畏惧上天的威严遵守天道，所以才能把天下保住。'"①

我　好　勇

齐宣王说："这个道理真是太深刻、太远大了。但我有个毛病，我爱好勇武。"

孟子回答说："请大王不要爱好小的勇武。那种手按宝剑怒视对方说：'你怎么敢这样面对我呢！'这是匹夫之勇，只能抵挡一个人。希望大王能有更大的勇武。《诗》说：'周文王非常愤怒，于是整顿他的军队，阻止侵犯莒地的敌人，增强了周人的福祉，报答了天下人对周的厚望。'这便是文王的勇武。文王一愤怒，使天下的百姓得到了安宁。"

孟子接着说："《尚书》说：'上天造就了百姓，也造就了君王、老师，君王和老师的任务就是襄助上天爱护百姓。普天之下有罪无罪全在于我的判断，谁敢违背上天的意志？'当时，只有商纣王一个人违反大意在人间横行霸道，周武王认为是莫大的耻辱而推翻了商朝。这便是周武王的勇武。周武王也是一愤怒，使得天下的百姓得到了安宁。大王如果一

---

① 参见《孟子·梁惠王下》第三章："齐宣王问曰：'交邻国有道乎？'孟子对曰：'有。惟仁者为能以大事小，是故汤事葛，文王事昆夷。惟智者为能以小事大，故太王事獯鬻，勾践事吴。以大事小者，乐天者也；以小事大者，畏天者也。乐天者保天下，畏天者保其国。《诗》云："畏天之威，于时保之。"'"

发怒就能够使天下的百姓得到安宁，那百姓还唯恐您不爱好勇武呢！"[1]

其实，孟子这段话是大有深意啊！实际上，孟子是暗示齐宣王尽快推行仁政，把本国的经济发展和道德文化教育都搞上去，增强百姓的凝聚力，然后等待时机，以仁义之师统一天下。

齐宣王执政时，是战国中叶战争最频繁的时期。当时，活动在外交舞台上的张仪和公孙衍等人摇动三寸不烂之舌，大肆推行各自的连横或合纵之策，即后世所谓的纵横家最活跃的时代。例如，五国联军攻秦，秦楚大战于蓝田等，这些历史上著名的大战很多都发生在这一时期；与秦国接壤的韩国、赵国、魏国、楚国都卷入了连年的战争。

齐国和秦国不接壤，中间有很大的缓冲空间，这样相对来说战争就少一些。齐宣王向孟子提出的关于如何处理和邻国关系的问题，正是面临这种复杂局面的时候提出的。可以推测的是，齐宣王当时可能对一些外交问题有些举棋不定，正不知如何是好。

孟子说明外交的总原则是有仁者和智者两种。仁者能够以大事小，智者能够以小事大，并举出历史上成功的例证。这种见解在任何时期都有借鉴的意义。不过，齐宣王对仁者和智者似乎都不感兴趣，并迫不及待地说出"寡人有疾，寡人好勇"的话，意思是"你说的道理太大了，而我爱好的是勇敢"。于是，孟子立即因势利导，阐释了"匹夫之小武"和"仁者之大勇"的区别，即实行仁政，爱护百姓：首先要得到百姓的拥护，一切都从百姓的利益出发，百姓就会衷心听从统治者的号召；一旦发生战争，便可以一战定乾坤。这便是"武王亦一怒而安天下之民。今王亦一怒而安天下之民，民惟恐王之不好勇也"，是对齐宣王最大的鼓励。朱熹评价孟子的观点说："小勇者，血气之怒也；大勇者，理义之怒也。血气之怒不可有，理义之怒不可无。知此，则可以见性情之正，

---

[1] 参见《孟子·梁惠王下》第三章："王曰：'大哉言矣！寡人有疾，寡人好勇。'对曰：'王请无好小勇。夫抚剑疾视曰，"彼恶敢当我哉！"此匹夫之勇，敌一人者也。王请大之！《诗》云："王赫斯怒，爰整其旅，以遏徂莒，以笃周祜，以对于天下。"此文王之勇也。文王一怒而安天下之民。《书》曰："天降下民，作之君，作之师，惟曰其助上帝宠之。四方有罪无罪惟我在，天下曷敢有越厥志？"一人衡行于天下，武王耻之。此武王之勇也。而武王亦一怒而安天下之民。今王亦一怒而安天下之民，民惟恐王之不好勇也。'"

而识天理人欲之分矣。"这是非常重要的见解,即"小勇"和"大勇"的区别。可惜,齐宣王不能真正理解孟子的思想,因而也使得齐国错过了大好的历史机遇期。

正是这几年,诸侯国的兼并战争异常激烈,同时秦国要统一天下,建立大一统王朝的趋势已经显现出来。秦国在西方,齐国在东方,楚国在南方,这是三个面积最大的诸侯国。当时,天下的形势是,秦国最强,齐国最富,楚国最大。秦国和齐国中间隔着"三晋",即韩、赵、魏三国,因此这种形势本来对齐国来说是很有利的。

雪 宫 里

由于前一次交谈二人都很愉快,因此齐宣王在风景秀丽的行宫——雪宫里再次召见孟子。齐宣王先和孟子共同游览一番,然后二人一边走一边交谈。

齐宣王有点得意地问孟子说:"贤人也有这种快乐吗?"

孟子回答说:"有啊!百姓得不到这种快乐,就会抱怨其君王。得不到这种快乐就抱怨君王的人,是不对的;但是君王不与百姓共同享受这种快乐,也是不对的。君王以百姓的快乐为快乐,百姓也同样会以君王的快乐为快乐;君王以百姓的忧患为忧患,百姓也同样会以君王的忧患为忧患。以天下百姓的快乐为快乐,以天下百姓的忧患为忧患,君王就会得到百姓的真心拥护,而这样不称王天下的是没有的。"①

接着,孟子给齐宣王讲述了一个齐景公和晏婴的故事:"从前齐景公问晏婴说:'我想要到转附、朝儛两个地方去游览,沿着海滨向南去,一直到琅邪山。我怎样做才可以和先王的巡游相提并论呢?'晏婴回答说:'您问得太好了!天子到诸侯地方去叫巡狩,所谓巡狩就是巡视各

---

① 参见《孟子·梁惠王下》第四章:"齐宣王见孟子于雪宫。王曰:'贤者亦有此乐乎?'孟子对曰:'有。人不得,则非其上矣。不得而非其上者,非也;为民上而不与民同乐者,亦非也。乐民之乐者,民亦乐其乐;忧民之忧者,民亦忧其忧。乐以天下,忧以天下,然而不王者,未之有也。'"

地诸侯守土的情况。诸侯进京朝拜天子叫述职，所谓述职就是汇报其尽职尽责的情况。这些无非都是政事。春天视察耕种的情况而帮助那些有困难的人，秋天检查收获的情况而帮助那些缺乏劳动力的人。'夏朝有谚语说：'我们的君王不出来巡视，我们怎么能得到休息？我们的君王不出来巡视，我们怎么能得到帮助？君王出来巡视，是诸侯的法度。'可是，如今不是这样了，随行的队伍一路上消耗许多粮食，沿途骚扰百姓，使饥饿的人没饭吃，使辛苦劳作的人得不到休息。人们对此怒目而视，怨声载道，甚至百姓也借机为非作歹。这样的巡游违背天意，虐待百姓，君王自己大吃大喝花费如流水；这种流连忘返、荒亡放肆的逸乐行为，诸侯们都为之担忧。顺着水流往下游玩而忘了返回就叫作流，逆水流往上游览而忘了返回就叫作连，追逐野兽而没完没了叫作荒，喜欢喝酒没完没了叫作亡。古代的圣贤君王没有流连忘返的行为，也没有游猎无度、饮酒无度的行为。希望大王您如此而行。"

齐宣王听着，孟子接着说："景公非常高兴，自己搬到郊外居住，并开始开仓发放救济粮，补助那些不充足的人。景公还召来太师说：'为我创作演奏君臣相悦的音乐。'这大概就是《徵招》《角招》两首乐曲吧。歌词中说：'匡正君王之失有什么错呢？'所谓匡正君王之失，就是爱护君王啊！"①

孟子给齐宣王讲述的是天子巡狩的目的和做法，即只要出巡便要为了百姓的生产和生活，可以说是希望其能成为天子。可惜，齐宣王并不能真正理解孟子的苦心。

---

① 参见《孟子·梁惠王下》第四章："（孟子曰：）'昔者齐景公问于晏子曰："吾欲观于转附、朝儛，遵海而南，放于琅邪，吾何修而可以比于先王观也？"晏子对曰："善哉问也！天子适诸侯曰巡狩。巡狩者，巡所守也。诸侯朝于天子曰述职。述职者，述所职也。无非事者。春省耕而补不足，秋省敛而助不给。"夏谚曰："吾王不游，吾何以休？吾王不豫，吾何以助？一游一豫，为诸侯度。"今也不然：师行而粮食，饥者弗食，劳者弗息。睊睊胥谗，民乃作慝。方命虐民，饮食若流。流连荒亡，为诸侯忧。从流下而忘反谓之流，从流上而忘反谓之连，从兽无厌谓之荒，乐酒无厌谓之亡。先王无流连之乐，荒亡之行。惟君所行也。景公说，大戒于国，出舍于郊。于是始兴发补不足。召大师曰："为我作君臣相说之乐！"盖《徵招》《角招》是也。其诗曰，"畜君何尤？"畜君者，好君也。'"

毁掉明堂否

这时，齐宣王似乎突然想起一件事来，便征求孟子的意见："先生，人们都劝我毁掉明堂。您说，我是毁掉呢，还是不毁呢？"

孟子说："所谓明堂，本来是王者之堂。大王您如果想要推行仁政，就不要毁掉明堂吧。"①

明堂是泰山脚下的一个建筑群，实际是西周末年周宣王为祭祀泰山而在泰山脚下圈起来一大片土地并修建的。明堂是只有天子才可以拥有的建筑，天子以及公、侯、伯、子、男明堂中各有固定的位置。因为郑国始封的开国君主是周宣王的同胞弟弟，那可是血缘关系最近的，所以东周后这块土地便归属于郑国，后来郑国和鲁国交换，明堂便归属鲁国了。再后来，鲁国逐渐衰微，这块土地和明堂便都归属齐国了，因此齐宣王才会问孟子关于明堂的问题。

齐宣王问："可是，怎样才是仁政呢？您能说来让我听听吗？"

孟子回答道："从前文王治理岐地的时候，对耕者征收九分之一的税，做官的人可以由子孙继承而世代做官，关口和市场只是稽查管理而不收税。湖泊山林也不禁止百姓砍柴渔猎，罪犯不牵连妻子子女。年纪大了而没有妻子的叫'鳏'，年纪大了而没有丈夫的叫'寡'，年纪大了没有子女的叫'独'，年幼就失去父亲的叫'孤'。这四种人是天下最穷苦而又没有依靠的人。当周文王发布政令推行仁政时，一定要优先这四种人。《诗》说：'富人的日子很好了，哀怜那些穷苦孤独的人吧！'"②

齐宣王说："这些话说得真是太好了，真的很感人！"

孟子说："大王如果认为很好，那为什么不推行仁政呢？"

齐宣王说："我有个毛病，我爱财货啊！"

① 参见《孟子·梁惠王下》第五章："齐宣王问曰：'人皆谓我毁明堂，毁诸？已乎？'孟子对曰：'夫明堂者，王者之堂也。王欲行王政，则勿毁之矣。'"

② 参见《孟子·梁惠王下》第五章："王曰：'王政可得闻与？'对曰：'昔者文王之治岐也，耕者九一，仕者世禄，关市讥而不征，泽梁无禁，罪人不孥。老而无妻曰鳏，老而无夫曰寡，老而无子曰独，幼而无父曰孤。此四者，天下之穷民而无告者。文王发政施仁，必先斯四者。《诗》云：'哿矣富人，哀此茕独。'"

孟子回答说："从前，周的祖先公刘也爱好财货。《诗·大雅·公刘》上说：'粮食多多，外有粮囤，内有粮仓。包好干粮，装满口袋。百姓和睦安定，为国争光。张弓带箭，拿着各式武器，开始动身向前方。'所以，留在家里的有囤积的粮食吃，在外的人口袋里有干粮，这样才能率领大军进发。大王如果爱好财货，与百姓共同拥有，这对于大王您来说有什么难办的呢？"①

我 好 色

齐宣王又说："我还有个毛病，我爱好美色。"

孟子回答道："从前，周朝的先祖古公亶父（太王）也爱好美色，宠爱他的妃子。《诗·大雅·绵》说：'古公亶父，早晨骑马奔驰，沿着渭水西岸来到岐山之下，带着姜姓的妃子前来查看住处。'在他统治的时期，百姓家里没有不出嫁的幽怨女子，社会上也没有娶不着媳妇的单身汉。大王如果爱好女色，如果百姓都有配偶，那对大王推行仁政统一天下只有帮助而没有任何妨碍啊！"②

孟子的意思是，爱好美色是人的共性，这对推行仁政并没什么妨碍。

由此可见，孟子对齐宣王真是煞费苦心，循循善诱。

齐宣王陷入沉思，没有表态。

齐宣王忽然又想起一个话题，也是他想不明白的地方，便继续请教孟子。

齐宣王问道："文王的园囿，有方圆七十里那么大，有这种情况吗？"

孟子回答说："在文献记载中，确实有这种情况。"

---

① 参见《孟子·梁惠王下》第五章："王曰：'善哉言乎！'曰：'王如善之，则何为不行？'王曰：'寡人有疾，寡人好货。'对曰：'昔者公刘好货，《诗》云："乃积乃仓，乃裹餱（糇）粮，于橐于囊。思戢用光。弓矢斯张，干戈戚扬，爰方启行。"故居者有积仓，行者有裹粮也，然后可以爰方启行。王如好货，与百姓同，于王何有？'"

② 参见《孟子·梁惠王下》第五章："王曰：'寡人有疾，寡人好色。'对曰：'昔者太王好色，爱厥妃。《诗》云："古公亶父，来朝走马，率西水浒，至于岐下，爰及姜女，聿来胥宇。"当是时也，内无怨女，外无旷夫。王如好色，与百姓同之，于王何有？'"

齐宣王问："这样的面积，不是太大了吗？"

孟子回答道："可是，百姓还以为小呢。"

齐宣王说："我的园囿，方圆不过四十里，可是百姓还以为大，这是为什么呢？"

孟子说："文王的园囿，方圆七十里，割柴草的人往那里去，打野鸡兔子的人也往那里去，是与百姓共同拥有的。百姓们以为小，不也是应该吗？我刚刚进入齐国边境时，问明齐国的最大禁忌，然后才敢进入齐国。我听说，大王在郊外关内有园囿方圆四十里，杀死其中麋鹿的人如同杀人之罪，那么这方圆四十里就像是在国中设置的一个大陷阱。百姓们以为太大，不也应当吗？"①

齐宣王听罢，无话可说。

贵戚之卿与异姓之卿

齐宣王对孟子是真心服膺，便开诚布公地请教问题。孟子也是开诚布公地回答，毫不忌讳。

齐宣王问："先生，我再请教一个问题。请问'卿'应当如何做？"

孟子曰："请问，大王您问的是哪一种'卿'呢？"

齐宣王有点迷糊，就疑惑地问："'卿'就是'卿'，还有什么不同吗？"

孟子说："当然不同：有贵戚之卿，有异姓之卿。"

王曰："请问'贵戚之卿'应当如何做？"

曰："君有大过则谏，反覆之而不听，则易位。"

孟子的意思是，"君王如果有重大错误，就一定要上谏；如果反复上谏还不肯听从，那就要改换他人"。

---

① 参见《孟子·梁惠王下》第二章："齐宣王问曰：'文王之囿方七十里，有诸？'孟子对曰：'于传有之。'曰：'若是其大乎？'曰：'民犹以为小也。'曰：'寡人之囿方四十里，民犹以为大，何也？'曰：'文王之囿方七十里，刍荛者往焉，雉兔者往焉，与民同之。民以为小，不亦宜乎？臣始至于境，问国之大禁，然后敢入。臣闻郊关之内，有囿方四十里，杀其麋鹿者如杀人之罪，则是方四十里为阱于国中。民以为大，不亦宜乎？'"

齐宣王听后，突然脸色大变。孟子的意思阐释得非常清楚，就是如果国君不按照正常规矩执政而胡来，那么同姓的卿如果反复劝谏都不听，就可以更换国君。

孟子当然看到了齐宣王的反应，说："王不要惊讶诧异，你问我，我不敢不用公正的真话来回答。"

过了一会儿，齐宣王平静下来，又问不同姓氏的卿应当如何做。

孟子说："君王如果有错误，就要上谏；如果反复上谏不被采纳，就自己主动辞职离开，不能再辅佐了。"①

孟子当面对在位的国君说出"君有大过则谏，反覆之而不听，则易位"的话，这确实是需要极大的勇气和胆识，而对于异姓之卿的要求实际上便是不能支持这样的国君执政。后来，孟子坚决离开齐国，实际上便是这种情况。

见齐宣王还在沉思中，孟子以老师对弟子的口吻告诫齐宣王说："君之视臣如手足，则臣视君如腹心；君之视臣如犬马，则臣视君如国人；君之视臣如土芥，则臣视君如寇仇。"②

意思是，"国君对待大臣如同手足，那么大臣对待国君就如同腹心；国君对待大臣如同犬马，那么大臣对待国君就如同普通人；国君对待大臣如同土地和小草，那么大臣对待国君就如同强盗和仇人"。

齐宣王再问："按照礼制，大臣应该为原来的国君服丧。在什么情况下，大臣才会为前君服丧呢？"

孟子说："原来的国君对大臣的谏言能够实行，对意见能够听从，而且对百姓有恩泽。如果大臣因故而离开诸侯国，那么国君派人引导护送其出境，并且先派人去目的地安排好，使其没有困难。大臣离开国家三年还没有回来的，然后才把他的土地和财产没收为国家所有。这就叫作

---

① 参见《孟子·万章下》第九章："齐宣王问卿。孟子曰：'王何卿之问也？'王曰：'卿不同乎？'曰：'不同；有贵戚之卿，有异姓之卿。'王曰：'请问贵戚之卿。'曰：'君有大过则谏；反覆之而不听，则易位。'王勃然变乎色。曰：'王勿异也。王问臣，臣不敢不以正对。'王色定，然后请问异姓之卿。曰：'君有过则谏，反覆之而不听，则去。'"

② 参见《孟子·离娄下》第三章："孟子告齐宣王曰：'君之视臣如手足，则臣视君如腹心；君之视臣如犬马，则臣视君如国人；君之视臣如土芥，则臣视君如寇仇。'"

三次礼遇。如果这样，大臣就一定会为原来的国君服丧。"

　　齐宣王听着，孟子继续说："如今，作为大臣的，进谏也不被采纳，说话也不被听取；国君对于百姓没有恩惠。大臣因故要离开的，国君又是捆绑他，又是到他所想要去的地方进行极度迫害，而且离开的当天就没收他的采邑和财产。这就是仇人。既然是仇人，怎么会为其服丧呢？这样的大臣当然不可能为原来的国君服丧，也不应该服丧啊！"①

　　孟子提出国君对待离任的大臣应该做到三个方面的礼遇，这些都很现实且也很好判断。接着，孟子严厉批评了当今国君对待离境大臣的错误做法，也是对前面三个方面的对比。由此可见，当时这种情况应该比较普遍，故孟子的批评应该是具有现实针对性的。

管 晏 之 业

　　周慎靓王五年（前316），孟子已经五十七岁了。此时，孟子在学宫里的地位和待遇都很高，但他急于想要齐宣王开始推行仁政并使齐国强大起来。不过，齐宣王对孟子只是尊重而已，并没有采纳他的意见。

　　当时，人们见孟子和齐宣王的关系不错，孟子也很受其尊重，似乎有被重用的可能，因此人们都在期待着。

　　弟子公孙丑便直接问孟子说："老师，您如果在齐国执政，像管仲、晏婴那样的功业还可以重现吗？"

　　孟子说："你真的是齐国人，就知道管仲、晏婴而已。有人曾经问过曾西说：'您和子路比谁更优秀？'曾西很不安地说：'那是我先祖都敬畏的人啊，我怎么敢和他相比！'对方又问：'那么您和管仲谁更优秀呢？'曾西非常不高兴，说：'你为什么把我和管仲相比！管仲得到国君那么专一的信任，执掌国家政务那么长时间，然而他的功绩事业却

---

　　① 参见《孟子·离娄下》第三章："王曰：'礼，为旧君有服，何如斯可为服矣？'曰：'谏行言听，膏泽下于民；有故而去，则使人导之出疆，又先于其所往；去三年不反，然后收其田里。此之谓三有礼焉。如此，则为之服矣。今也为臣，谏则不行，言则不听；膏泽不下于民；有故而去，则君搏执之，又极之于其所往；去之日，遂收其田里。此之谓寇仇。寇仇，何服之有？'"

如此卑微渺小，你怎么能把我和这个人相比。"

孟子见公孙丑疑惑，便又说道："管仲，是曾西都不愿意相比的人，你竟以为我愿意相比吗？"

公孙丑又问："管仲凭借他的国君而称霸天下，晏子凭借他的国君而显扬天下。管仲、晏婴还不值得学习效法吗？"

孟子说："以齐王对他们的信任，取得那些成绩易如反掌。"①

公孙丑说："如果这样说，那么弟子我的疑惑就更加严重了。凭借周文王高尚的道德，活到百岁后才死去，尚且还没有在全天下推行仁政，直到周武王、周公继承他的事业，然后才使仁德大行其道。如今，您把称王天下说得那么容易，难道周文王就不值得效法了吗？"

孟子说："谁可以和周文王相提并论呢？商朝从汤到武丁，圣贤的君王出现了六七位，天下的民心归向殷商已经很久了，而民心所向久了就很难改变。武丁让诸侯来朝见的时候，治理天下就好像把东西运转于手掌中一样。商纣王距离武丁时代还不远，商朝原有的功臣世家、传统民俗、流行风尚、优良的政治传统等还有余存；又有微子、微仲、王子比干、箕子、胶鬲等贤人辅佐帮助，所以商纣王维持了很长时间才失去天下。当时，没有一尺土地不是殷商王朝的，没有一个百姓不是商纣王的臣子，可是周文王还是凭借百里的地方而崛起，所以我认为这是非常艰难的。齐国人有话说：'虽然有智慧，不如借时势；虽然有好的农具，不如等待好的农时。'如今，时机已到，齐国统一天下就太容易了。夏、商、周兴盛之时，土地也没有超过一千里的，而齐国现在的领土已经纵横千里了；处处鸡鸣狗叫之声连绵不绝，一直到达四面边境，可见齐国的百姓已经很多了。在这种情况下，领土不需要再扩张，百姓也不需要再增加，只要推行仁政就能称王天下，没有谁能够阻挡得了。况且，天

---

① 参见《孟子·公孙丑上》第一章："公孙丑问曰：'夫子当路于齐，管仲、晏子之功，可复许乎？'孟子曰：'子诚齐人也，知管仲、晏子而已矣。或问乎曾西曰："吾子与子路孰贤？"曾西蹴然曰："吾先子之所畏也。"曰："然则吾子与管仲孰贤？"曾西艴然不悦，曰："尔何曾比予于管仲？管仲得君如彼其专也，行乎国政如彼其久也，功烈如彼其卑；尔何曾比予于是？"'曰：'管仲，曾西之所不为也，而子为我愿之乎？'曰：'管仲以其君霸，晏子以其君显。管仲、晏子犹不足为与？'曰：'以齐王，由反手也。'"

下没有出现推行王道的君王，没有比现在间隔的时间更久的了。百姓被暴虐的统治蹂躏得十分困苦，也没有比现在这个时代更严重的了。饥饿的人不挑选食物，干渴的人不挑选饮水。孔子说：'德政的流行，比驿站传达命令的速度还要快。'当今之时，拥有万辆战车的国家推行仁政，百姓欢呼喜悦，就好像被倒挂起来的人得到解救一样。所以，付出的努力只有古人的一半，得到的回报却是古人的一倍，也只有在现在有利的条件下才是这种情况。"①

孟子的话是非常实际的，也具有实际可操作性。从当时天下大势看，战乱频仍使得百姓都生活在水深火热之中，其时确实是实行王道最好的时机。如果齐国真的实行仁政让百姓过上了太平幸福的生活，当其他诸侯国出现混乱的时候齐国再出兵解救，然后再继续推行仁政，那么齐国统一天下是具有很大可能的。当时，齐国有纵横千里的土地，众多的人口，是与秦国、楚国并列的三个最大的诸侯国，而百姓也确实太需要太平和温饱了。因此，孟子的思想和理论并不是空想，而这也是他着急想要齐宣王推行仁政的原因所在。

---

① 参见《孟子·公孙丑上》第一章："曰：'若是，则弟子之惑滋甚。且以文王之德，百年而后崩，犹未洽于天下；武王、周公继之，然后大行。今言王若易然，则文王不足法与？'曰：'文王何可当也？由汤至于武丁，贤圣之君六七作，天下归殷久矣，久则难变也。武丁朝诸侯有天下，犹运之掌也。纣之去武丁未久也，其故家遗俗，流风善政，犹有存者；又有微子、微仲、王子比干、箕子、胶鬲，皆贤人也，相与辅相之，故久而后失之也。尺地，莫非其有也；一民，莫非其臣也；然而文王犹方百里起，是以难也。齐人有言曰："虽有智慧，不如乘势；虽有镃基，不如待时。"今时则易然也。夏后、殷、周之盛，地未有过千里者也，而齐有其地矣。鸡鸣狗吠相闻，而达乎四境，而齐有其民矣。地不改辟矣，民不改聚矣，行仁政而王，莫之能御也。且王者之不作，未有疏于此时者也；民之憔悴于虐政，未有甚于此时者也。饥者易为食，渴者易为饮。孔子曰："德之流行，速于置邮而传命。"当今之时，万乘之国行仁政，民之悦之，犹解倒悬也。故事半古之人，功必倍之，惟此时为然。'"

浩 然 之 气

四十岁不动心

公孙丑听罢，没有就这个话题再往下问，而是更直白地问道："老师，如果您被重用为齐国的宰相，能够得以推行您的主张，即使由此而成就霸业也不奇怪。如果这样的话，老师能否动摇您的思想意志，就放弃王道理想而追求霸道呢？"

孟子摇了摇头，很坚定地说："不能，绝对不能。因为霸道不能给天下百姓带来幸福，只能使天下更加混乱。我四十岁以后思想意志就毫不动摇了。"

孟子这句话，实际上便是孔子"四十而不惑"的具体表现。

公孙丑说："如果这样的话，老师您超过孟贲那真是很远了。"

孟子说："这并不难办到，告子思想不动摇在我之前。"

公孙丑问："老师，要使思想不动摇有方法吗？"

孟子说："有。北宫黝锻炼勇气的方法是：皮肤被刺也不躲，眼睛被戳也不避开，把精神上受到侮辱看成好像在大庭广众之下遭受鞭笞一样。他既不能接受卑贱之人的侮辱，也不能接受大国君王的侮辱。他看待刺杀大国的君王，就好像看待刺杀穿粗布衣裳的百姓一样。他的心目中没有值得畏惧的君王，遭到侮辱就一定要反击。孟施舍锻炼勇气的方法则是另外的情况，他说：'我看不能战胜的敌人就像能够战胜的敌人一样，如果估量敌人后再前进，考虑能够取胜后才交锋，这便是畏惧敌人了。那怎么能必胜呢，不过是无所畏惧罢了。'孟施舍锻炼勇气的方法好像是曾子，北宫黝锻炼勇气的方法则好像是子夏。这两个人的勇敢，我不知道谁更强一些。然而，孟施舍的方法却更能掌握要领。从前，曾子对子襄说：'你爱好勇敢吗？我曾经从孔夫子那里听到过关于大勇的说法。扪心自问，如果自己不占理，即使是最下层的百姓，最卑微的人，我也服从他；扪心自问，如果自己占理，即使千军万马，我也勇往直前。'孟施舍锻炼勇气是在守护自己的勇气，当然比不上曾子坚守正义更得要领。"①

孟子所说的"大勇"，是指坚持自己的正见而不被其他理论淹没。孟子要坚持的就是王道政治与仁政理想，与孔子坚持的内仁外礼的主张在内核上是完全一致的。

公孙丑又问："我冒昧地请教一下，老师您的不动心和告子的不动心有什么不同，能给我讲讲吗？"

孟子说："告子说：'如果在语言上不能取胜，不要到思想中去寻求帮助；如果在思想上不能取胜，不要到意气上寻求帮助。'在思想上不能取胜，不要到意气上寻求帮助，这是可以的；在语言上不能取胜，不要到思想中去寻求帮助，则是不可以的。思想意志是情感意气的主导，情感意气是充满到整个身体的。思想意志是最关键的，情感意气是其次的。所以说：'我认为，要坚定秉持思想意志，不要随意扰乱情感意气。'"

公孙丑说："您既然说'思想意志是最关键的，情感意气是其次的'，又说'要坚定秉持思想意志，不要随意扰乱情感意气'，这是什么意思呢？"

---

① 参见《孟子·公孙丑上》第二章："公孙丑问曰：'夫子加齐之卿相，得行道焉，虽由此霸王，不异矣。如此则动心否乎？'孟子曰：'否！我四十不动心。'曰：'若是，则夫子过孟贲远矣。'曰：'是不难，告子先我不动心。'曰：'不动心有道乎？'曰：'有。北宫黝之养勇也，不肤挠，不目逃，思以一豪挫于人，若挞之于市朝；不受于褐宽博，亦不受于万乘之君；视刺万乘之君，若刺褐夫；无严诸侯，恶声至，必反之。孟施舍之所养勇也，曰："视不胜犹胜也；量敌而后进，虑胜而后会，是畏三军者也。舍岂能为必胜哉？能无惧而已矣。"孟施舍似曾子，北宫黝似子夏。夫二子之勇，未知其孰贤，然而孟施舍守约也。昔者曾子谓子襄曰："子好勇乎？吾尝闻大勇于夫子矣：自反而不缩，虽褐宽博，吾不惴焉；自反而缩，虽千万人，吾往矣。"孟施舍之守气，又不如曾子之守约也。'"

孟子说："思想意志专注于某个方面，情感意气也会随着到那个方面变动；情感意气专注于某个方面，思想意志也会随着变动。比如，那种失足跌倒的、快速奔跑的，这是情感意气专注于某个方面，反过来它们也会影响思想意志，造成心志的波动。"①

善养浩然之气

公孙丑说："弟子再冒昧问一下，老师您最擅长什么？"

孟子说："我能够体会他人的话是什么意思，有很强的领悟能力，我还善于培养我的浩然之气。"

公孙丑说："再冒昧问一下，什么叫浩然之气啊？"

孟子回答说："这还真的很难说清楚。这种气，最伟大，最刚强，要用正直的品德去培养它，一点也不要损害它，那么它就可以充塞于天地之间。"

公孙丑听得入神了，因为他感觉这太奇妙了。孟子接着说："这种气，要配备正义与道德，没有正义与道德则疲软无力了。这种气，是一种精神意志，是正义与道德日积月累所产生的，不是偶然见义勇为就可以取得的。自己的行为如果有愧于心的地方，这种气就疲软而没有力量了。因此，我认为告子不知道义，是因为他把义看作心外之物。一定要有具体的事情进行培养，但不要带着功利目的去培养它，内心时刻铭记着也不要忘记，也不要违背规律加速培育它。不要像那个宋国人那样：宋国有个人怜悯忧虑田里的禾苗不长而去拔高，就把禾苗都拔高了一些。他十分疲倦地回到了家中，对家里人说：'今天我累坏了，我帮助禾苗长高了。'他的儿子急忙跑到田里去看，田里的禾苗都枯萎了。天

---

① 参见《孟子·公孙丑上》第二章："曰：'敢问夫子之不动心与告子之不动心，可得闻与？''告子曰："不得于言，勿求于心；不得于心，勿求于气。"不得于心，勿求于气，可；不得于言，勿求于心，不可。夫志，气之帅也；气，体之充也。夫志至焉，气次焉；故曰："持其志，无暴其气。"'既曰，'志至焉，气次焉。'又曰，'持其志，无暴其气'者，何也？'曰：'志壹则动气，气壹则动志也，今夫蹶者趋者，是气也，而反动其心。'"

下不拔苗助长的人是很少的。以为培养浩然之气没有用而放弃不培养的人，就像种田不锄草的懒汉；违背规律培养浩然之气的人，就像拔苗助长的人，这种行为不但没有好处，反而会伤害禾苗。"①

公孙丑依旧没有完全明白，问："怎样才能算是透彻体会理解别人的言辞呢？"

孟子回答说："片面偏颇的言辞，我知道片面的地方；过头的言辞，我知道哪里有缺陷；歪理邪说，我知道哪里离经叛道；躲躲闪闪的言辞，我知道理屈词穷的地方。这些言辞是说话人的内心思想中产生的，在政治上会危害国家，在行政上会破坏具体事务。就是圣人在世，也一定会赞同我的话的。"②

公孙丑说："宰我、子贡擅长辞令，冉伯牛、闵子骞、颜渊善于阐释道德。孔子两方面兼长，可他却说：'我不擅长言辞。'这样看来，老师您已经是圣人了吧？"

孟子说："噢，这是什么话呢？从前，子贡问孔子说：'老师是圣人吧？'孔子说：'圣人我可不敢当，我不过就是学而不厌、诲人不倦罢了。'子贡说：'学而不厌，这是智慧。教育学生不知疲倦，就是仁。仁德而且智慧，老师就是圣人啊！'圣人的名号，连孔子都不敢承当，你却说我是圣人了，这是什么话呢？"

公孙丑说："以前我曾听说，子夏、子游、子张都各自得到圣人一个方面的长处，冉伯牛、闵子骞、颜渊得到圣人的全部，但没有圣人的博大精深。敢问老师您大体相当于他们之间的哪一位呢？"

————————

① 参见《孟子·公孙丑上》第二章："'敢问夫子恶乎长？'曰：'我知言，我善养吾浩然之气。''敢问何谓浩然之气？'曰：'难言也。其为气也，至大至刚，以直养而无害，则塞于天地之间。其为气也，配义与道；无是，馁也。是集义所生者，非义袭而取之也。行有不慊于心，则馁矣。我故曰，告子未尝知义，以其外之也。必有事焉，而勿正，心勿忘，勿助长也。无若宋人然：宋人有闵（悯）其苗之不长而揠之者，芒芒然归，谓其人曰："今日病矣！予助苗长矣！"其子趋而往视之，苗则槁矣。天下之不助苗长者寡矣。以为无益而舍之者，不耘苗者也；助之长者，揠苗者也，非徒无益，而又害之。'"

② 参见《孟子·公孙丑上》第二章："'何谓知言？'曰：'诐辞知其所蔽，淫辞知其所陷，邪辞知其所离，遁辞知其所穷。生于其心，害于其政；发于其政，害于其事。圣人复起，必从吾言矣。'"

孟子说："姑且不谈这个问题吧。"①

当然，这个问题其实是真不好回答的，但孟子或许心中是有数的吧。

孔子赞美诗

公孙丑又问："伯夷、伊尹怎么样？"

孟子说："他们两个人不是同道，不是一个类型。如果不是理想中的国君就坚决不侍奉，不是理想中的百姓就坚决不领导；政治清明就出来做官，政治混乱就退而隐居，这就是伯夷。没有什么不可以侍奉的国君，也没有什么不可领导的百姓；政治清明要出来做官，政治混乱也要出来做官，这就是伊尹。能做官就做官，能退隐就退隐，能坚持做就坚持做，能马上离开就马上离开，这就是孔子。他们都是古代的圣人，我不能做到像他们那样。如果说希望的话，我愿意学习孔子。"②

公孙丑问："伯夷、伊尹和孔子，好像是一样的圣人吧？"

孟子说："不是。有人类以来，没有和孔子可以相提并论的人。"

公孙丑再问："那么，他们有相同的地方吗？"

孟子说："有。如果纵横百里的土地让他们成为国君，他们都能够使诸侯来朝拜，从而统一天下。如果为了得到而做一件不道义的事，杀一个无罪之人，他们都是不愿意做的。这是他们三人的相同之处。"

公孙丑又问："冒昧请教一下，他们之间有什么不同呢？"

孟子回答说："宰我、子夏、有若，他们的智慧足以理解圣人的言行，即使言辞有所夸大，但也不至于会阿谀奉迎他们爱戴的人。宰我说：

①参见《孟子·公孙丑上》第二章："'宰我、子贡善为说辞，冉牛、闵子、颜渊善言德行。孔子兼之，曰："我于辞命，则不能也。"然则夫子既圣矣乎？'曰：'恶！是何言也？昔者子贡问于孔子曰："夫子圣矣乎？"孔子曰："圣则吾不能，我学不厌而教不倦也。"子贡曰："学不厌，智也；教不倦，仁也。仁且智，夫子既圣矣。"夫圣，孔子不居，是何言也？''昔者窃闻之：子夏、子游、子张皆有圣人之一体，冉牛、闵子、颜渊则具体而微，敢问所安？'曰：'姑舍是。'"

②参见《孟子·公孙丑上》第二章："曰：'伯夷、伊尹何如？'曰：'不同道。非其君不事，非其民不使；治则进，乱则退，伯夷也。何事非君，何使非民；治亦进，乱亦进，伊尹也。可以仕则仕，可以止则止，可以久则久，可以速则速，孔子也。皆古圣人也，吾未能有行焉；乃所愿，则学孔子也。'"

'凭我对老师的观察，他比尧、舜优秀多了。'子贡说：'看见其国的礼乐情况便知道其政治，听到其音乐便知道其道德，从现在到百世之后来评价这百世的君王，其标准没有能够违背孔子的。有人类以来，没有能够比得上孔子的。'有若说：'岂止是人呢！麒麟对于走兽，凤凰对于飞鸟，泰山对于小山包，河海对于小河沟，都是同类的事物。圣人对于百姓，也是同一类的。但是，圣人高出同类，而孔子又高出圣人。有人类以来，就没有谁能比得上孔子的。'"[①]

其中，有若对孔子的夸赞之词，也是孟子对孔子的赞美。"麒麟之于走兽，凤凰之于飞鸟，太山之于丘垤，河海之于行潦：类也。圣人之于民，亦类也。出于其类，拔乎其萃。自生民以来，未有盛于孔子也。"

孟子关于"浩然之气"的描述要明白不难，但要做到则难之又难，如果做到便是真正的大丈夫了。中国古代圣贤的气概和高尚品格与孟子思想和言论有着直接的关系，因此儒家思想是中国古代志士仁人的培养基础，一直是孕育中华民族精神的重要源泉。

三王与五霸

万章有点疑惑不解，问孟子道："老师，弟子有点不太明白，如果能够像齐桓公、晋文公那样称霸天下，主持社会秩序，不也很好吗？您为什么不肯给齐王讲解称霸之事，而且您也反对霸道呢？在王道没有希望的情况下，辅佐齐王称霸不也很好吗？"

公孙丑说："我也想不太明白这件事。老师给我们讲讲吧！"

孟子长长叹口气，说道："你们问的这个问题非常深刻，是关于历

[①] 参见《孟子·公孙丑上》第二章："'伯夷、伊尹于孔子，若是班乎？'曰：'否！自有生民以来，未有孔子也。'曰：'然则有同与？'曰：'有。得百里之地而君之，皆能以朝诸侯，有天下；行一不义，杀一不辜，而得天下，皆不为也。是则同。'曰：'敢问其所以异。'曰：'宰我、子贡、有若，智足以知圣人，污不至阿其所好。宰我曰："以予观于夫子，贤于尧舜远矣。"子贡曰："见其礼而知其政，闻其乐而知其德，由百世之后，等百世之王，莫之能违也。自生民以来，未有夫子也。"有若曰："岂惟民哉？麒麟之于走兽，凤凰之于飞鸟，太山之于丘垤，河海之于行潦，类也。圣人之于民，亦类也。出于其类，拔乎其萃，自生民以来，未有盛于孔子也。"'"

史发展的大问题。今天我就给你们讲一讲。"

孟子继续说道:"五霸,是三王的罪人;现在的诸侯,是五霸的罪人;现在的大夫,是诸侯的罪人。天子到诸侯那里去视察叫作巡狩,诸侯去朝见天子汇报情况叫作述职。天子春天去诸侯国巡视,是为了了解春耕情况并补助有困难的农户;秋天去巡视诸侯国,是为了了解收获情况并补助歉收的农户。进入诸侯国的地界,如果土地开辟得很好,田地原野治理得很好,老人得到赡养,贤明的人得到尊敬,杰出的人在执政,那么诸侯就会受到奖赏,用土地来奖赏。进入诸侯国的地界,如果土地荒芜,老人被遗弃,贤明的人遭冷落不被任用,贪婪苛刻的人在当政,那么诸侯就会受到责罚。诸侯一次不按时朝拜,就贬低他的爵位;两次不朝拜,就削减他的土地;三次不朝拜,就派天子的军队去征讨问罪。因此,对天子只下令声讨而不能攻伐,对诸侯只奉命攻伐而不下令声讨。五霸,他们是笼络一部分诸侯来讨伐另一部分诸侯,所以说五霸是三王的罪人。"[1] 这段话表明,诸侯是无权发动战争的,而这也是孟子反复强调"春秋无义战"[2] 的道理之所在。

孟子见弟子们都在倾耳聆听,停顿了一下又接着说:"五霸之中,齐桓公最为强大兴盛。在葵丘会盟诸侯时,诸侯只是捆绑祭祀的牺畜并把会盟的文书放在牺畜身上,但没有举行歃血的仪式。第一条盟约规定:诛杀不孝的人,不能废立太子,不能立妾为妻。第二条规定:尊重贤能的人,培养人才,以表彰有德的人。第三条规定:尊敬老人,爱护幼小,不怠慢宾客和旅人。第四条规定:士人的官职不能世袭,行政职务不能兼有,选拔士人一定要考虑优长,不能擅自杀戮大夫。第五条规定:不要到处立关设卡,不要阻止邻国来购买粮食,不要有封赏而不报告。最

---

① 参见《孟子·告子下》第七章:"孟子曰:'五霸者,三王之罪人也;今之诸侯,五霸之罪人也;今之大夫,今之诸侯之罪人也。天子适诸侯曰巡狩,诸侯朝于天子曰述职。春省耕而补不足,秋省敛而助不给。入其疆,土地辟,田野治,养老尊贤,俊杰在位,则有庆;庆以地。入其疆,土地荒芜,遗老失贤,掊克在位,则有让。一不朝,则贬其爵;再不朝,则削其地;三不朝,则六师移之。是故天子讨而不伐,诸侯伐而不讨。五霸者,搂诸侯以伐诸侯者也,故曰,五霸者,三王之罪人也。'"

② 参见《孟子·尽心下》第二章。

后规定：凡是参加会盟的诸侯，结盟后要归于友好。可是，现在的诸侯都违犯这五条禁令，因此说现在的诸侯是五霸的罪人。助长君王恶行的臣子，他们的罪过还小一些；逢迎君王恶行的臣子，他们的罪过就更大了。现在各国的大夫都逢迎君王的罪恶，所以说现在的大夫都是现在的诸侯的罪人。"①

弟子们都听明白了。如今，"五霸"中齐桓公会盟时约束的各项规定，诸侯们根本没有人理睬，因此现在的诸侯连齐桓公都赶不上。

这段话阐述了孟子的王道理想，表现出他对"三王"的向往。如果根据《礼记·礼运》中孔子阐述的大同理想，"三代"只能算是小康了，而孔子一生都在"祖述尧舜，宪章文武"。

孟子在本章中追溯周天子掌权时代的政治制度，那时候礼乐征伐自天子出。当天子失去权威，天下纷乱至极的时候就出现了"五霸"。其实，"五霸"的历史作用也是很明显的，这在孔子和孟子的思想深处都可以体会出来。例如，孔子在评价管仲的历史作用时，曾经深有感触地说："管仲相桓公，霸诸侯，一匡天下，民到于今受其赐。微管仲，吾其被发左衽矣。"②这可以看作对"五霸"作用的评价。换句话说，如果没有"五霸"，中国从古代传承下来的文明就有可能中断，只能过"被发左衽"的异族文化生活。

因此，"五霸"在中国历史上的作用是不可低估的。在"五霸"中，孟子又突出了齐桓公的地位和作用，具体以葵丘之盟为例证，说明当时会盟还有稳定局面、统一法规等作用。其后，诸侯则完全抛弃了齐桓公会盟时规定的条例和法规，故天下更没有规矩了，也更加纷乱了。孟子对"三王"和"五霸"的历史作用的评价是比较公允的，也可以体会出他对西周时期天下和谐安康局面的向往。

---

① 参见《孟子·告子下》第七章："（孟子曰：）'五霸，桓公为盛。葵丘之会，诸侯束牲载书而不歃血。初命曰，诛不孝，无易树子，无以妾为妻。再命曰，尊贤育才，以彰有德。三命曰，敬老慈幼，无忘宾旅。四命曰，士无世官，官事无摄，取士必得，无专杀大夫。五命曰，无曲防，无遏籴，无有封而不告。曰，凡我同盟之人，既盟之后，言归于好。今之诸侯皆犯此五禁，故曰，今之诸侯，五霸之罪人也。长君之恶其罪小，逢君之恶其罪大。今之大夫皆逢君之恶，故曰，今之大夫，今之诸侯之罪人也。'"

② 参见《论语·宪问》第十七章。

值得注意的是，葵丘之盟上有了"无曲防，无遏籴"的条款，实际上就是指粮食要自由贸易，而在会盟条款里确定这样的内容可以说明当时可能有粮食封锁的情况。这也是很值得关注的现象。

鱼 和 熊 掌

讲到这里，孟子仿佛打开了思绪的闸门，接着讲述了自己的人生观和价值观。孟子慢条斯理地说：

"鱼，我所欲也。熊掌，亦我所欲也。二者不可得兼，舍鱼而取熊掌者也。生，亦我所欲也。义，亦我所欲也。二者不可得兼，舍生而取义者也。生，亦我所欲，所欲有甚于生者，故不为苟得也。死，亦我所恶，所恶有甚于死者，故患有所不辟也。如使人之所欲莫甚于生，则凡可以得生者，何不用也？使人之所恶莫甚于死者，则凡可以辟患者，何不为也？由是则生而有不用也。由是则可以辟患而有不为也。是故所欲有甚于生者，所恶有甚于死者。非独贤者有是心也，人皆有之，贤者能勿丧耳。一箪食，一豆羹，得之则生，弗得则死。呼尔而与之，行道之人弗受；蹴尔而与之，乞人不屑也。万钟则不辨礼义而受之，万钟于我何加焉？为宫室之美、妻妾之奉、所识穷乏者得我与？乡为身死而不受，今为宫室之美为之；乡为身死而不受，今为妻妾之奉为之；乡为身死而不受，今为所识穷乏者得我而为之，是亦不可以已乎！此之谓失其本心。"①

意思是，"鱼，是我想要的；熊掌，也是我所想要的。二者不可以兼得的时候，就舍弃鱼而取熊掌啊。活着，是我所追求的；义，也是我所追求的。二者不可兼得的时候，舍弃生命而取义。生，是我所追求的，如果所追求的有比生命更重要的，不能苟且得以活命。死，是我所厌恶的，如果所厌恶的东西有比死更严重的，即使死也有不躲避的。如果人所追求的没有比活着更重要的，那么凡是可以活命的方法，有什么不可以采用的呢？如果人所厌恶的没有比死更严重的，那么凡是可以避免死亡的方法，

---

① 参见《孟子·告子上》第十章。

有什么不可以采用的呢？即使能够活下来，但有些方法也不能用；即使可以躲避死亡，但有些方法也有不能为。因此，所追求的有比生命更重要的东西，所厌恶的也有比死亡更严重的东西。不仅仅是贤良的人有这种想法，人人都有这种想法，只是贤良的人能够不丧失它罢了。一竹碗饭，一木碗羹汤，得到它就能活，得不到就要死。如果吆喝着给他，就是过路的人也不愿意接受；用脚踏过后给他，就是乞丐也不屑于接受。如果万钟的俸禄不辨别是否符合礼义就接受，那万钟的俸禄对于我来说能增加什么呢？为了宫室住宅的美好、妻妾的奉养和所交往的穷苦人感激我吗？从前即使身死都不接受，如今为宫室之美就做了；从前即使身死都不接受，如今为了妻妾就接受了；从前即使身死都不接受，如今为交往的穷苦人就接受了，这种行为难道不可以停止吗？这样做就叫作丧失本心"。

孔子曾经说："志士仁人，无求生以害仁，有杀身以成仁。"[1]孟子在本章中明确说："生，亦我所欲也。义，亦我所欲也。二者不可得兼，舍生而取义者也。"于是，孟子的"舍生取义"和孔子的"杀身成仁"相得益彰，即宁可舍弃生命也要追求仁德、追求正义。

在中国古代历史上，"杀身成仁，舍生取义"的英雄人物大有人在。例如，唐人韩愈在《张中丞传后叙》中就记载了抗击安史之乱的英雄人物张巡、许远、南霁云等的事迹："城陷，贼以刃胁降巡，巡不屈，即牵去，将斩之；又降霁云，云未应。巡呼云曰：'南八，男儿死耳，不可为不义屈！'云笑曰：'欲将以有为也；公有言，云敢不死！'即不屈。"以此观之，两位英雄的对话就像平常的聊天，根本没有把死活放在眼里，而一个"云笑曰"更是把南霁云视死如归的英雄气概表现得淋漓尽致。"巡就戮时，颜色不乱，阳阳如平常。"意思是，在张巡被杀的时候，他表情脸色一点不变，平静得就像平常一样。

南宋后期文天祥就是"杀身成仁，舍生取义"的典型，他面对元朝统治者的种种诱惑毫不动摇，并写下了大义凛然的《正气歌》，只求一死，从容就义。据《宋史·文天祥传》载："天祥临刑，殊从容，谓吏

---

① 参见《论语·卫灵公》第九章。

卒曰：'吾事毕矣！'南向拜而死……其衣袋中有赞曰：'孔曰成仁，孟曰取义，惟其义尽，所以仁至。读圣贤书，所学何事。而今而后，庶几无愧。'"由此可见，文天祥非常明确地表明他自己是孔子"成仁"和孟子"取义"思想的实践者，并说明了"成仁"和"取义"二者的关系——"惟其义尽，所以仁至"，即只有取义到最后，仁的品质才算圆满。

总而言之，孟子的意思是，他要追求仁政和王道政治，不能为贪图自己的荣华富贵而为坚持霸道行径的君主去出谋划策，宁可不被重用也不支持盘剥百姓聚敛财富来发动战争。弟子们都听得很认真，也明白了孟子想要表达的意思，故对老师更加由衷敬佩起来。

一 曝 十 寒

公孙丑忽然转了话题，问："老师，您也没有少给齐王讲仁政和王道的大道理，他好像一直没有真正领悟和推行，真有点让人着急呢。"

孟子说："这也是可以想象的啊，对君王的不明智不要感到疑惑。天下虽然有最容易生长的植物，但温暖一天之后接着十天的寒冷冰冻，它没有能够生长。我见到齐王的机会太少了，等我一离开那些使他昏乱的人就到了他身边，这样我对他刚刚启发萌动的善心又有什么帮助呢？"

孟子停顿一下，接着说："就比如说下围棋吧，本来是个小小的技艺，但是不专心致志，也同样学习不到。弈秋，是全国最善于下围棋的人。假如让弈秋教两个人下棋，其中一个人专心致志，只听弈秋讲学；另一个人虽然也听，但心里想着天上有大雁将要飞来，想拉弓去射大雁。虽然他们都和弈秋学习下棋，但后者的水平就不如前者了。难道是后者的智商不如前者吗？绝对不是这样的吧。"①

---

① 参见《孟子·告子上》第九章："孟子曰：'无或乎王之不智也。虽有天下易生之物也，一日暴之，十日寒之，未有能生者也。吾见亦罕矣，吾退而寒之者至矣，吾如有萌焉何哉？今夫弈之为数，小数也；不专心致志，则不得也。弈秋，通国之善弈者也。使弈秋诲二人弈，其一人专心致志，惟弈秋之为听。一人虽听之，一心以为有鸿鹄将至，思援弓缴而射之，虽与之俱学，弗若之矣。为是其智弗若与？曰：非然也。'"

"弈秋"的故事已成为后世教育中经常引用的典故，而"一日暴之，十日寒之"（也作"一暴十寒"，"暴"同"曝"）也成为后世批评做事没有恒心的成语。不过，孟子讲述的这个故事实际上是批评齐王不能坚持推行王道，不能坚持提升自己的道德水准，不能坚持经常亲近贤臣、远小人的做法。

其时，孟子的内心里是很着急的，对齐宣王已经是"恨铁不成钢"了！

历史机遇期

周慎靓王六年（前315）岁当丙午，孟子已经五十八岁了。这一年，周慎靓王死了，周赧王即位，开启了周朝灭亡的进程，同时也加速了天下统一的步伐。

就在当年，东方五国联盟即韩、赵、魏、楚、宋和秦国打了一仗，参战国都各有很大的损耗。齐国没有参加这次战争，这无疑是最正确的策略。不过，在齐国东北方向的燕国，却出现了严重的政治危机。

当时，纵横家苏秦已经把燕国的朝堂搞得乌七八糟，而他的弟弟苏代更游说燕王哙实行禅让制。燕王哙听信了苏代之策，把燕国国君之位禅让给了宰相子之。文武大臣多有不服者，太子姬平更是愤怒，于是燕国国内大乱。

其时，天下的局面对于相对稳定的齐国来说，应该说是千载难逢的好时机。因此，孟子有些着急，便去见齐宣王。

孟子拜见齐宣王说："平常说的历史悠久的国家，不是说它有高大树木，而是说它有几代元老大臣。大王您现在已经没有亲近的大臣了，从前您所提拔重用的大臣现在不知道都到哪儿去了。"

齐宣王说："我怎样才能够识别那些不是贤才的人而不重用他们呢？"

孟子说："君王选贤举能，如果在不得已的情况下，要使地位低的超越地位高的，使疏远的超越亲近的，对这种事情能不非常谨慎吗？左右的人都说其贤能，不可以听信；大夫们都说其贤能，也不可以听信；全国的人都说其贤能，然后才进行考察；发现其确实贤能，然后再重用提拔他。

左右的人都说不行，不要听信；大夫们都说不行，也不要听信；全国的人都说不行，然后才进行考察；发现其确实不行，然后就罢免他。左右的人都说应该杀，不要听信；大夫们都说应该杀，也不要听信；全国的人都说应该杀，然后才进行考察；发现其确实应该杀，然后才可以杀掉他。因此，这才可以说是国人要杀他。只有做到这样，才可以做百姓的父母官。"①

孟子的思想历来以"民本思想"著称，其主旨接近于现代政治制度中的"全民公决"观点。不过，需要指出的是，古代所说的"国人"与现代所指是不一样的，更多是指居住在大的城邑的人，而非包括普通劳动大众的所有人。当时，最下层的普通劳动大众称"民"，而最下层的百姓则是无权参与国家大事讨论的。因此，孟子所说的是大事由"国人公决"，而非"全体人民公决"，故可称为古代版的"准全民公决"。

见齐宣王沉默不语，孟子接着对齐宣王说："建造高堂大屋，则一定要请主管建筑的官员寻求高大的树木。主管建筑的官员找到了高大的木料，君王就会高兴，认为这样的官员能够胜任他的职责。如果木匠砍斫而使木料变小了，君王就一定会生气，认为这样的官员不称职。人在少年童年时学习本领，壮年时就要运用和实践他学习的本领，可是君王却说'姑且舍弃你所学习的本领而听从我的'，那会怎么样呢？如果这里有未经雕琢的玉料，虽然它价值万金，但也一定要让玉匠来雕琢它。至于治理国家，君王却说'姑且舍弃你所学的而听从我的'，那这与让玉匠按您的话去雕琢玉又有什么区别呢？"②

---

① 参见《孟子·梁惠王下》第七章："孟子见齐宣王，曰：'所谓故国者，非谓有乔木之谓也，有世臣之谓也。王无亲臣矣，昔者所进，今日不知其亡也。'王曰：'吾何以识其不才而舍之？'曰：'国君进贤，如不得已，将使卑逾尊，疏逾戚，可不慎与？左右皆曰贤，未可也；诸大夫皆曰贤，未可也；国人皆曰贤，然后察之；见贤焉，然后用之。左右皆曰不可，勿听；诸大夫皆曰不可，勿听；国人皆曰不可，然后察之；见不可焉，然后去之。左右皆曰可杀，勿听；诸大夫皆曰可杀，勿听；国人皆曰可杀，然后察之；见可杀焉，然后杀之。故曰，国人杀之也。如此，然后可以为民父母。'"

② 参见《孟子·梁惠王下》第九章："孟子见齐宣王，曰：'为巨室，则必使工师求大木。工师得大木，则王喜，以为能胜其任也。匠人斫而小之，则王怒，以为不胜其任矣。夫人幼而学之，壮而欲行之，王曰，"姑舍女所学而从我"，则何如？今有璞玉于此，虽万镒，必使玉人雕琢之。至于治国家，则曰，"姑舍女所学而从我"，则何以异于教玉人雕琢玉哉？'"

孟子的话是暗示齐宣王应该重视王道政治的推行。但是，齐宣王没有那么大的雄心壮志，而是把目光紧紧地盯在眼前出现的战略机遇上。

齐 国 出 兵

燕国国内越来越乱，齐宣王决定出兵攻伐，并派匡章为统帅率领齐军进入燕国。出兵前，齐宣王并没有直接征求孟子的意见，即是否出兵，出兵的目的和取胜后如何去做，可能是担心孟子会提出反对意见而不好办吧。

但是，齐宣王还是想知道孟子的意见，便派了一名与孟子私交甚好的大夫去询问。这位大夫叫作沈同，他私下里问孟子道："您说燕国可以讨伐吗？"

孟子说："可以讨伐。燕王哙不能把燕国随便就给他人，宰相子之也不能从燕王哙那里接受燕国。如果现在有个士人，你很喜欢他，也不请示君王就私下里把你的官职给了那个士人；那个士人呢，也在没有请示君王的情况下，私自接受了你给他的一切。想一想，这样做可以吗？现在，燕王哙、子之之间私下让受君王之位的事，和这个有什么区别呢？"[①]

沈同把孟子的这些话传递给了齐宣王，于是齐宣王更增强了出兵的决心。

齐国大举出兵讨伐燕国。有人问孟子说："听说您鼓动齐国讨伐燕国，有这回事吗？"

孟子说："没有。沈同问我：'燕国可以讨伐吗？'我回答说：'可以，应该。'然后，齐国就讨伐燕国了。如果沈同问：'谁可以讨伐燕国？'我就会回答说：'只有代表上天意志的人才可以讨伐燕国。'假如有个杀人的人，有人问道：'此人可杀吗？'我一定会回答说：'可以杀。'如果有人问：'谁可以杀他？'我一定会回答说：'只有狱官才可以根据判决杀他。'现在，一个与燕国政治同样混乱的国家去讨伐燕国，我怎么

---

① 参见《孟子·公孙丑下》第八章："沈同以其私问曰：'燕可伐与？'孟子曰：'可；子哙不得与人燕，子之不得受燕于子哙。有仕于此，而子悦之，不告于王而私与之吾子之禄爵；夫士也，亦无王命而私受之于子，则可乎？何以异于是？'"

会鼓动它呢？"①

　　这里，孟子的意见非常明确，燕国应该讨伐，但并不是说齐国有这种权利，因为齐国和燕国的政治不过是"五十步笑百步"罢了。

　　燕国百姓对本国的内乱深恶痛绝，便积极配合齐国军队攻伐，有提供给养的，有帮助带路的。于是，齐国军队势如破竹，一个半月便直接打下了燕国都城，占领了绝大部分领土。

　　捷报不断传来，齐宣王喜不自胜，并召见孟子说："燕国大乱，百姓流离失所，有的人劝我不要占领，有的人劝我应该占领。以万乘战车的大国，讨伐万乘战车的大国，五十天就攻克下来了，光靠人的力量恐怕到不了这个地步。如果不攻取燕国的领土，上天必定要降下灾祸。您说占领燕国如何？"

　　孟子没有表情，没有丝毫的喜悦，他完全理解齐宣王现在的心理。孟子很冷静地回答说："如果占领燕国而燕国的百姓高兴，那就占领它。古代的帝王曾有这样做的，如周武王就是这样做的。如果占领燕国而燕国百姓不高兴，那就不要占领它。古代的帝王也曾有这样做的，如周文王就是这样做的。拥有万辆战车的国家讨伐拥有万辆战车的国家，百姓们提着饭筐水壶来迎接齐国的军队，难道还有别的原因吗？不过是想躲避燕国君王统治下水深火热的苦难罢了。如果您占领燕国后水更深、火更热，那么百姓们只是换了个统治者罢了。"②

　　孟子的意思很明确，齐国军队现在首要的战略目标和任务是安抚燕国的各个阶层，千万不要只占领土地而不安抚百姓取得民心，如果能够得到燕国百姓的欢迎和支持，能够使燕国百姓过上更好的生活，那么齐

---

①参见《孟子·公孙丑下》第八章："齐人伐燕。或问曰：'劝齐伐燕，有诸？'曰：'未也；沈同问"燕可伐与"，吾应之曰，"可"，彼然而伐之也。彼如曰，"孰可以伐之？"则将应之曰，"为天吏，则可以伐之。"今有杀人者，或问之曰，"人可杀与？"则将应之曰，"可。"彼如曰，"孰可以杀？"则将应之曰："为士师，则可以杀之。"今以燕伐燕，何为劝之哉？'"

②参见《孟子·梁惠王下》第十章："齐人伐燕，胜之。宣王问曰：'或谓寡人勿取，或谓寡人取之。以万乘之国伐万乘之国，五旬而举之，人力不至于此。不取，必有天殃。取之，何如？'孟子对曰：'取之而燕民悦，则取之。古之人有行之者，武王是也。取之而燕民不悦，则勿取。古之人有行之者，文王是也。以万乘之国伐万乘之国，箪食壶浆以迎王师，岂有他哉？避水火也。如水益深，如火益热，亦运而已矣。'"

国就可以占领和兼并燕国的土地。

天时不如地利

其实，齐宣王是有心灭掉燕国而占有其全部土地的。齐宣王的这个问题是很难回答的，但孟子还是谈了自己的看法，即要取决于燕国百姓，如果燕国百姓都希望齐国取而代之则可以灭掉燕国，如果百姓不高兴则不可以，并用周武王灭殷商和周文王服事殷商的两种态度和做法来给出选择。孟子强调的是百姓生活和民心所向，这才是一切政权的核心问题和成败盛衰的关键因素。"得民心者得天下，失民心者失天下"，这便是孟子思想的核心。

齐宣王很高兴，便问孟子道："老先生能讲一讲您对战争的看法吗？"

孟子见齐宣王问，便回答道："作战时机不如地理形势，地理形势不如战斗人员同心协力。有一座纵横三里的内城，其外城也只纵横七里，团团包围住进行攻打而不能战胜攻破，而既然敢于团团包围进行攻打就一定是看准了时机并占有天时，但是不能取得胜利，这是作战时机还不如地理形势。城墙也不是不高，护城河也不是不深，武器、铠甲、盾牌也不是不坚固锋利，粮食储备也不是不多，最后却丢弃城池逃跑，这是因为地形有利不如战斗人员同心协力。所以说，限制百姓不依靠国家的疆域，巩固边防、保卫国家也不需要山河险阻，威慑天下不依靠武器的锋利，拥有道义就会获得众多的帮助，缺失道义的战争就很少有人帮助。缺少支持和帮助最少的时候，连亲戚都会背叛；获得支持和帮助最多的时候，全天下的人都会归顺。用全天下的归顺的力量去攻打连亲戚都背叛的人，胜利就是一定的。因此，君子除非不战，只要开战就必定胜利。"[①]

---

① 参见《孟子·公孙丑下》第一章："孟子曰：'天时不如地利，地利不如人和。三里之城，七里之郭，环而攻之而不胜。夫环而攻之，必有得天时者矣；然而不胜者，是天时不如地利也。城非不高也，池非不深也，兵革非不坚利也，米粟非不多也，委而去之，是地利不如人和也。故曰：域民不以封疆之界，固国不以山溪之险，威天下不以兵革之利。得道者多助，失道者寡助。寡助之至，亲戚畔之；多助之至，天下顺之。以天下之所顺，攻亲戚之所畔。故君子有不战，战必胜矣。'"

这是《孟子》中专讲战争的一章，在中国历史上颇为有名，尤其开头的"天时不如地利，地利不如人和"更成为名言一直活在汉语中。与此同时，"得道者多助，失道者寡助；寡助之至，亲戚畔之；多助之至，天下顺之。以天下之所顺，攻亲戚之所畔。故君子有不战，战必胜矣"，已经成为中国古今军事家最重要的思想源泉，并具有很强的说服力。当然，古往今来，决定战争成败的关键因素确实是人民，得到人民拥护并自愿投入其中就会无往而不胜。齐宣王听后陷入深思，孟子准备告辞离开。不过，孟子刚要起身，齐宣王又说："老先生请再坐一会儿，我还有问题请教。"

汤武伐桀纣

齐宣王问："商汤流放了夏桀王，周武王讨伐了商纣王，有这些事吗？"

孟子稍微思索了一下，便明白齐宣王的意思了。于是，孟子答道："在古代文献中确实有这样的记载。"

齐宣王说："请问，臣子杀害君主可以吗？"

孟子说："贼仁者谓之贼，贼义者谓之残；残贼之人，谓之一夫。闻诛一夫纣矣。未闻弑君也。"[①]

意思是，"践踏仁的人，叫作'贼'；践踏义的人，叫作'残'。这两种人，人们称之为'独夫'。我只听说过周武王诛杀了独夫商纣，没有听说过犯上杀害君主的事"。

对于商汤伐夏桀王，周武王伐商纣王，这个问题在几百年间曾令许多哲人和君王纠结：商汤和周武王都是以臣子身份讨伐当时的天子，这样做到底对不对呢？这是一个两难的问题。在孔子时代，当时似乎还没有涉及这一话题，如孔子和弟子之间就没有明确谈论过这个话题。齐宣王既然问到了这个问题，于是孟子便作了非常大胆而明确的回答。

---

①参见《孟子·梁惠王下》第八章："齐宣王问曰：'汤放桀，武王伐纣，有诸？'孟子对曰：'于传有之。'曰：'臣弑其君，可乎？'曰：'贼仁者谓之"贼"，贼义者谓之"残"。残贼之人，谓之"一夫"。闻诛一夫纣矣，未闻弑君也。'"

试想，如果直接肯定汤武伐桀纣，那么只要出现昏君，臣子便可以堂而皇之讨伐君王。这无疑是悬在一切君主头上的一把刀，而且是否是昏君也没有明确的标准，有实力的大臣和权臣便可以以此为借口进行讨伐，而这必然是所有的君王反感的。

但是，如果否定汤武伐桀纣，那么殷商政权和周政权都没有合法性，而且这对于一切暴君、昏君都是最大的保护伞，即使他们任意胡来，臣民也没有任何办法，以至君王的权力便没有任何约束。因此，这是一个两难的话题。

孟子的回答态度很明确，其前提是"贼仁者谓之贼，贼义者谓之残；残贼之人，谓之一夫"，即践踏仁义的人就是民贼、独夫。既然是民贼、独夫，那么诛杀之就没有什么不可以了。因此，如果君王随意践踏仁义道德，残害黎民百姓，那就应该诛杀之。

还应该注意的是，孟子在这里用的是"诛"，即堂堂正正地杀，而不是"弑"。孟子的这一态度，对于后世帝王来说似乎一直是无形的紧箍咒，因此有许多帝王不喜欢孟子。

孟子隐约感觉到齐宣王的一些想法，那就是当齐国全部占领燕国后成为当时天下第一大诸侯国，继而如果能够统一天下就可以废黜周王而自己做天子。但是，齐宣王这样做是否合理呢？

还有一点也应该注意到，这就是田齐政权是篡夺姜齐政权而建立的诸侯国，而齐宣王的祖先田常就曾是杀了齐简公而成为君王的。

当然，孟子的回答很符合齐宣王当时的心理，这无疑又拉近了两个人之间的距离。实际上，孟子在回答梁襄王之问的时候，曾明确表示"天下定于一"，即天下只有统一才能够安定不打仗，而在回答齐宣王关于是否拆毁明堂的疑问时却是不赞成拆除的，或许有希望齐宣王或者齐国后世的国君统一天下而成为天子的想法。

得民心者得天下

孟子见齐宣王已经提到了这个问题，顺势便开导齐宣王道："桀、纣之所以失去天下，是因为失去了百姓的拥护。失去百姓的拥护的根本原因，是失去民心。取得天下有规律，得到百姓的拥护就能得到天下。得到百姓的拥护也有规律，得到民心就能得到百姓的拥护。得到民心也有规律，百姓所希望得到的就给予积累，百姓所厌恶的千万不要施加。百姓归向于仁德，就像水往下流，就像野兽在空旷的原野上奔跑。"

齐宣王在仔细聆听、思索，孟子继续说："所以，为深渊赶来鱼群的是水獭，为树丛赶来鸟雀的是鹞鹰，为商汤、周武王赶来人民的就是夏桀和商纣王。如果天下君王爱好仁政，全天下的诸侯会替他把百姓赶到他那里去，即使他想不称王天下，也是不可能的。如今，天下追求称王天下的人，好像得病七年却去寻求三年的陈艾来医治，如果平时没有积蓄，那么终身也不能找到。如果不下决心推行仁政，那么终身都会忧患屈辱，以致陷入身死国亡的地步。《诗·大雅·柔桑》说：'这些人怎么会好，那只能是落水被淹死罢了。'说的就是这种情况。"①

孟子在这段话中所说的"故为渊驱鱼者，獭也，为丛驱爵者，鹯也"，已被后世概括为"为渊驱鱼，为丛驱雀"两个成语广泛使用。至于"民之归仁也，犹水之就下，兽之走圹也"的比喻很是精当，意在说明百姓盼望仁政，而趋向推行仁政的国家就好像水往低处流一样，就像野兽在圹野上奔跑一样向前去。当时，各诸侯国都不推行仁政，如果有国君推行仁政，便无异于间接创造了最好的历史机遇。当然，这也说明在孟子生活的时代没有实行王道、推行仁政的诸侯国，因而孟子着急的感觉在其对话中便直接就可以体会出来。

齐宣王听罢，思考一会儿，说："老先生，今天我心情好，头脑清楚，请给我讲讲到底如何做才能够实现王道？"

孟子说："一切事情都有规矩，遵守规矩才可以成功。即使有离娄的

① 参见《孟子·离娄上》第九章："孟子曰：'桀纣之失天下也，失其民也；失其民者，失其心也。得天下有道：得其民，斯得天下矣；得其民有道：得其心，斯得民矣；得其心有道：所欲与之聚之，所恶勿施，尔也。民之归仁也，犹水之就下、兽之走圹也。故为渊驱鱼者，獭也；为丛驱爵者，鹯也。为汤武驱民者，桀与纣也。今天下之君有好仁者，则诸侯皆为之驱矣。虽欲无王，不可得已。今之欲王者，犹七年之病求三年之艾也。苟为不畜，终身不得。苟不志于仁，终身忧辱，以陷于死亡。《诗》云："其何能淑，载胥及溺。"此之谓也。'"

明察，有公输班的巧手，如果没有圆规和方尺，也不能造成方形和圆形的东西。即使有师旷那样的极强的听力，如果没有确定六律的工具，也不能确定五音的标准。即使有尧舜那样的水平，如果不通过仁政，也不能把天下治理得和平繁盛。如今，有的诸侯即使有仁心，有好的名声，但不能给百姓带来幸福，也不能够被后世取法，而这只是没有推行先王之道的缘故。所以说，只有善心、善念还不足以执政，只有法度也不能自然推行。《诗·大雅·假乐》说：'不要有差池，不要有遗忘，一切遵循旧的章法实行。'遵循先王的法度而有过错，那是从来没有过的。"①

齐宣王能够体会得到，似乎孟子说的君王就是指自己，因此他听进去了。

孟子接着说："圣人既然竭尽目力去看了，再接着使用圆规、方尺和准绳，来做方的、圆的、平的、直的东西，这些东西就用不尽了。圣人既然竭尽全力去听了，再接着运用六律来确定五音，各种音调就用不尽了。圣人既然竭尽全力地进行思考了，再推行不忍心百姓受苦的仁政，仁德便可以遍布天下了。所以说，修筑高台一定要凭借丘陵，挖深池一定要借助河沼洼地。执政而不继承先王的法度，能说是聪明吗？"②

"因此，只有仁德的人才应当在高位上。不仁德的人却处在高位上，等于是把恶行广泛传播于大众啊！在上位的不按道德标准衡量事物，在下位的不受法规约束，朝堂不讲道义，工匠不相信尺寸，君子违反义理，百姓触犯刑律，这样的国家还能够存在，那真是侥幸了。所以说，城池不坚固，军队不多，不是国家的灾难。田地没有开垦，财物没有聚集，也不是国家的祸害。如果在上位的没有礼义，在下位的不受教育，刁民就会起来作乱，那么亡国就没有几天了。《诗·大雅·板》说：'上天将

---

① 参见《孟子·离娄上》第一章："孟子曰：'离娄之明，公输子之巧，不以规矩，不能成方圆；师旷之聪，不以六律，不能正五音；尧舜之道，不以仁政，不能平治天下。今有仁心仁闻而民不被其泽、不可法于后世者，不行先王之道也。故曰，徒善不足以为政，徒法不能以自行。《诗》云："不愆不忘，率由旧章。"遵先王之法而过者，未之有也。'"

② 参见《孟子·离娄上》第一章："（孟子曰：）'圣人既竭目力焉，继之以规矩准绳，以为方员平直，不可胜用也；既竭耳力焉，继之以六律正五音，不可胜用也；既竭心思焉，继之以不忍人之政，而仁覆天下矣。故曰，为高必因丘陵，为下必因川泽；为政不因先王之道，可谓智乎？'"

要有变化，不要喋喋不休。'泄泄，就好像是喋喋不休。侍奉君王不合道义，行为举止不合礼仪，开口就责难先王之道，这就是喋喋不休。所以说，对君王进行批评指正，叫作'恭'；陈述善政而杜绝邪恶，叫作'敬'；认为君王不能推行仁政，叫作'贼'。"[1]

齐宣王没有表态，孟子见其有疲倦意，便告辞出来。这是君臣谈话比较深入的一次，而孟子的苦口婆心完全可以体会。

死矣盆成括

孟子看出了齐国现实政治的危险，并提示齐宣王应该用仁义之道去处理复杂的天下纷争局面，但齐宣王被眼前的胜利冲昏了头脑，根本听不进去。因此，孟子心里很郁闷。正在这时候，孟子听说曾经跟自己学习过的一个弟子盆成括在齐国出仕了，便长长叹口气道："死矣盆成括！"[2] 几个弟子都听到了孟子的这句叹息。

不久，盆成括果然被杀。孟子的弟子问道："您怎么知道他会被杀呢？"

孟子说："这个人有点小才，但不知道君子的大道理，这便足以引来杀身之祸。"

这是人生应该时刻注意的教训，应该警钟长鸣。盆成括曾经在孟子门下学习过，所以孟子对他很了解。当时，盆成括没有学成便匆匆离开了，足以显示其小聪明更甚，而一般来说有小聪明的人容易满足并故步自封，自然也不可能学成。

当盆成括到齐国做官的时候，孟子遂对其作了如此评价。不过，盆

---

① 参见《孟子·离娄上》第一章："（孟子曰：）'是以惟仁者宜在高位。不仁而在高位，是播其恶于众也。上无道揆也，下无法守也，朝不信道，工不信度，君子犯义，小人犯刑，国之所存者幸也。故曰，城郭不完，兵甲不多，非国之灾也；田野不辟，货财不聚，非国之害也。上无礼，下无学，贼民兴，丧无日矣。《诗》曰："天之方蹶，无然泄泄。"泄泄犹沓沓也。事君无义，进退无礼，言则非先王之道者，犹沓沓也。故曰，责难于君谓之恭，陈善闭邪谓之敬，吾君不能谓之贼。'"

② 参见《孟子·尽心下》第二十九章："盆成括仕于齐，孟子曰：'死矣盆成括！'盆成括见杀，门人问曰：'夫子何以知其将见杀？'曰：'其为人也小有才，未闻君子之大道也，则足以杀其躯而已矣。'"

成括的杀身之祸可能与齐王的性格有关，而一般的君王或许将其驱逐就算了，也不一定要杀的。当然，问题的主要方面还在盆成括，是他玩弄小才而无大德才要了自己的命。所以，人们应该注意不断提升自己的道德，不要恃才傲物，更不要耍小聪明。

当然，盆成括被杀，孟子的心情还是有些伤感，毕竟他是跟自己学习过的。孟子感觉到齐宣王有心要吞并燕国，同时也觉得如此下去齐国可能会成为天下各诸侯国的众矢之的。但是，孟子知道在这个时候说什么都没有用，心情闷闷不乐。当时，孟子听说弟子乐正克跟随主人王子敖到临淄，但乐正克并没有在当天前来看他。

乐正克跟随王子敖来到齐国都城临淄，而这位王子敖便是王驩，也是孟子很熟悉的。过了一天后，乐正克去拜见孟子。孟子说："你还能来看我吗？"

乐正克问："老师您怎么说出这样的话呢？"

孟子问："你来几天了？"

乐正克说："昨天来的。"

孟子说："你昨天来的，那我说这样的话不是很应该吗？"

乐正克说："当时住处还没有找好。"

孟子说："你听说过有要找好住处才来见师长的道理吗？"

乐正克说："老师，我错了。"①

孟子见弟子认错，缓和一下语气，依旧用批评的口吻说："你之所以跟随王子敖来，不过就是吃吃喝喝罢了。我真的没有想到，你学习古人的大道竟然是用来混吃混喝的。"②

原来，孟子对于王驩是有看法的，认为乐正克跟从这样的人是难以推行王道思想的。回去后，乐正克便辞别王驩而回鲁国去了。

---

① 参见《孟子·离娄上》第二十四章："乐正子从于子敖之齐。乐正子见孟子。孟子曰：'子亦来见我乎？'曰：'先生何为出此言也？'曰：'子来几日矣？'曰：'昔者。'曰：'昔者，则我出此言也，不亦宜乎？'曰：'舍馆未定。'曰：'子闻之也，舍馆定，然后求见长者乎？'曰：'克有罪。'"

② 参见《孟子·离娄上》第二十五章："孟子谓乐正子曰：'子之从于子敖来，徒啜也。我不意子学古之道而以啜也。'"

君臣的纠结

听说齐国军队在燕国开始遭到反击，形势变得很复杂。孟子想去见一见齐宣王，恰巧齐宣王也派人前来告诉孟子说："我本来想来看望您，但有点伤风感冒了，不可以见风。如果您能来朝堂，我明天将上早朝，不知道您能够让我见一见吗？"

孟子一听，反而不想去见齐宣王了，便回答道："不巧，我也病了，不能到朝堂去。"

其实，孟子不想再去见齐宣王应该是出于意见相左之故，即在齐国军队战胜燕国后如何对待、如何处理方面与齐宣王有了严重的分歧，但齐宣王最后没有采纳孟子的意见，从而将齐国大好的局面变得越来越糟糕。

第二天，孟子准备到东郭大夫家去吊丧。

公孙丑说："昨天您用有病的借口推辞而不去朝堂，今天却出门去吊丧，这样恐怕不可以吧？"

孟子说："昨天有病，今天好了，为什么不可以去吊丧？"其实，公孙丑心想的是"今天好了，当然更应该上朝啊"，但作为弟子不敢直接这样说。

孟子刚刚走了一会儿，齐王派人来慰问疾病，连医生也一起带来了。

孟子的堂弟孟仲子见了非常着急，但不能说孟子出门参加吊唁去了，就回答说："昨天有王命到朝堂去，但因为有小毛病，不能到朝堂去。今天病好点了，急忙上朝去了，我也不知道这时候到了还是没有到呢。"

然后，孟仲子急忙派几个人到半路上去拦截孟子，说："请务必不要回来，立即到朝堂去。"

孟子不得已，不能回家，但他也没有到朝堂去，可能是天色比较晚的缘故，只好到大夫景丑家住下。①

---

① 参见《孟子·公孙丑下》第二章："孟子将朝王，王使人来曰：'寡人如就见者也，有寒疾，不可以风。朝，将视朝，不识可使寡人得见乎？'对曰：'不幸而有疾，不能造朝。'明日，出吊于东郭氏。公孙丑曰：'昔者辞以病，今日吊，或者不可乎？'曰：'昔者疾，今日愈，如之何不吊？'王使人问疾，医来。孟仲子对曰：'昔者有王命，有采薪之忧，不能造朝。今病小愈，趋造于朝，我不识能至否乎？'使数人要于路，曰：'请必无归，而造于朝！'不得已而之景丑氏宿焉。"

　　孟子说完来意，景丑说："家庭内部是父子关系，家庭外部是君臣关系，这两种关系是人与人之间最重要的关系。父子以慈爱为主，君臣以恭敬为主。我看到齐王对您很尊重，却没有看到您对齐王很恭敬。"

　　孟子说："哎！这是什么话啊！齐国没有一个人把仁义的道理向齐王进言的，难道是以为仁义不好吗？他们心里想，'这个人怎么值得和他谈仁义呢'，而不恭敬没有比这更大的了。我呢，不是尧舜之道，不敢在齐王面前陈述。因此，齐国人没有像我这样对齐王更恭敬的。"[1]

　　景丑说："不是的，我说的不是这个意思。《礼记·曲礼》上说：'父亲招呼，应声马上就到，不用等允诺。国君命令召唤，不等驾好车就动身。'您本来想要去朝堂，但听到君王之命后反而不去，按照《礼》的要求好像不应该这样做。"

　　孟子说："难道您说的是这个吗？曾子说：'晋、楚大夫的财富，是不可以赶得上的。他们倚仗他们的财富，我凭借我的仁；他们倚仗他们的爵位，我凭借我的正义，我又怎么会感觉不如他们呢？'如果没有道理，曾子能这么说吗？天下公认最尊贵的东西有三个方面：一是爵位，二是年龄，三是道德。在朝堂上看重爵位，在乡里看重年龄，辅佐君主造福百姓看重德行。怎么能够凭借爵位高低，就傲慢对待拥有年龄和德行的我呢？所以，大有作为的君王，一定会有不被召唤就前去的臣属；如果君王想要谋划什么事情，就应该主动前去臣属那里。如果不是这样尊重德行、爱好道义，就不必和这样的君王一起有所作为。所以，商汤对伊尹，先向他求教学习，然后任命他为臣属，因此并不费力就可以称王天下；齐桓公对管仲，先求教学习，然后任命他为臣属，因此并不费力就称霸天下。当今，天下各诸侯国土地面积差不多，道德水平也相当，没有哪个国家特别突出，没有别的原因，就是君王喜欢用接受他们教导的臣属，而不喜欢用能教导他们的臣属。

---

　　[1]参见《孟子·公孙丑下》第二章："景子曰：'内则父子，外则君臣，人之大伦也。父子主恩，君臣主敬。丑见王之敬子也，未见所以敬王也。'曰：'恶！是何言也！齐人无以仁义与王言者，岂以仁义为不美也？其心曰，"是何足与言仁义也"云尔，则不敬莫大乎是。我非尧舜之道，不敢以陈于王前，故齐人莫如我敬王也。'"

商汤对伊尹，齐桓公对管仲，还不敢召唤呢。管仲尚且不可以召唤，何况不屑于做管仲的人呢！"①

景丑没有再说什么，他知道孟子的性格，也就不再继续说下去了。

爱好音乐好

数日后，孟子感觉自己应该主动去见齐宣王。正好有个大臣叫庄暴来见孟子，说："我去见大王，大王对我说他爱好音乐，我没有办法答复。"孟子说："大王特别爱好音乐，这非常好啊！齐国就大有希望了！"

他日，孟子去觐见齐宣王，说："大王曾经告诉庄子，说您爱好音乐，有这件事吗？"

齐宣王的脸色马上就变了，说："有！但寡人不能爱好古代的音乐，只是爱好世俗的音乐罢了。"

孟子说："大王非常爱好音乐，那么齐国就大有希望了。世俗的音乐，也就好像古代的音乐啊。"

齐宣王说："能让我听听其中的道理吗？"

孟子说："一个人独自享受音乐和与其他人一起享受音乐，哪个更快乐？"

齐宣王说："不如与其他人一起共同享受更快乐。"

孟子再问："与少数人一起享受音乐和与众多的人一起享受音乐，哪个更快乐？"

---

① 参见《孟子·公孙丑下》第二章："景子曰：'否，非此之谓也。礼曰："父召，无诺；君命召，不俟驾。"固将朝也，闻王命而遂不果，宜与夫礼若不相似然。'曰：'岂谓是与？曾子曰："晋楚之富，不可及也。彼以其富，我以吾仁；彼以其爵，我以吾义。吾何慊乎哉？"夫岂不义而曾子言之？是或一道也。天下有达尊三：爵一，齿一，德一。朝廷莫如爵，乡党莫如齿，辅世长民莫如德。恶得有其一以慢其二哉？故将大有为之君，必有所不召之臣；欲有谋焉，则就之。其尊德乐道，不如是，不足与有为也。故汤之于伊尹，学焉而后臣之，故不劳而王；桓公之于管仲，学焉而后臣之，故不劳而霸。今天下地丑德齐，莫能相尚，无他，好臣其所教，而不好臣其所受教。汤之于伊尹，桓公之于管仲，则不敢召。管仲且犹不可召，而况不为管仲者乎？'"

齐宣王说："不如与更多的人一起更快乐。"①

孟子说："请允许我给大王谈谈音乐的道理。如今，大王在这里击鼓奏乐，百姓听到大王的钟鼓之声，笙管笛箫的音乐之声，全都皱眉感觉头疼并奔走相告说：'我们的君王爱好演奏音乐，为什么让我们的生活过到这种地步呢？父子不能相见，兄弟妻子离散。'如今，大王在这里设围打猎，百姓听到大王的车马之声，看见带有羽毛装饰的旌旗之美，全都头疼皱眉地奔走相告说：'我们的君王爱好打猎，为什么让我们的生活过到这种地步呢？父子不能相见，兄弟妻子离散。'这不是别的原因，是不与百姓同乐的缘故。"

齐宣王表情严肃，但没有插话。孟子继续说："如今，大王在这里击鼓奏乐，百姓听到大王的钟鼓之声，笙管笛箫的音乐之声，都非常高兴且面有喜色地相互告诉说：'我们大王可能是身体很好没有疾病吧，否则怎么能击鼓作乐呢？'如今，大王在这里设围打猎，百姓听到大王的车马之声，看见带有羽毛装饰的旌旗之美，全都很高兴且面有喜色地相互告诉说：'我们的大王大概身体好没有疾病吧，否则怎么能够打猎呢？'这也没有别的缘故，是与民同乐的缘故。如今，大王能够与民同乐，那么就可以称王了。"②

听到这里，齐宣王微微一笑，说："这么说也有道理。寡人当然愿意与民同乐啊！"

---

① 参见《孟子·梁惠王下》第一章："庄暴见孟子，曰：'暴见于王，王语暴以好乐，暴未有以对也。'曰：'好乐何如？'孟子曰：'王之好乐甚，则齐国其庶几乎！'他日，见于王曰：'王尝语庄子以好乐，有诸？'王变乎色，曰：'寡人非能好先王之乐也，直好世俗之乐耳。'曰：'王之好乐甚，则齐其庶几乎！今之乐犹古之乐也。'曰：'可得闻与？'曰：'独乐乐，与人乐乐，孰乐？'曰：'不若与人。'曰：'与少乐乐，与众乐乐，孰乐？'曰：'不若与众。'"

② 参见《孟子·梁惠王下》第一章："（孟子曰：）臣请为王言乐。今王鼓乐于此，百姓闻王钟鼓之声，管籥之音，举疾首蹙頞而相告曰："吾王之好鼓乐，夫何使我至于此极也？父子不相见，兄弟妻子离散。"今王田猎于此，百姓闻王车马之音，见羽旄之美，举疾首蹙頞而相告曰："吾王之好田猎，大何使我至于此极也？父子不相见，兄弟妻子离散。"此无他，不与民乐也。今王鼓乐于此，百姓闻王钟鼓之声，管籥之音，举欣欣然有喜色而相告曰："吾王庶几无疾病与，何以能鼓乐也？"今王田猎于此，百姓闻王车马之音，见羽旄之美，举欣欣然有喜色而相告曰："吾王庶几无疾病与，何以能田猎也？"此无他，与民乐也。今王与百姓同乐，则王矣。'"

孟子见齐宣王表情轻松，便转了话题问道："如果大王的臣子中有把妻子孩子托付给他的朋友，然后到楚地去游历去了，等他回来时却发现他的妻子孩子都在挨饿受冻。那这个人应该怎么办？"

齐宣王说："与他绝交。"

孟子又问："如果狱官不能管理好他的下属，那该怎么办？"

齐宣王说："停止他的职务。"

孟子再问："如果四方边境之内都得不到很好的治理，那该怎么办？"

齐宣王左顾右盼不回答，并把话题转向其他方面了。[①]

其实，孟子这里也并没有追责的意思，只不过是提醒齐宣王应该尽职尽责地让自己国内的百姓过上好日子罢了。

大 王 毋 忧

齐国军队继续占领着燕国的大部分领土，燕国政权已经土崩瓦解。这时，韩、赵、魏、秦、楚都在积极谋划出兵解救燕国，有的军队已经出发。

齐国上下也在紧密关注着天下大势，齐宣王听说诸侯各国都准备要出兵救燕后很紧张，紧急召孟子朝见。

齐宣王神情有点紧张，问孟子说："诸侯中多有谋划讨伐我的人，您认为我应该怎么来对待呢？"

孟子回答说："大王毋忧！我听说凭借纵横七十里的土地就可以统一天下，商汤就是如此，但没听说拥有千里领土而害怕其他国家的。《尚书·仲虺》上说：'商汤第一次征伐，是从葛国开始的。'当时，天下百姓都很信赖他。他向东面征伐，西面的百姓就埋怨；他向南面征伐，北面的百姓就埋怨。各方的百姓都说：'为什么后征伐我们这里呢？'"

见齐宣王在注意听，孟子继续说："当时，各国百姓盼望商汤的军

---

① 参见《孟子·梁惠王下》第六章："孟子谓齐宣王曰：'王之臣有托其妻子于其友而之楚游者，比其反也，则冻馁其妻子，则如之何？'王曰：'弃之。'曰：'士师不能治士，则如之何？'王曰：'已之。'曰：'四境之内不治，则如之何？'王顾左右而言他。"

队，就如同久旱之后盼望下雨一样啊。在商汤征伐时，在市场经商的人照常去经商，种地的人照常去耕种。商汤只是诛杀那里的暴君而安抚慰问那里的百姓，就好像及时雨一样，百姓都非常高兴。《尚书·仲虺》又说：'等待我们的大王到来，我们就都有活路了。'如今，燕国虐待他的百姓，大王的军队前去征讨，百姓以为要把他们从水深火热中解救出来，所以提着饭筐拎着水壶来迎接王的军队。"

齐宣王默默听着，孟子继续说："如果您杀害他们的父兄，绑缚他们的子弟，毁坏他们的宗庙，搬运走贵重的器物，这怎么可以呢？况且天下诸侯本来就十分畏惧齐国的强大，如今又增加一倍的土地而不推行仁政，这样做只能引起天下兴兵啊。请大王快速发出命令：立即释放返回燕国的老少俘虏，制止掠夺燕国的贵重器物，与燕国官民商议并为他们选一位新国君，然后就把军队撤回来。这样，各诸侯国就没有理由发兵讨伐齐国了，就可以阻止各诸侯国的军队了。"①

齐宣王有点动心，但下面的文武大臣七嘴八舌，不甘心就这样撤兵，因此迟迟不能落实孟子提出的建议，以至齐国在燕国迟迟不撤兵，依旧有心吞并燕国领土。当然，齐国不撤兵也似乎有借口，这就是燕国当时混乱无主。当时，原太子姬平率领的军队与子之的军队在作战中两败俱伤，太子姬平战死。这时，各国君主和谋臣都积极运作，燕国原来在赵国当人质的公子姬职便被赵国军队保护着回到了燕国。②

---

① 参见《孟子·梁惠王下》第十一章："齐人伐燕，取之。诸侯将谋救燕。宣王曰：'诸侯多谋伐寡人者，何以待之？'孟子对曰：'臣闻七十里为政于天下者，汤是也。未闻以千里畏人者也。《书》曰："汤一征，自葛始。"天下信之，东面而征，西夷怨；南面而征，北狄怨，曰："奚为后我？"民望之，若大旱之望云霓也。归市者不止，耕者不变，诛其君而吊其民，若时雨降。民大悦。《书》曰："傒我后，后来其苏。"今燕虐其民，王往而征之，民以为将拯己于水火之中也，箪食壶浆以迎王师。若杀其父兄，系累其子弟，毁其宗庙，迁其重器，如之何其可也？天下固畏齐之强也，今又倍地而不行仁政，是动天下之兵也。王速出令，反其旄倪，止其重器，谋于燕众，置君而后去之，则犹可及止也。'"

② 关于燕昭王，司马迁《史记》和司马光《资治通鉴》所记不同，其中《史记》以及《战国策》中都记载是赵武灵王送姬职回国做国君，而司马光记载的是原太子姬平。经过仔细考证和思考，我认为当是姬职。

冯 妇 打 虎

齐国卷入燕国的战争后开始时全胜，几乎占领了燕国的全境，甚至燕国都城也被占领了。从表面上看，齐国的形势大好，但燕国领土和齐国相当，军事力量也相当，因此齐国也为征伐耗费了很大的国力。就在这年的秋天，齐国大部分地区发生了灾荒，百姓生活陷入水深火热之中，饥饿威胁着众人的生命。

孟子的弟子陈臻试探着问老师道："齐国的人都认为您会再次劝谏齐王打开棠地的粮仓来赈济百姓，但我担心您不会再次劝谏了吧？"

孟子说："如果那样做就成冯妇了。晋国有名叫冯妇的勇士，擅长和老虎搏斗，后来修行成为善人，不再打虎伤害生灵了。有一次他到野外去，有很多人在追赶一只老虎，老虎背靠着山脚，没有人敢上前去捉它。人们远远望见冯妇来了，便快步去迎接他。冯妇见状，也撸胳膊、挽袖子下了车。众人都非常高兴冯妇这样做，可是其中的士人却在讥笑他。"①

对于这段对话，必须了解说话的背景和孟子当时的处境才可以明白是怎么回事。棠地是齐国国家储备粮所在地，即国家粮仓在那里。孟子到齐国后，曾经得到齐宣王的信任和倚重，故当齐国发生自然灾害时，孟子曾说服齐王打开棠地的粮仓赈济百姓。

这次又发生灾荒，百姓们还寄希望于孟子再规劝齐王开仓赈济。陈臻既是孟子弟子，也是齐国官员，他对老师非常理解，所以才试探性地询问这个问题。孟子的回答涉及冯妇，故把冯妇在这方面相关的表现厘清才可以明白孟子是什么意思。

冯妇是晋国勇士，能够徒手打虎，因此被称为勇士，后来修行向善成为善士不再打虎。后来，遇到有人追赶老虎，老虎负隅顽抗，人们没有敢接近的，看见冯妇来了便都很高兴地迎接他。冯妇也撸胳膊、挽袖子地下了车。在场的人都非常兴奋，但士人则嘲笑冯妇。这里没有说结

①参见《孟子·尽心下》第二十三章："齐饥。陈臻曰：'国人皆以夫子将复为发棠，殆不可复。'孟子曰：'是为冯妇也。晋人有冯妇者，善搏虎，卒为善士。则之野，有众逐虎。虎负嵎，莫之敢撄。望见冯妇，趋而迎之。冯妇攘臂下车。众皆悦之，其为士者笑之。'"

果如何，只是表达了冯妇既然已经成为善士就不应该再打虎了。

孟子这里的意思是自己劝谏一次成功了，而这次再劝谏就好像冯妇本来已经修为善士而再出手打虎则会被人耻笑。其实，由于时代背景不同，齐王的态度是有变化的，孟子受信任的程度也是有变化的，而且齐国当下处在战争期间且前线需要粮草，故孟子当年劝谏可以成功，但此次劝谏可能不会有效果，便不能再开口了。由此可见，无论做什么事情都要审时度势，这才是大智慧。孟子与梁惠王的对话和其与齐宣王的对话不同，可以看出是针对不同性格的人采用不同的方式和语言，这一点真的是得到孔子的精髓了。

一步三回头

燕昭王横空出世

人的命运真是无法说清楚。燕国王子姬职本来在赵国当人质，最不受燕王待见，却在这场战乱中获得了机会。

这位姬职也实在是了不起，他便是历史上留下重重一笔的燕昭王。当时，姬职得到了著名政治家、军事家赵武灵王的支持，回国后又有赵国军队的保护，同时也得到了国内各派势力的支持。最关键的是，姬职本人有德行、有能力，满腹韬略，很快发起了恢复燕国的战争。

燕国有了王子姬职的回归，便把一盘散沙的燕国人组织起来抵抗齐国的侵略。这样，齐国军队再不撤回就没有任何理由了。同时，各诸侯国的军队压境，姬职的军队开始壮大起来。当时，齐宣王见形势十分危急，只好撤兵。但是，齐国已经是相当被动了，等于是被驱赶回来的，与几个月前若扶植燕国王子姬职后再帮助维持并在适当的时候主动撤兵已不可同日而语，无论在道义上还是在利益上都有极大的差距。

由于姬职有组织地坚决抵抗，孟子担心的局面出现了。这时，齐宣王才认识到孟子的远见卓识和其仁政思想的可贵，便对一位叫陈贾的大夫说："对孟子，我真是非常惭愧。"

陈贾说："大王不要忧虑。大王您想一想，您如果和周公相比，谁更仁德和有智慧呢？"

齐宣王说："哎！这是什么话啊？"

陈贾说："当年，周公派管叔去监视殷商贵族后裔的诸侯国，结果管叔凭借殷商反叛。如果知道他要背叛而派他去，那是不仁；如果不知道而派遣他去，那是不智。仁德和智慧，连周公都不能完全做到，何况是大王您呢？我请求去见孟子进行解释。"①

于是，陈贾去求见孟子。陈贾问孟子道："周公是什么人？"

孟子说："毫无疑问啊，那是古代的圣人。"

陈贾问："他派遣管叔监视殷商后裔，管叔凭借殷商后裔反叛，有这件事吗？"

孟子回答："有，确实是这样的。"

陈贾问："周公是知道他将要反叛而派遣他去的吗？"

孟子回答道："当然不知道。"

陈贾说："这样看来，圣人也有过错啊？"

孟子回答道："周公是弟弟，管叔是哥哥。周公的过错，不也是应该的吗？古代的君子，错了就马上改正。现在的'君子'，错了也将错就错。古代的君子犯了错误，就好像日食和月食一样，老百姓都能看到，等到他们改正错误，老百姓都仰视观望。现在的'君子'，哪里仅仅是继续将错就错，而且还要编造理由文过饰非。"②

其实，齐宣王是不好意思直接向孟子道歉，便采取迂回的方式让陈贾代为请求孟子原谅的意思。

这一年是周赧王二年（前313）岁当戊申，孟子已经六十岁了。

此时，齐国的稷下学宫依旧保持着繁荣，负责主持的人还是淳于髡。淳于髡是一位具有亲和力、有智慧又幽默的人物，与所有学派的

---

① 参见《孟子·公孙丑下》第九章："燕人畔。王曰：'吾甚惭于孟子。'陈贾曰：'王无患焉。王自以为与周公孰仁且智？'王曰：'恶！是何言也！'曰：'周公使管叔监殷，管叔以殷畔；知而使之，是不仁也；不知而使之，是不智也。仁、智，周公未之尽也，而况于王乎？贾请见而解之。'"

② 参见《孟子·公孙丑下》第九章："见孟子，问：'周公何人也？'曰：'古圣人也。'曰：'使管叔监殷，管叔以殷畔也，有诸？'曰：'然。'曰：'周公知其将畔而使之与？'曰：'不知也。''然则圣人且有过与？'曰：'周公，弟也；管叔，兄也。周公之过，不亦宜乎？且古之君子，过则改之；今之君子，过则顺之。古之君子，其过也，如日月之食，民皆见之，及其更也，民皆仰之；今之君子，岂徒顺之，又从为之辞。'"

人都能够和谐相处，同时也是齐国资格最老的学者兼大臣。当时，齐国先后有三位姓邹的贤士，即邹忌、邹衍、邹奭。邹忌是"讽齐王纳谏"的那位，是最先登上历史舞台的人物。邹衍，晚于孟子，此时正是他最活跃的时候。其时，邹衍见各国诸侯骄奢淫逸，不好道德，好大喜功，攻城略地，致使天下大乱、生灵涂炭，便开始深入观察阴阳变化、五行运转规律，写作了《终始》《大圣》等书，时人称为"谈天衍"。邹奭则属于名家学派中的人物，"慎到，赵人。田骈、接子，齐人。环渊，楚人。皆学黄老道德之术，因发明序其指意。故慎到著十二论，环渊著上下篇，而田骈、接子皆有所论焉。邹奭者，齐诸邹子，亦颇采邹衍之术以纪文"①。

其时，齐宣王三十八岁，正是执政的最好年龄。可以说，齐宣王遇到了很好的历史时机，如果他在对待燕国的问题上采纳了孟子的意见，就会变得非常主动而游刃有余。

当齐宣王问及是否毁明堂的时候，孟子的回答便隐藏深意，其本心是提醒齐宣王要立下统一天下的决心。当齐宣王询问汤武伐桀纣是否合法的时候，孟子的回答是肯定的，实际上都是在鼓励齐宣王要有大志，要抓住历史机遇，否则可遇而不可求。不过，齐宣王却将一把好牌打砸了。最后，齐宣王迷茫了，孟子也失望了。于是，孟子产生了离开齐国另寻出路的念头。不过，路又在哪里呢？

淳于髡复留孟子

孟子准备离开，消息不胫而走。于是，淳于髡便来见孟子。

淳于髡对孟子的学说很熟悉，对孟子的为人也很熟悉。孟子很热情接待了淳于髡，寒暄过后淳于髡问："男人和女人在交接东西时不能亲自交接，手不能互相触摸到。这是礼的规定吗？"

孟子回答说："对，这就是礼的规定。"

①参见司马迁《史记·孟子荀卿列传》。

淳于髡又问道："如果嫂子掉进水里了，小叔子是否出手拉一把呢？"

孟子立即回答："如果嫂子掉进水里，小叔子不出手拉一把，那就是豺狼。男女授受不亲是礼，但嫂子掉进水里而小叔子拉一把，这是临时的权变。"

淳于髡再问："如今天下都要掉进水里了，先生却不出手拉一把，这是为什么呢？"

孟子回答道："天下掉进水里，要用道才能拉上来。嫂子溺水，用手可以拉上来，你想要我用手去拉整个天下吗？"[1]

淳于髡的意思是希望孟子能够不走，帮助齐国渡过难关，但孟子的前提是要实行王道政治，要推行仁政，如果没有这个前提，自己则坚决不留下。淳于髡劝孟子变通一下，孟子婉拒。淳于髡只好告辞而去，并一边走一边唉声叹气。

淳于髡走了一段路，忽然又想起一个激将法来，于是又转了回来。

孟子对淳于髡是相当尊重的，见其又转回来了，知道他肯定还是来说服自己留下的，遂心存感激并理解其一片苦心。

淳于髡落座后开门见山道："我走了几步，感觉还是有点遗憾，心里还有话要说。"

孟子说："老先生您不要客气，有什么吩咐尽管说，我洗耳恭听。"

淳于髡说："不敢吩咐，只是有个问题想请教。"

孟子说："老先生您客气了，请讲。"

淳于髡说："把功名事业摆在前面的人，便是为经世济民而关怀百姓疾苦的人；把功名事业放在后面的人，便是独善其身的人。先生您在齐国的三卿之中的名誉和功绩还没有在齐王和百姓之间有所表现就要离去，仁者难道应该这样做吗？"

孟子说："身居下位，不肯用贤良之士侍奉那些不贤之人，那是伯

---

[1] 参见《孟子·离娄上》第十七章："淳于髡曰：'男女授受不亲，礼与？'孟子曰：'礼也。'曰：'嫂溺，则援之以手乎？'曰：'嫂溺不援，是豺狼也。男女授受不亲，礼也；嫂溺，援之以手者，权也。'曰：'今天下溺矣，夫子之不援，何也？'曰：'天下溺，援之以道；嫂溺，援之以手。子欲手援天下乎？'"

夷。五次接近商汤，五次接近夏桀，那是伊尹。不在乎是否是昏君，也不辞去小官，那是柳下惠。三位贤人采用不同的人生态度，但追求的人生理念都是一样的。是什么理念一样呢？那就是仁。君子只是追求仁罢了，何必相同呢？"

淳于髡说："鲁穆公（又作鲁缪公）的时候，公仪子执政，子柳、子思当大臣，这三人都是儒家学者的大贤，但是鲁国的削弱更加严重。如果这样来看的话，儒家贤人对于国家也没有什么帮助啊！"[①]

孟子没有接淳于髡这个话茬，而是继续按照自己的思路说了下去。

孟子说："虞国不用百里奚而灭亡，秦穆公（又作秦缪公）重用百里奚就称霸。不用贤良就会灭亡，就不仅是削弱的问题了。"

淳于髡说："从前王豹住在淇，河西的人就擅长讴歌。绵驹住在高唐，齐国西面地区的人就善于歌唱。华周、杞梁的妻子擅长哭她们的丈夫，从而改变了本国的风俗。内在的东西一定会在外部表现出来。努力从事某一方面工作而没有功效的，我还没有见过。因此，还是因为没有贤人，如果有贤人，我一定知道。"

淳于髡的话似乎是对孟子的挑战，意谓孟子不是贤人，如果是贤人他可以知道的，而且真正的贤人也不会就这样不负责任地离开。

孟子当然明白淳于髡的意思，意在说自己这样离开不应该。于是，孟子便搬出孔子的做法来为自己辩解。

孟子说："老先生，您是我非常尊重的人，您的意思我当然明白。孔子担任鲁国的司寇，不被重用了，随从祭祀时应该给的祭肉也没有送来，于是不等把祭祀的礼帽摘下来就急匆匆地走了。不知道的人以为孔子是为那点祭肉呢，知道的人认为是鲁国朝廷无礼才离开。因此，孔子是自己主动要背负一点小小的过错而离开，不想随便辞职离开。君子的

---

① 参见《孟子·告子下》第六章："淳于髡曰：'先名实者，为人也；后名实者，自为也。夫子在三卿之中，名实未加于上下而去之，仁者固如是乎？'孟子曰：'居下位，不以贤事不肖者，伯夷也；五就汤，五就桀者，伊尹也；不恶污君，不辞小官者，柳下惠也。三子者不同道，其趋一也。一者何也？曰，仁也。君子亦仁而已矣，何必同？'曰：'鲁缪公之时，公仪子为政，子柳、子思为臣，鲁之削也滋甚；若是乎，贤者之无益于国也！'"

所作所为，一般人是很难理解认识的。"①

淳于髡见孟子去意已决，便不好再说什么。于是，淳于髡告辞，出门后一步三回头，还一回头一叹气地走了。

孟子要离开的理由在当时可能不方便说破，但有一点是肯定的，这就是孟子感觉到自己没有真正被重用，或者齐国已经没有推行仁政的可能。淳于髡再三挽留孟子，可能是他是齐国人而对自己的国家更加关心，也可能是他对孟子很敬佩，希望仁者能够建立功业。

当然，孟子既然决定离开，就不能轻易改变态度。淳于髡见孟子去意坚决，便一再使用激将法希望其能留下，如说鲁国重用贤人公仪休和子柳子思，但鲁国并没有强大，反而越来越弱小，看来贤人对于国家没有什么帮助。不过，孟子依旧不为所动。

淳于髡则没有再发言，他明白孟子的意思和坚决离去的决心，便不好再挽留了。淳于髡是个有智慧、会幽默的贤人，故对孟子的离开很惋惜、很无奈。

齐宣王变相挽留

孟子到齐国朝廷正式辞去客卿之职，准备回归故乡。

齐宣王到孟子的宅院去看望，说："以前我想见您而不可能，后来能够同朝议事，我非常高兴。现在，您又抛弃我而回归故乡，不知道以后还能见到您吗？"可见，齐宣王对孟子确实很尊重、很客气。

孟子说："我不敢有这种请求，那当然是我所愿意的。"② 言外之意，

① 参见《孟子·告子下》第六章："曰：'虞不用百里奚而亡，秦穆公用之而霸。不用贤则亡，削何可得与？'曰：'昔者王豹处于淇，而河西善讴；绵驹处于高唐，而齐右善歌；华周、杞梁之妻善哭其夫而变国俗。有诸内，必形诸外。为其事而无其功者，髡未尝睹之也。是故无贤者也；有则髡必识之。'曰：'孔子为鲁司寇，不用，从而祭，燔肉不至，不税冕而行。不知者以为为肉也，其知者以为无礼也。乃孔子则欲以微罪行，不欲为苟去。君子之所为，众人固不识也。'"
② 参见《孟子·公孙丑下》第十章："孟子致为臣而归。王就见孟子，曰：'前日愿见而不可得，得侍同朝，甚喜；今又弃寡人而归，不识可以继此而得见乎？'对曰：'不敢请耳，固所愿也。'"

我当然非常愿意见到您，但我不敢主动请求见面。

过了几天，齐宣王对大臣时子说："我想在齐国国中授给孟子一所住宅，用万钟的俸禄来让他培养弟子，使我国的官员和百姓都有学习的榜样。你何不替我去跟孟子说一声？"

时子通过陈贾把齐宣王的这个想法告诉了孟子。①

孟子说："是这样的。时子怎么知道这是不可行的呢？如果我想富贵，那么我辞去十万钟的俸禄而接受一万钟的俸禄，这是想要富贵吗？季孙氏说：'这个子叔疑真是奇怪啊。他本人想从政，不被任用也就罢了，但他又让自己的兄弟、儿子去做官。谁不想追求富贵呢？可是，他却想独自把富贵的道路垄断起来。'古代设置市场，就是用所拥有的东西交换没有的东西，有关的部门管理好就行了。可是，有个卑鄙的人一定要找个高垄的地方登上去左顾右盼东张西望，想把全市场所有的商业利益都得到。人们都认为这个人太卑鄙了，于是便让官家向他征税。对商人征税，就是从这个卑鄙的人开始的。"②

孟子的意思是，这样一来，我教的学生就可能垄断齐国的官场，那是遭人嫉恨的卑鄙之人。至此，"垄断"一词便产生了。

孟子刚要出城的时候，齐宣王的特使到来，赠送给孟子一百镒最高等级的金子。孟子表示感谢，但请来人将金子拿回去，并转达对齐宣王的谢意。弟子们看在眼里，不知老师为什么不留下金子。以此观之，齐宣王对孟子的感情应该是真诚的，对孟子也是尊重的，但于孟子来说则是"道不同不相为谋"。

---

① 参见《孟子·公孙丑下》第十章："他日，王谓时子曰：'我欲中国而授孟子室，养弟子以万钟，使诸大夫国人皆有所矜式。子盍为我言之！'时子因陈子而以告孟子，陈子以时子之言告孟子。"

② 参见《孟子·公孙丑下》第十章："孟子曰：'然；夫时子恶知其不可也？如使予欲富，辞十万而受万，是为欲富乎？季孙曰："异哉子叔疑！使己为政，不用，则亦已矣，又使其子弟为卿。人亦孰不欲富贵？而独于富贵之中有私龙断焉。"古之为市也，以其所有易其所无者，有司者治之耳。有贱丈夫焉，必求。龙断而登之，以左右望，而罔市利。人皆以为贱，故从而征之。征商自此贱丈夫始矣。'"

一步三回头

离开齐国，孟子的心情非常复杂。出南城门的时候，孟子让车在前面走，自己下车慢慢步行。孟子双眉紧锁，满满的心事，走几步又回头望望城门，但始终默不作声，毕竟齐国给他留下了太多的记忆。

对孟子来说，齐国曾经给他以希望，而他对齐宣王也真的有些许留恋。齐宣王是个很好的人，对孟子一直非常尊重，但可惜他不是大才，不能审时度势，不能在最佳历史机遇期采纳孟子的意见，从而错过了发展壮大齐国最好的时机。孟子的心情非常复杂，既有惋惜又有留恋，如同打翻了五味瓶一般。因此，出城不远，孟子便停下来住在昼地这个地方。昼地在临淄的西南，是孟子回邹国的必经之地。

孟子刚刚住下，有位齐国的客人要求见孟子，于是在客厅里接待了他。

客人坐下后，他开始恭恭敬敬地和孟子说话，但无非说齐国大、齐宣王是个明君之类的。孟子一听就明白他话里的意思便没有回答，而是斜倚着茶几闭目养神。

那位客人很不高兴，说："我为了和您说话，昨天就斋戒沐浴，今天才敢来和您说话，但您把眼睛眯着不肯听我说话，我以后再也不敢见您了。"

孟子立即睁开眼睛，严厉地说："你坐下，我明明白白地告诉你吧。从前，鲁穆公不派人在子思的身边表示尊贤的诚意，就不能使子思安心辅政；泄柳和申详如果没有在鲁穆公的身旁规劝君王礼贤下士，就不能使自己安心。你设身处地地为我考虑一下，齐王对我远不如鲁穆公对子思。你想想，到底是你对我绝情呢，还是我对你绝情呢？"[①] 孟子的意思是，您并不是齐王身边的近人，故说话也不会有什么力度；如果您就这样一说我就留下了，难道你这是为我着想吗？

那人一听觉得孟子说得非常有道理，便站起来给孟子深深一鞠躬后

---

① 参见《孟子·公孙丑下》第十一章："孟子去齐，宿于昼。有欲为王留行者，坐而言。不应，隐几而卧。客不悦曰：'弟子齐宿而后敢言，夫子卧而不听，请勿复敢见矣。'曰：'坐！我明语子。昔者鲁缪公无人乎子思之侧，则不能安子思；泄柳、申详无人乎缪公之侧，则不能安其身。子为长者虑，而不及子思。子绝长者乎？长者绝子乎？'"

告辞了。

孟子离开齐国时，一位叫尹士的齐国人说："如果孟子不能认识到齐宣王不能如同商汤和周武王那样有所作为，那就是不明智；如果知道不可能如同汤武，可是还千里迢迢前来，那就是来追求富贵。千里迢迢而来，没能得到赏识就离开，可是他在昼地住了三宿才离开。要走还留恋，要留恋还要走，如此慢吞吞、拖泥带水的态度，我真的很看不上。"

孟子的弟子高子听到这些话很不是滋味，便告诉了孟子。

孟了说："尹士怎么会理解我啊？千里迢迢来见齐干，这确实是我所希望的；不能得到赏识就离开，难道这也是我所希望的吗？我是万不得已啊！我在昼地住了三宿才离开，对我来说还感觉太快了呢，总是希望齐王或许能改变态度。齐王如果能改变态度，就一定会派人召我回去。可是，直到我离开昼地，齐王也没有派人来召我回去，于是我才产生了坚决回乡的念头。即便如此，难道我会舍弃齐王吗？齐王还是可以推行仁政的；如果齐王重用我，又哪里仅仅是齐国的百姓会得到安宁，而是全天下的百姓都可以得到安宁啊。齐王或许能够改变想法吧，我天天都在盼望着。我怎么能像那些小肚鸡肠的人一样，向君王提建议而不被接受就气哼哼的，满脸都是不高兴的样子，离开时就急匆匆紧走，不到天黑不走得筋疲力尽就不住宿呢？"

尹士听到这些话后，说："孟子说得还真有道理，我真是个小人啊！"①

王庶几改之

孟子离开齐国的具体细节不得而知，但君臣之间没有什么冲突是可

---

① 参见《孟子·公孙丑下》第十二章："孟子去齐。尹士语人曰：'不识王之不可以为汤武，则是不明也；识其不可，然且至，则是干泽也。千里而见王，不遇故去，三宿而后出昼，是何濡滞也？士则兹不悦。'高子以告。曰：'夫尹士恶知予哉？千里而见王，是予所欲也；不遇故去，岂予所欲哉？予不得已也。予三宿而出昼，于予心犹以为速，王庶几改之！王如诸，则必反予。夫出昼，而王不予追也，予然后浩然有归志。予虽然，岂舍王哉！王由足用为善；王如用予，则岂徒齐民安？天下之民举安。王庶几改之！予日望之！予岂若是小丈夫然哉？谏于其君而不受，则怒，悻悻然见于其面，去则穷日之力而后宿哉？'尹士闻之，曰：'士诚小人也。'"

以推想到的。因此，孟子离开时犹豫徘徊。当时，齐宣王算是最开明、最有可能推行仁政的君主，因此孟子盼望他能够回心转意而请回自己，所以在昼地住了三宿才离开。

值得注意的是，孟子在这段话里有两处"王庶几改之"，而"庶几"是或许、差不多的意思。可以想见，孟子和齐王一定在某些问题上意见不一致，但他希望齐王能够改变想法接纳他的意见，这样他就可以回去继续辅佐齐王。尹士责难孟子千里迢迢而来是追求富贵，而孟子虽然承认自己来齐国是有追求的，但追求的不是富贵而是推行仁政，是为天下开太平，自己恋恋不舍的是"王庶几改之"。尹士完全用自己的心理去揣度孟子之心，便属于以小人之心度君子之腹了。因此，在听到孟子的话后，尹士才惭愧地承认自己是小人。

孟子离开齐国后，一直很不开心，闷闷不乐。弟子充虞问道："老师好像很不高兴的样子。前些日子听老师说过：'君子不埋怨天命，也不怨恨人事。'"[①]

孟子说："彼一时，此一时也。五百年必有王者兴，其间必有名世者。由周而来，七百有余岁矣。以其数，则过矣；以其时考之，则可矣。夫天未欲平治天下也，如欲平治天下，当今之世，舍我其谁也？吾何为不豫哉！"[②]

意思是，"那是一个情况，这又是一个情况。五百年一定会有圣明的王者产生，这期间一定有传名后世的贤人。从周朝建立以来，已经七百多年了。按照天数算，则已经超过了。按照时代来考察，也已经可以了。天下还没有出现太平盛世，可能还是时运未到，如果要天下太平而出现盛世，当今社会除了我还有谁呢？我为什么不开心啊？"

孟子一行人走到了休地（故城在今山东滕州市西北十五里，距离孟子的家乡约百里）的时候，他们在这里住下了。

因为快到家了，师生们都很放松，便坐下来闲聊。公孙丑问孟子道：

---

① 参见《孟子·公孙丑下》第十三章："孟子去齐，充虞路问曰：'夫子若有不豫色然。前日虞闻诸夫子曰："君子不怨天，不尤人。"'"

② 参见《孟子·公孙丑下》第十三章。

"出仕而不接受俸禄，是古人的做法吗？"

孟子回答道："不是这样的。前些日子我在崇地见到了齐王，从那里回来后我便产生了要离开齐国的想法。因为坚定这种想法而不想再改变，所以我就不接受具体官职的任命。后来，齐国又一直处在战争状态，但在这种非常时期是不可以请求离开的，所以我才一直留在那里。在齐国滞留这么长时间，并不是我的愿望。"[①]

孟子在崇地见到齐王后便产生了离开的想法，便没有接受实际官职的任命，但后来又有战事，不能提出离开。那么，孟子和齐王的分歧究竟是什么呢？可能与这场战事有关。从后来齐宣王"有愧于孟子"的话来看，应该是在齐国占领燕国后就如何对待燕国臣民方面有严重分歧，而后来事情发展的结果也证明了孟子观点的正确和有预见性。

孟子在崇地与齐宣王谈论的到底是什么问题？应该是很尖锐的对话，但齐宣王根本不听孟子的劝告而一意孤行，才导致齐国在这次千载难逢的机遇里没有取得相应的好结果反而遭受很多损失。

孟子实际上是履行他作为异姓之卿的职责，但在君王出现严重错误并反复提出意见不被接受时才坚决请辞的。

孟子一行人刚刚到家，邹国的国君邹穆公便派人请孟子赶快到朝中去。

孟子急忙前去。邹穆公哭丧着脸对孟子说："最近，我们的边境和鲁国产生矛盾，发生了战事，规模还不小。我们下属的官员死了三十三个人，而那么多的百姓就是看着却不帮忙，他们一个也没有死的，连受伤的都没有。"

孟子听着，说："这么严重？死了三十多个人？"

邹穆公有点气愤了，说："可不是！那么多围观的百姓，就像看热闹似的也不上前。你说我该怎么办？杀了吧，人太多，不可能都杀；不杀吧，又痛恨他们看着长官死而不出手营救。我真是太为难了，您说我该怎么办才好呢？"

---

① 参见《孟子·公孙丑下》第十四章："孟子去齐，居休。公孙丑问曰：'仕而不受禄，古之道乎？'曰：'非也；于崇，吾得见王，退而有去志，不欲变，故不受也。继而有师命，不可以请。久于齐，非我志也。'"

孟子回答说:"在严重灾荒的年景,您的百姓中老弱辗转而死在沟壑里,壮年就要逃荒流亡到四面八方去,那可是几千人啊!但您的粮仓里满满的,您的钱库里也非常充实,官员也没有人向您报告,这是您的官员在怠慢君王而残害百姓啊。"

邹穆公听着,想知道孟子到底是什么态度。孟子接着说:"曾子说:'警惕啊!警惕啊!你怎样对待人家,人家就一定会怎样对待你啊!'如今,百姓才得以把他们的长官如何对待百姓的态度返回给他们的长官,请君王不要责备百姓。君王如果推行仁政,百姓自然会亲近上级长官,就会奋不顾身为长官而死了。"[①]

孟子最后引用曾子的话,说明这是因为官吏平常不关心百姓所以才会如此。现在,"出尔反尔"依然是使用很广的成语,但和这里原本表达的意思已经不一样了,即讽刺人反复无常之意。

后丧逾前丧

孟子在家休息了几天,便决定到附近的曲阜去看看,因为弟子乐正克正在鲁国做官,虽然不是执政者,但也有相当的地位。

邹国离曲阜太近了,不到半天时间孟子的马车就到了曲阜。乐正克见孟子前来非常高兴,他热情地接待了老师,并到宫中报告给了鲁平公。由于孟子在当世的名气太大了,乐正克建议鲁平公前去拜访,鲁平公立即答应了。于是,乐正克兴冲冲地跑回去把这个好消息报告给了孟子。

可是,孟子足足等了两个时辰,鲁平公也没有米。然后,乐正克便进宫去问。

原来,鲁平公将要出门时,近臣臧仓明知道他要去见孟子,便请

---

① 参见《孟子·梁惠王下》第十二章:"邹与鲁哄。穆公问曰:'吾有司死者三十三人,而民莫之死也。诛之,则不可胜诛;不诛,则疾视其长上之死而不救,如之则可也?'孟子对曰:'凶年饥岁,君之民老弱转乎沟壑,壮者散而之四方者,几千人矣;而君之仓廪实,府库充,有司莫以告,是上慢而残下也。曾子曰:"戒之戒之!出乎尔者,反乎尔者也。"夫民今而后得反之也。君无尤焉!君行仁政,斯民亲其上,死其长矣。'"

示说："他日君王出门，则一定要先通知有关部门您所去的地方。如今，车马已经驾好了，可是有关部门还不知道您所去的地方，因此我冒昧地问一下。"

鲁平公说："我将要去见孟子。"

臧仓说："为什么啊？君王您降低身份要主动去见一个普通百姓，难道以为他是贤人吗？礼义都是从贤人身上体现出来，可是孟子为他后死的母亲办理丧事的规格远远超过了他先死的父亲的规格。这不符合孝子的做法，君王最好不要去见这样的人。"

鲁平公说："噢！有这样的事？好吧，那我就不去了。"① 于是取消了去见孟子的安排。

乐正克请求入见，问鲁平公说："君王为什么不去见孟子啊？"

鲁平公回答说："有人告诉我说：'孟子办理他母亲丧事的规格超过了他的父亲。'我考虑这样做是不对的，所以就不去见他了。"

乐正克说："这是什么话啊？君王所谓丧事规格超过的问题，是指以前孟子父亲死时他是士而用三鼎，后来他母亲死时他是大夫而用五鼎吗？"

鲁平公："不仅仅是这些，据说棺椁寿衣的华美和档次也都不同啊。"

乐正克说："那并不是所谓的超过和违礼啊，而是因为前后贫富不一样。"②

但是，鲁平公不肯去见孟子已经是既成事实，不可能再去见了。乐正克生气也没有用，而鲁平公也不可能改变主意再去了。

乐正克回见孟子后说："我已经告诉国君，国君也打算来见您，可是他宠信的近臣臧仓阻止了他，所以国君最终就不能来了。"说着还有点气愤和歉疚的表情。

孟子说："鲁平公成行，或许有一种无形力量在促使他；停止，或

---

① 参见《孟子·梁惠王下》第十六章："鲁平公将出，嬖人臧仓者请曰：'他日君出，则必命有司所之。今乘舆已驾矣，有司未知所之，敢请！'公曰：'将见孟子。'曰：'何哉！君所为轻身以先于匹夫者，以为贤乎？礼义由贤者出；而孟子之后丧逾前丧。君无见焉！'公曰：'诺。'"

② 参见《孟子·梁惠王下》第十六章："乐正子入见，曰：'君奚为不见孟轲也？'曰：'或告寡人曰，孟子之后丧逾前丧，是以不往见也。'曰：'何哉，君所谓逾者？前以士，后以大夫；前以三鼎，而后以五鼎与？'曰：'否；谓棺椁衣衾之美也。'曰：'非所谓逾也，贫富不同也。'"

许也有一种无形力量在阻碍他。他来见我还是不见我，不是人所能够阻止的。我之所以不能和鲁国君王会面，是天意。至于臧家那小子，怎么能使我和鲁君不会面呢？"①

当年，子服景伯向孔子报告公伯寮谗毁子路并要杀了此人时，孔子回答的语气和口吻也是如此："道之将行也与，命也；道之将废也与，命也。公伯寮其如命何！"② 可见，孟子对孔子真是太理解了。

慎滑釐将军

鲁平公虽然不来见孟子，但鲁国的一位重要人物则前来求见了。来人是鲁国第一将军慎滑釐，与孟子早就认识，听说孟子到鲁国后便来求见。

孟子、慎滑釐二人见面施礼，寒暄几句后慎滑釐告诉孟子，国君已经派他为将，将要带兵前去收回被齐国占领很久的南阳，即汶水以南的地区。这块地方土质肥美、物产丰富，处在齐鲁交界处，大部分时间属于鲁国，但经常被齐国占领。当年，孔子夹谷会盟的一个重要外交成果，便是齐国主动归还了汶阳之田。慎滑釐对将要领兵前去南阳是比较兴奋的，因为他感觉自己立功取得富贵的机会来了，故面有得意之色。

孟子曰："不教民而用之，谓之殃民。殃民者，不容于尧、舜之世。一战胜齐，遂有南阳，然且不可。"③

意思是，"不训练百姓就让他们去打仗，这是残害百姓。残害百姓的事，在尧舜时代是不允许的。即使你很厉害，一战就胜了齐国，占领了汶水南的地区，这样也是不可以的"。

慎滑釐非常不高兴，说："您的这种说法是我慎滑釐所无法理解的。"

孟子说："我明白地告诉你：天子的土地纵横一千里，不到一千里

---

① 参见《孟子·梁惠王下》第十六章："乐正子见孟子，曰：'克告于君，君为来见也。嬖人有臧仓者沮君，君是以不果来也。'曰：'行，或使之；止，或泥之。行止，非人所能也。吾之不遇鲁侯，天也。臧氏之子焉能使予不遇哉？'"

② 参见《论语·宪问》。

③ 参见《孟子·告子下》第八章。

不足以领导诸侯。诸侯的土地纵横一百里，不到一百里不足以守住宗庙的典籍。周公封到鲁国，为纵横百里，而地不是不充足，但少于百里。太公封在齐国，也是纵横百里，但也少于百里。如今，鲁国有纵横百里的地方五个那么大，你认为如果有新的王者出现，那么对鲁国来说是减少还是增加呢？徒手从他人那里取来给这个人，仁义的人都不肯，何况通过杀人的手段而谋求呢？君子侍奉国君，务必引导君王走上正确的道路，致力于实行仁政而已。"① 孟子和孔子一样都是坚决反对侵略战争的。孟子的道理是，按照礼制，天子的土地是纵横一千里，诸侯的土地是纵横一百里。但鲁国现在的土地是纵横百里的五倍，已严重超过，再扩张就更超过了，一旦出现圣明的天子，就会重新规范天下各个诸侯国的土地，那么鲁国多余的部分就会划归其他的诸侯国。如果单纯看孟子的这个理由不免有迂腐之嫌，因为当时周天子已经没有恢复天下重新统治的可能，当然也没有重新规范天下的可能。孟子的这个说法或许只是一个堂而皇之反对领土扩张的借口，可能还有一些不便说出来的具体背景和齐鲁两国的实际状况。

总之，孟子反对用战争手段来解决问题是一贯的思想。所以，孟子说"君子之事君也，务引其君以当道，志于仁而已"，与孔子"以不教民战，是谓弃之"的观点完全一致。孔子还说"善人教民七年，亦可以即戎矣"②，即对百姓要进行七年时间的训练，才可以参加战争。孟子开篇则说"不教民而用之，谓之殃民"，即没有进行过训练不要让百姓去打仗，而从另一方面说没有充分的准备就不要发动战争。这也是孟子反对的一个理由。

---

① 参见《孟子·告子下》第八章："鲁欲使慎子为将军。孟子曰：'不教民而用之，谓之殃民。殃民者，不容于尧舜之世。一战胜齐，遂有南阳，然且不可。'慎子勃然不悦曰：'此则滑釐所不识也。'曰：'吾明告子。天子之地方千里；不千里，不足以待诸侯。诸侯之地方百里；不百里，不足以守宗庙之典籍。周公之封于鲁，为方百里也；地非不足，而俭于百里。太公之封于齐也，亦为方百里也；地非不足也，而俭于百里。今鲁方百里者五，子以为有王者作，则鲁在所损乎？在所益乎？徒取诸彼以与此，然且仁者不为，况于杀人以求之乎？君子之事君也，务引其君以当道，志于仁而已。'"

② 参见《论语·子路》。

宋　轻

鲁平公不来见孟子，孟子也不可能主动去见他。于是，孟子便和几名弟子到宋国去看看宋王偃推行仁政的效果如何。当走到石丘时，孟子与在稷下学宫里的老朋友宋轻不期而遇，两人都很高兴。

孟子问宋轻："先生这是到哪里去？"

"我这是准备到楚国去。听说楚国和秦国又要打仗，我准备去面见楚王。如果楚王说不通，我就准备往西方去见秦王，这二王估计应该能有我的知遇之人吧！"宋轻似乎很有把握。

孟子说："我也不想详细问你将如何去游说，愿意听一听你的主旨是什么，将用怎样的宗旨来游说？"

宋轻说："我将要提醒他们，战争对他们国家是不利的。"

孟子说："您的志向很大，但是劝和的口号是不可以的。先生用利益来游说秦王和楚王，秦王和楚王为利益所动而停止三军，这样三军官兵愿意停战也是喜欢有利益。作为人臣，想着利益来侍奉国君；作为儿子，想着利益而侍奉父亲；作为弟弟，想着利益来侍奉兄长。这样，君臣、父子、兄弟最后就会离开仁义，都以利益相交往接触，这样而不灭亡的是没有的。先生如果用仁义游说秦王和楚王，秦王和楚王因为爱好仁义而停止他们三军，这样三军官兵愿意停战也是爱好仁义。作为人臣，想着用仁义之道来侍奉国君，作为儿子，想着用仁义之道来侍奉父亲；作为弟弟，想着仁义之道来侍奉兄长。这样，君臣、父子、兄弟最后就会怀抱仁义相交往接触，这样而不称王天下的是没有的。何必用利益为口号呢？"①

---

① 参见《孟子·告子下》第四章："宋轻将之楚，孟子遇于石丘，曰：'先生将何之？'曰：'吾闻秦楚构兵，我将见楚王说而罢之。楚王不悦，我将见秦王说而罢之。二王我将有所遇焉。'曰：'轲也请无问其详，愿闻其指。说之将何如？'曰：'我将言其不利也。'曰：'先生之志则大矣，先生之号则不可。先生以利说秦楚之王，秦、楚之王悦于利，以罢三军之师，是三军之士乐罢而悦于利也。为人臣者怀利以事其君，为人子者怀利以事其父，为人弟者怀利以事其兄，是君臣、父子、兄弟终去仁义，怀利以相接，然而不亡者，未之有也。先生以仁义说秦楚之王，秦楚之王悦于仁义，而罢三军之师，是三军之士乐罢而悦于仁义也。为人臣者怀仁义以事其君，为人子者怀仁义以事其父，为人弟者怀仁义以事其兄，是君臣、父子、兄弟去利，怀仁义以相接也，然而不王者，未之有也。何必曰利？'"

宋轻看看孟子没有表态，因为他们的观点本来就不一致。这位宋轻是当时著名的大学者，一般书或称之为宋荣子。其时，墨子已死，墨家学派的巨子禽滑釐并没有到稷下学宫来，因此在稷下学宫中墨家的代表人物便是这位宋轻。几十年后，荀子在《荀子·非十二子》中便把宋轻和墨翟并列进行批评，可以见其学术地位。

书中暗表，宋轻这次要劝说的便是楚怀王，楚怀王因为为张仪所骗咽不下这口气，准备发十万楚国主力去攻打秦国。宋轻劝和并没有起作用，秦楚大战，楚军战败，此战成为楚国由盛转衰的转折点。

韩 凭 夫 妇

孟子、宋轻二人半路客套几句就告别了，然后孟子继续前往宋国。孟子在途中便对宋国的情况看个八九不离十，并没有什么新的气象。原来，宋王偃见国家稍微富足一点，便开始骄奢淫逸、残暴起来。

书中暗表，中国历史上有一个著名的历史传说，即干宝《搜神记》里的《韩凭夫妇》，而故事中那个霸占韩凭妻子的人便是宋王偃。

韩凭是宋王偃的舍人，妻子何氏貌美有姿色，于是宋王偃便把韩凭囚禁起来，后来还让他去筑城。韩凭秘密给妻子送信，信上写道："其雨淫淫，河大水深，日出当心。"不料，这封信被宋王偃得到，他把这封信出示左右，左右莫解其意。臣苏贺回答道："其雨淫淫，言愁且思也；河大水深，不得往来也；日出当心，心有死志也。"不久，韩凭果然自杀了。

韩凭妻子何氏知道丈夫已死，便悄悄把衣服弄得将要断开，但外表看不出来。宋王偃领她登上高台，到最高处时何氏纵身往台下跳，左右的人急忙拽衣服，但衣服断开，何氏当即香消玉殒。何氏在衣带中留下一纸条，上面写："王利其生，妾利其死，愿以尸骨，赐凭合葬！"

宋王偃大怒，不允许合葬，让韩凭的乡邻埋葬他们夫妻，坟墓分开相对而望，死了也不让夫妻团圆，并说："你们夫妻不是恩爱吗？如果能够使坟墓相交合那么我就不阻拦你们了！哼！哼！"说完还气哼哼的。

不过，奇迹出现了，几天几夜间便有梓树从坟顶上生长出来，十多

天便有一抱粗大，两树的树枝都向对方伸展，树干也向对方倾斜，这样
树根在地下相交，树枝在上面相互环绕，如同拥抱在一起；又有一对鸳
鸯鸟常年栖息在树上，交颈悲鸣，声音凄凉悲哀，十分感人。于是，宋
国人称这两棵树为连理树，并说鸳鸯鸟就是韩凭夫妇的精魂所化。

孟子到达宋国的都城住下，知道了宋王偃的这些情况，便没有去见
他。宋王偃还是知道了孟子到来，想当年他自己刚刚做国君要推行仁政
时孟子曾亲自来指导，但现在自己的所作所为是真的没有脸去见孟子。

就这样，孟子住了两宿，休息一下就离开了宋国。在孟子将要出城
的时候，宋王偃派人送来七十镒黄金，并告知送的是盘缠。孟子欣然收
下了。

从宋国回邹国的途中要路过薛地，而薛地是齐国大贵族田婴的封
地。此行经过薛地，孟子就顺便到这里考察一下。田婴是齐威王的弟弟，
有才能又是宗室至亲，因此是齐国政坛的要人，与孟子有一定交情。这
一时期，在薛地主事的应该是大名鼎鼎的孟尝君田文，但史书上没有孟
子和孟尝君交往的记载，而孟子到薛地则是百分之百的，时间也确实是
这个时间。或许，这时孟尝君出门不在，但薛地管事的人知道孟子的名
头，好生招待，临行时又赠送五十镒黄金，说是最近地面不安全，好用
来雇用护卫的。孟子很高兴地收下了。

陈 臻 之 问

该访查的访查了，该看的也看了，孟子心情轻松，只想直接回到家
中先过一段宁静的生活。因此，孟子和几名弟子分别坐着两辆马车信马
由缰地走在北上的大路上。

从薛地往邹国的大路很平坦，此时正值春末夏初，两旁树木葱茏，
野花盛开，草熏花香，蝶飞蜂忙，大自然中显示出勃勃生机，一切动物
和植物都显示出强大的生命力。孟子和弟子们的心情都非常舒畅，帅生
们更无所不谈了。

弟子陈臻不太爱说话，但说话很有逻辑，他笑呵呵地问孟子道："老

师，弟子们跟您学习，一是学习知识，二是学习实际处理事务的准则。有的事弟子不明白，想请教一下老师。"

孟子知道这个学生不考虑好是不会轻易说话的，知道他要问的一定是不太好回答的问题。

陈臻问："前些日子在齐国，临行的时候齐王赠送一百镒成色特别好的金子，您是坚决不接受。在宋国，宋王偃赠送七十镒金子，您却欣然接受了。在薛地，管事的人赠送五十镒金子，您也高兴地接受了。如果以前不接受齐国的金子是对的，那么现在接受宋国和薛地的赠送就是不对的。如果今日接受是对的，那么以前不接受就是不对的。老师，在这个问题上必定有一个做法是不对的吧？"

孟子说："呵呵呵，我以为你要问什么呢？原来是指这个啊！我告诉你们，其实都是对的。当时在宋国的时候，我将要走很远的路，对远行的客人一定要赠送盘缠，对方说：'赠送一点盘缠吧！'我为什么不接受呢。当时在薛地的时候，我听说路途上有危险，对方说：'听说路途上有危险，送点钱给您雇护卫吧！'我为什么不接受呢。在齐国的时候，齐王则没有任何缘由。没有理由而赠送金钱，就是贿赂。哪有君子是可以用金钱贿赂得了的呢？"①

这段对话是如何处理对方给予礼物或者赠送金钱的原则和尺度，原来一切学问都在现实生活中起着指导作用，离开具体的现实生活，理论便是灰色的。

"君子爱财，取之有道。"孔子提倡"九思"的最后一思便是"见得思义"，即对待钱财的取舍是检验一个人道德水平的试金石。因此，在现实生活中，孟子的做法是值得我们效法的，只要是不应该获取的钱财是绝对不可以接受的；如果能够做到这一点，便可以心安理得，便没有

---

① 参见《孟子·公孙丑下》第三章："陈臻问曰：'前日于齐，王馈兼金一百而不受；于宋，馈七十镒而受；于薛，馈五十镒而受。前日之不受是，则今日之受非也；今日之受是，则前日之不受非也。夫子必居一于此矣。'孟子曰：'皆是也。当在宋也，予将有远行，行者必以赆；辞曰："馈赆。"予何为不受？当在薛也，予有戒心；辞曰："闻戒，故为兵馈之。"予何为不受？若于齐，则未有处也。无处而馈之，是货之也。焉有君子而可以货取乎？'"

任何愧疚。在中国古代，先贤已经为我们做出了榜样，如西汉的杨震坚决拒绝自己培养提拔的下属赠送金钱，并留下了"四知"的美名。

听完孟子和陈臻的对话，一向沉默寡言的弟子屋庐子也很高兴，并嘿嘿地笑了起来。

陈臻问："你笑什么？"

屋庐子之问

屋庐子笑着说："因为我也有与你类似的问题，一直想问老师而未敢。今天你一问，便勾起我的念头，胆也大了。因此，我也想求教一下老师，如何？"

孟子一听，又是要给自己出难题了，便也笑了笑说："有什么问题，尽管说！"

原来，前段时间孟子在邹国居住期间，季任留守任国代理国政，给孟子送来一些钱与之交友，孟子接受了却不回报。孟子在平陆的时候，当时任齐国国相的储子也派人给孟子送来一些钱，孟子接受了却不回报。

过些日子后，孟子从邹国到任国去，亲自去见季任表达感谢之意；但是孟子从平陆到临淄去的时候，却没有亲自去见储子表达谢意。

屋庐子以为这次有机会找到老师的不足之处了，因为同样是接受人家的钱，同样当时都没有回报，却一个亲自去见面感谢，另一个本来很方便去却不去见面，这不是一视同仁啊。于是，屋庐子便就这件事问孟子道："老师您到任地去见季子，从平陆到齐国却不去见储子，是因为储子是相吗？"

孟子回答说："不是这样的。《尚书·洛诰》上说：'享献之礼最重视的是礼节仪式，礼节不到只有礼物就叫作没有献礼，因为他的心思不在礼节上。'这是因为他并没有完成献礼的礼仪。"

屋庐子一下子明白了，故很高兴地呵呵笑起来。

公孙丑问屋庐子明白什么了、笑什么，屋庐子回答说："因为季任不能到邹国去，所以礼物到就可以了。但是老师在平陆的时候，作为齐国的国相储子是可以到平陆去的，而他却没有去。那么，储子赠送金钱就缺乏拜望贤人的诚意。"①

孟子笑了，很开心地说："对！对！就是这么个理，理解得完全正确。"

从这件事情可以看出，孟子更重视礼物包含的真实感情和诚意，如果没有真情实感和诚意，钱物再多也没有什么值得重视的。

孟子因势利导道："可以取，可以不取，取了就有损于廉洁的品性；可以给予，可以不给予，给予了就损害了惠政；可以死，可以不死，死了就有损于勇敢的品格。"②

儒家强调"中庸"的处世哲学，这个"中庸"就是要适度，但这个度是很难把握的，而过度和不及同样是有问题的。孟子在这里所阐释的是在"廉、惠、勇"三方面如何把握尺度而适度的问题，而廉洁、恩惠、勇敢即使原本都是好的也需要保持住一个度。孔子是反对鲁莽而冒失的做法的，如子路曾问如果打仗愿意带领谁，孔子回答说："暴虎冯河，死而无悔者，吾不与也。必也临事而惧，好谋而成者也。"③孔子多次提醒子路要动脑筋而不要无谓送死，但子路终生也没有领会孔子的意思，以致最后死于乱阵之中。

此时，平时很少提问的万章开口说话了："老师，今天谈到这个话题，弟子也斗胆问一下：交友应该把握怎样的原则和规矩呢？"

孟子回答说："交友当然有一定的准则：一是不倚仗自己年纪大，二是不要倚仗自己地位高，三是也不倚仗兄弟关系而交朋友。交朋友的基础是品行，不可以有任何倚仗啊。"

孟子停顿一下，接着举例说："譬如孟献子，他是拥有百辆战车的

---

① 参见《孟子·告子下》第五章："孟子居邹，季任为任处守，以币交，受之而不报。处于平陆，储子为相，以币交，受之而不报。他日，由邹之任，见季子；由平陆之齐，不见储子。屋庐子喜曰：'连得间矣！'问曰：'夫子之任，见季子；之齐，不见储子，为其为相与？'曰：'非也；《书》曰："享多仪，仪不及物曰不享，惟不役志于享。"为其不成享也。'屋庐子悦。或问之。屋庐子曰：'季子不得之邹，储子得之平陆。'"

② 参见《孟子·离娄下》第二十三章："孟子曰：'可以取，可以无取，取伤廉；可以与，可以无与，与伤惠；可以死，可以无死，死伤勇。'"

③ 参见《论语·述而》。

大夫，有五个朋友：乐正裘、牧仲，其他三个人的名字我忘记了。孟献子和这五个人为朋友，便忘记了自己是大夫。这五个朋友，如果也想着孟献子是大夫，也就不会与他交朋友了。"

孟子见众弟子似乎没有明白，便继续解释道："不仅仅是拥有百辆战车的大夫是这样，即使是小国的国君也是这样的。费惠公说：'对子思，尊为师长；对颜般，当作朋友；至于王顺、长息，当作侍奉我的人。'不仅小国国君是这样，即使大国的国君也是这样的。晋平公对亥唐就是这样，请他进去就进去，请他坐下就坐下，请他吃饭就吃饭；即使是蔬菜粗粮，也可以吃饱，也不敢不吃饱。然而，晋平公对亥唐也只是做到这种地步罢了。晋平公不和亥唐共有官位，不和他共同理政，不和他共享俸禄。这是士人尊贤的态度，并不是王公尊贤应有的态度。舜去拜见帝尧，帝尧安排他这位女婿住在别宫里并设宴招待，二人互为主客。这就是天子和普通百姓交朋友。地位卑微者恭敬尊贵者，叫作尊敬高贵；地位高贵者尊敬地位卑微者，叫作尊敬贤能。尊重高贵和尊敬贤能，道理是一样的。"①

朋友是人生中很重要的人际关系，属于五伦之一，历来备受重视。朋友关系与其他关系不同，是完全平等的有自由选择的关系。孔子对待交友也有一些论述，他说"无友不如己者"，即不要交往和自己不志同道合的朋友。曾子提倡"君子以文会友，以友辅仁"，一直是文人交友的座右铭。孟子阐释的交友原则则更具有宽泛意义，开篇便提出了一个总的原则：交友要完全平等，不能有任何倚仗和挟持；交友属于私人交际，不能和公事混为一谈，这一点非常重要。

---

① 参见《孟子·万章下》第三章："万章问曰：'敢问友。'孟子曰：'不挟长，不挟贵，不挟兄弟而友。友也者，友其德也，不可以有挟也。孟献子，百乘之家也，有友五人焉：乐正裘、牧仲，其三人，则予忘之矣。献子之与此五人者友也，无献子之家者也。此五人者，亦有献子之家，则不与之友矣。非惟百乘之家为然也，虽小国之君亦有之。费惠公曰："吾于子思，则师之矣；吾于颜般，则友之矣；王顺、长息则事我者也。"非惟小国之君为然也，虽大国之君亦有之。晋平公之于亥唐也，入云则入，坐云则坐，食云则食；虽蔬食菜羹，未尝不饱，盖不敢不饱也。然终于此而已矣。弗与共天位也，弗与治天职也，弗与食天禄也，士之尊贤者也，非王公之尊贤也。舜尚见帝，帝馆甥于贰室，亦飨舜，迭为宾主，是天子而友匹夫也。用下敬上，谓之贵贵；用上敬下，谓之尊贤。贵贵尊贤，其义一也。'"

为何 "却之不恭"

万章说："弟子明白了。老师，我再请教一下，人们之间的交际应当秉持什么心理呢？"

孟子回答道："就是两个字——恭敬！"

万章说："一再拒绝别人的礼物就是不恭敬，这是为什么呢？"

孟子说："礼物如果是尊者赐给的，心里想着：'他获取这些东西是合理的呢，还是不合理的呢？'然后才接受。这样的心理就是不恭敬，因此就不要推却了！"

万章说："不用语言拒绝而是在心里拒绝，不说：'这些礼物是统治者从百姓那里盘剥获取的不义之财。'然后用其他的理由推却不接受，这样不可以吗？"

孟子回答说："如果对方按照规矩和我交往，接待我也完全依照礼节，这样的礼物就是孔子都会接受的。"①

万章又问："如果现在一个人从国都郊外杀人抢劫回来，然后他按照规矩和我交往，完全依照礼节给我送礼物，这样可以接受吗？"

孟子说："不可以。《尚书·康诰》上说：'杀人抢劫货物的，胡来而不怕死的人，所有百姓都极其痛恨。'这些人都是不用进行教育就可以立即杀掉的恶人。商朝接受夏朝的律法，周朝接受商朝的律法，每个时代都是如此。这样的人送的礼物怎么能够接受呢？"②

万章说："现在，诸侯对百姓巧取豪夺获取大量财物，和拦路抢劫的强盗一样。如果按照规矩做好接待的礼节，君子就可以接受他们的礼物，请问这是什么道理？"

---

① 参见《孟子·万章下》第四章："万章曰：'敢问交际何心也？'孟子曰：'恭也。'曰：'"却之却之为不恭"，何哉？'曰：'尊者赐之，曰，"其所取之者义乎，不义乎？"而后受之，以是为不恭，故弗却也。'曰：'请无以辞却之，以心却之，曰，"其取诸民之不义也"，而以他辞无受，不可乎？'曰：'其交也以道，其接也以礼，斯孔子受之矣。'"

② 参见《孟子·万章下》第四章："万章曰：'今有御人于国门之外者，其交也以道，其馈也以礼，斯可受御与？'曰：'不可；《康诰》曰："杀越人于货，闵不畏死，凡民罔不。"是不待教而诛者也。殷受夏，周受殷，所不辞也；于今为烈，如之何其受之？'"

孟子说:"你以为如果有圣明的天子出现,会把现在的诸侯都杀掉吗?还是经过教育后不改正再杀掉呢?把不是自己所应有的东西获取来据为己有说成是强盗,这是把事情的性质提高到最严格的意义上说的。孔子在鲁国做官的时候,鲁国人打猎争夺猎物,而孔子也一样去争夺猎物。争夺猎物都可以,何况是接受国君的赐予呢?"

万章问:"那么,孔子做官不是为了推行自己的政治主张吗?"

孟子说:"当然是为了推行自己的政治主张啊!"

万章接着问:"既然是为推行自己的政治主张,为什么打猎时还要争夺猎物?"

孟子说:"孔子先在簿册上记载好按照规定祭祀所需要用的祭品,并规定不能用别处的食物来作为祭品做祭祀。"①

万章又问:"孔子当年为什么不离开?"

孟子说:"要尝试啊!尝试后发现自己的主张可以推行,可是君王却不推行,然后才辞官离开。所以,孔子没有在哪个诸侯国做官满三年的。孔子做官,有因为看出可以推行政治主张的,有因为君王以礼相待的,有因为君王敬贤养能的。对于季桓子,是因为可以推行政治主张而做官的;对于卫灵公,是因为以礼相待而做官的;对于卫孝公,是因为君王敬贤养能而做官的。"②

其实,在一般平等交往中,只要奉行"礼尚往来"的原则就可以。在朋友间、亲戚间、同事间,相互赠送表达心情的礼物也是必要的。

周赧王四年(前311)岁次庚戌,孟子六十二岁了。离开齐国后,孟子到鲁国、宋国考察了一下发现根本没有推行仁政的机会,到薛地

---

① 参见《孟子·万章下》第四章:"曰:'今之诸侯取之于民也,犹御也。苟善其礼际矣,斯君子受之,敢问何说也?'曰:'子以为有王者作,将比今之诸侯而诛之乎?其教之不改而后诛之乎?夫谓非其有而取之者盗也,充类至义之尽也。孔子之仕于鲁也,鲁人猎较,孔子亦猎较。猎较犹可,而况受其赐乎?'曰:'然则孔子之仕也,非事道与?'曰:'事道也。''事道奚猎较也?'曰:'孔子先簿正祭器,不以四方之食供簿正。'"

② 参见《孟子·万章下》第四章:"曰:'奚不去也?'曰:'为之兆也。兆足以行矣,而不行,而后去,是以未尝有所终三年淹也。孔子有见行可之仕,有际可之仕,有公养之仕。于季桓子,见行可之仕也;于卫灵公,际可之仕也;于卫孝公,公养之仕也。'"

本来是想见一见闻名遐迩的孟尝君田文，但孟尝君又不在，便带着弟子们回到了邹国。其时，孟子认为，他游说诸侯实行仁政，推行王道理想已经没有什么希望了，虽然有些心灰意冷，但心情反而平静下来了。

　　春天来了，孟子开始专心办学堂，像孔子一样将办学培养人才作为实现理想的间接方式。同时，孟子将自己的思想和理论全部都整理出了头绪来，而且对弟子的教育更加条理化、系统化。孟子的弟子学成后，也到各地分别开设了规模不等的学堂。弟子们遇到无法解答的问题时，便再来孟子这里请教。

礼与食孰重

　　孟子的弟子屋庐子在任国开设学堂讲述儒家学说，被当地一个人问住了，他无法回答。于是，屋庐子便直接来向孟子求教。

　　孟子见屋庐子有点着急和疑惑，便问是怎么回事。

　　屋庐子说：“任地有一个人问弟子两个问题，弟子回答不了，便来求教老师了。请告诉弟子应该如何回答。”

　　孟子问：“那是什么样的问题呢？”

　　屋庐子说：“对方问：‘礼与食孰重？’弟子回答：‘礼重。’”

　　孟子说：“回答很对啊，没有问题。”

　　“对方又问：‘色与礼孰重？’弟子回答：‘礼重。’”

　　孟子说：“没有问题啊！”

　　屋庐子说：“对方接着又问：‘以礼食，则饥而死；不以礼食，则得食，必以礼乎？亲迎，则不得妻；不亲迎，则得妻，必以礼乎？’弟子就不知道如何回答了。您说应该怎么回答呢？”[①]

　　其实，对方的问题是这样的：“如果守礼，就会饿死；如果不守礼，

------

　　① 参见《孟子·告子下》第一章：“任人有问屋庐子曰：‘礼与食孰重？’曰：‘礼重。’‘色与礼孰重？’曰：‘礼重。’曰：‘以礼食，则饥而死；不以礼食，则得食，必以礼乎？亲迎，则不得妻；不亲迎，则得妻，必亲迎乎？’”

就可以吃到东西，这样也一定要守礼吗？如果一定按礼去迎亲，就娶不到妻子；不按礼去迎亲，就能娶到妻子，这样也一定要按礼吗？"

孟子说："噢！回答这个问题，有什么可难的呢？如果不衡量一下地基的高低，而只比较顶端，寸厚的木板也可以使它比高楼还高。金属比羽毛重，难道一钱重的金钩比一车羽毛还重吗？本来就不能这么比较。取吃饭最重要的方面和礼的细微方面相比，何止是只得出吃饭的方面重要呢？拿娶妻这样重要的事情和礼的细微方面来比较，何止是只得出娶妻更重要呢？"

屋庐子有点疑惑，便问道："老师的意思我明白，可是我应该怎么回答他呢？"

孟子说："你回去这样回答他：'如果扭断哥哥的胳膊，抢走他的食物，就能得到吃的；如果不扭断哥哥的胳膊就得不到食物，那么还要扭断吗？如果爬过东邻家的墙头去搂抱人家的姑娘，就能娶到妻子；不爬过东邻家的墙头去搂抱人家的姑娘就娶不到，那么要去搂抱吗？'然后，你看他怎么回答。"[①]

孟子一下子抓住这个问题的关键点，用其人之道还治其人之身的方式回答了这一问题，不可谓不精彩。

孟子首先指出用现实生活中极端的事例和礼的普遍原则相比较是不对的，因为比较的标准不同。事实上，如果用一钱重的金钩和一车的羽毛比较轻重，即使金属重于羽毛，但结果一定是一车羽毛重于一钱重的金钩。然后，孟子也用同样极端的事例来回答对方，自然答案是不言自明的：如果不扭断哥哥的胳膊就不能有吃的，不爬过东邻家的墙头去强搂人家的姑娘就不能娶到妻子，那么这样的行为自然是不能做的，因为这实际上不只是违礼更是犯罪。

---

① 参见《孟子·告子下》第一章："屋庐子不能对，明日之邹以告孟子。孟子曰：'于答是也，何有？不揣其本，而齐其末，方寸之木可使高于岑楼。金重于羽者，岂谓一钩金与一舆羽之谓哉？取食之重者与礼之轻者而比之，奚翅食重？取色之重者与礼之轻者而比之，奚翅色重？往应之曰："兄之臂而夺之食，则得食；不，则不得食，则将之乎？逾东家墙而搂其处子，则得妻；不搂，则不得妻；则将搂之乎？"'"

君子可欺不可罔

屋庐子提这个问题的时候万章也在，于是万章便就自己没有想明白的一件事请教孟子，也便于在以后能够正确应答。

万章问："《诗》上说：'娶妻当怎么办？一定要告诉父母。'《诗》真的是这样说的啊！应该说，没有谁比舜更相信这话的了。但是，舜没有禀告父母就娶了妻子，这是为什么呢？"

孟子说："如果禀告了，就不能娶到妻子了。男女同居一室，是人与人之间的重要关系。如果禀告了就会破坏这种关系，因而还会怨恨父母，所以舜就不禀告了。"①

万章说："舜不禀告就娶妻的原因，我已经明白了。但是，帝尧把女儿嫁给舜却不告诉舜的父母，这又是为什么呢？"

孟子说："帝尧也知道如果告诉舜的父母，那女儿就不能嫁给舜了。"②

万章说："父母让舜修缮粮仓却抽去梯子，父亲瞽瞍还放火烧了粮仓。接着又让舜去淘井，不知道舜已经从旁边的通道逃走了，还往井里填土想埋掉他。象说：'计谋都是我出的，功劳都应该归我。牛羊归父母，仓廪归父母，兵器归我，琴也归我，两个嫂子铺床侍候我。'象走进舜的房间，却看到舜正坐在床上弹琴。象说：'我心里郁闷，真想念你啊！'并表现出羞惭的样子。舜说：'我惦记着那些臣下和百姓，你替我去管理一下吧！'不知道舜是否知道象将要杀害自己呢？"

孟子说："怎么能不知道呢？不知道怎么能够躲避灾难，只不过是象忧伤他也忧伤，象高兴他也高兴而已。"

万章问："舜是假装高兴吗？"

孟子说："不是假装的。从前，有人向郑国子产赠送活鱼，子产让

①参见《孟子·万章上》第二章："万章问曰：'《诗》云："娶妻如之何？必告父母。"信斯言也，宜莫如舜。舜之不告而娶，何也？'孟子曰：'告则不得娶。男女居室，人之大伦也。如告，则废人之大伦，以怼父母，是以不告也。'"

②参见《孟子·万章上》第二章："万章曰：'舜之不告而娶，则吾既得闻命矣；帝之妻舜而不告，何也？'曰：'帝亦知告焉则不得妻也。'"

管理池塘的小吏把那条鱼拿到池塘里放生。结果，那人把那条鱼做熟吃掉了。那人回来报告子产说：'那条鱼刚放进水里时看起来很疲乏不爱动，过了一会儿就变得非常活泼了，然后便迅速地游到深水处去了。'子产说：'总算是到了它应该去的地方，总算是到了它应该去的地方啊！'管理池塘的小吏出来说：'谁说子产智慧？我已经把那条鱼做熟吃掉了，他还说鱼儿到了它应该去的地方，鱼儿到了它应该去的地方！'所以，君子可以被合乎情理的事情欺骗，却不能用不符合情理的事误导。因此，象装出爱兄长的样子来，舜也真的相信他并感到高兴，怎么会是假装呢？"①

孔子和孟子都祖述尧舜、宪章文武，但孔子对舜的具体阐述不多，而孟子对舜的评价则相当多，后世对舜的许多描述当出自《孟子》。当弟子万章提出关于舜的一些疑问，孟子便对其一一回答，而且前后三个问题属于递进式的。

第一个问题是关于舜娶妻没有经过父母同意。按照礼制，舜对《诗》上说"娶妻必须告知父母"的古训不会不知道，但他为什么不禀告父母呢？孟子回答说，如果禀告父母就娶不到妻子了，反而还会怨恨父母，所以不能报告。尧把女儿嫁给舜却不告诉舜的父母，那这又是为什么呢？孟子回答的结论是一样的。这充分体现了"权变"的处世哲学。

第二个问题是舜的父亲瞽瞍和异母弟弟象处心积虑要害死舜。象害死舜的动机他已经说得很清楚了，就是图谋舜的家产和妻室。那么，舜是否知道父亲瞽瞍和弟弟象要加害他呢？孟子认为舜是知道的，因为舜以象之忧为忧，以象之乐为乐。

第三个问题是舜如果知道这种情况，为什么当象假装表示想念哥哥

---

① 参见《孟子·万章上》第二章："万章曰：'父母使舜完廪，捐阶，瞽瞍焚廪。使浚井，出，从而掩之。象曰："谟盖都君咸我绩，牛羊父母，仓廪父母，干戈朕，琴朕，弤朕，二嫂使治朕栖。"象往入舜宫，舜在床琴。象曰："郁陶思君尔。"忸怩。舜曰："惟兹臣庶，汝其于予治。"不识舜不知象之将杀己与？'曰：'奚而不知也？象忧亦忧，象喜亦喜。'曰：'然则舜伪喜者与？'曰：'否；昔者有馈生鱼于郑子产，子产使校人畜之池。校人烹之，反命曰："始舍之，圉圉焉；少则洋洋焉；攸然而逝。"子产曰："得其所哉！得其所哉！"校人出，曰："孰谓子产智？予既烹而食之，曰，得其所哉，得其所哉。"故君子可欺以其方，难罔以非其道。'"

时而舜也表示想念他呢？舜是否假装高兴呢？

孟子认为舜是真实的，圣人可以被欺骗，但不可以被误导，并讲述了一个管理池塘的小官欺骗子产的故事来加以说明。

那么，故事中的子产的智慧值得怀疑吗？否！被欺骗不影响智者的智慧，只能说明欺骗者是小人。孔子在回答弟子提问时曾经说过，君子"可欺也，不可罔也"[①]。意思是，君子可以被欺骗，但不可以被引导去干不道德、不仁义的事。因此，在现实生活中，被欺骗不是什么缺德或羞耻的事，但如果被人诱导或胁迫去干坏事则既缺德又羞耻了。

① 参见《论语·雍也》。

坚守儒家阵地

良能与良知

周赧王八年（前307）岁次甲寅四月初二，孟子六十六岁。这是一个美好的春天，孟子的弟子如万章、公孙丑、乐正克、公都子、屋庐子、高子等都前来拜见老师，同时也请教一些在教学实践或现实生活中遇到的问题。

弟子们请孟子再讲一讲人生与人性的关键问题。孟子想了想，便说道："我从根上开始，再给你们讲一讲。"

弟子们立即鸦雀无声，都竖起耳朵，生怕漏掉一个字。

孟子说："人之所不学而能者，其良能也。所不虑而知者，其良知也。孩提之童，无不知爱其亲者，及其长也，无不知敬其兄也。亲亲，仁也。敬长，义也。无他，达之天下也。"①

意思是，"人没有经过学习就能够做到的，叫作良能。没有经过思考就自觉去做的，就叫作良知。两三岁的小孩儿没有不敬爱父母的，等到长大后没有不恭敬兄长的。敬爱父母就是仁，恭敬兄长就是义。这没有别的原因，这就是普天下最通行的人性"。

孟子思想理论有一个基石，就是人性本善的观点，即"性本善"。由此，孟子从"性本善"生发出了许多论述，而本章就是对"人性善"的具体阐释。孟子所说的"良能"，实际上就是现在所说的本能。人确实有许多本能，

---

① 参见《孟子·尽心上》第十五章。

215

就是不需要专门教导就可以掌握的能力，如婴儿刚出生后就知道吮吸母乳。孟子所说的"良知"尤其值得注意，实际上就是天良，即天生的淳朴之心。在中国思想史上，影响甚巨的明代学者王阳明的"致良知"学说，以及李卓吾极力提倡的"童心说"，便取自《孟子》本章和前几章的思想。

高子有点疑惑地问孟子道："老师讲的道理我们都能够理解，但是为什么许多人的良知都丧失了，并做出一些不仁不义之事呢？"

孟子对高子说："山径之蹊间，介然用之而成路。为间不用，则茅塞之矣。今茅塞子之心矣。"[1]

意思是，"山谷底下的小道，有人总去走就成了路，但过一段时间不走就被茅草堵塞了。现在，你的心就像被茅草堵塞了"。

现在经常运用的"茅塞顿开"这个成语就出自本章，而孟子的这个比喻既生动又精彩。需要指出的是，这里的"径"通"陉"，而"陉"是山脉断绝的地方，如"井陉口"便是此意。实际上，山谷里的小道如果有一段时间不走，疯长的茅草和杂树丛确实容易将小路遮蔽甚至堵塞。孟子用茅草堵塞小路来比喻人的思维被堵塞非常精当。晋代诗人陶渊明《归田园居·其三》中有诗云"道狭草木长，夕露沾我衣"，其中的"道"便是孟子所说的那种小路。

孟子这里的意思是说要经常学习修行，以免心里被乱七八糟的杂念所蒙蔽、所堵塞。在当下，我们也应该经常读书和思考，以保持内心的坚定而不被世俗的花花世界迷惑。

生于忧患，死于安乐

孟子继续讲解道："天下人谈论万物的本性，只要研究已有的现象和运动轨迹就可以知道。所谓已有的现象和运动轨迹，是以顺应自然的规律为根本的。人们讨厌卖弄聪明，是因为卖弄聪明就往往穿凿附会。如果聪

---

[1] 参见《孟子·尽心下》第二十一章："孟子谓高子曰：'山径之蹊，间介然用之而成路；为间不用，则茅塞之矣。今茅塞子之心矣。'"

明人能够如同大禹治水那样因势利导，完全顺应水的自然属性让它运行，那就没有谁讨厌聪明了。大禹治水，只是顺应水势，因势利导。如果聪明人也因势利导，那就是大聪明了。天极高，星辰极远，如果按照已有的规律去推测，那么一千年以后的冬至日，也可以坐着推测出来。"①

孟子提倡"性善说"，这里的性主要是指物理之性，即自然规律。"如智者亦行其所无事，则智亦大矣。天之高也，星辰之远也，苟求其故，千岁之日至，可坐而致也。""智大"的标志是，虽然天高星远，但一千年以后的冬至日坐着就可以推算出来。如果千年后的冬至日能推测出来，那千年前的天象如日食、月食等同样也可以推测出来。由此可见，孟子在这里所谈的主要是物的本性。

弟子们没有完全理解，孟子接着举例讲道："舜发于畎亩之中，傅说举于版筑之间，胶鬲举于鱼盐之中，管夷吾举于士，孙叔敖举于海，百里奚举于市。故天将降大任于是人也，必先苦其心志，劳其筋骨，饿其体肤，空乏其身，行拂乱其所为，所以动心忍性，曾益其所不能。人恒过，然后能改。困于心，衡于虑，而后作。征于色，发于声，而后喻。入则无法家拂士，出则无敌国外患者，国恒亡。然后知生于忧患而死于安乐也。"②

意思是，"舜从田野里被起用，傅说从筑墙工被发现提拔，胶鬲从贩卖鱼盐的市场中被选拔任用，管仲从狱官手里得到释放并被重用，孙叔敖是从隐居的海边被举荐起用，百里奚是从市场上买回来并受到重用。因此，可以说，上天将要把大任降到这个人身上时，就一定要使他的意志受到困苦的磨炼，就一定要使他的筋骨受到锻炼，使他的肉体受到饥饿的考验，使他的生活遭受贫穷困乏，使他经历小事受到困扰而不能如意。用这些磨难来触动他的心灵，坚韧他的性格，增强他的能力。人常常犯错误，然后才能改正；心志困苦，思虑阻塞，然后才能奋发有

---

① 参见《孟子·离娄下》第二十六章："孟子曰：'天下之言性也，则故而已矣。故者以利为本。所恶于智者，为其凿也。如智者若禹之行水也，则无恶于智矣。禹之行水也，行其所无事也。如智者亦行其所无事，则智亦大矣。天之高也，星辰之远也，苟求其故，千岁之日至，可坐而致也。'"

② 参见《孟子·告子下》第十五章。

为；表现在脸色上，在言谈中发泄出来，这样才能被人们了解。一个国家，如果内部没有坚持法度的大臣和足为辅助的贤士，外部没有敌对的国家和邻国的忧患，这样的国家常常会灭亡。这样，就知道了忧愁祸患能使人生存奋发，安逸享乐能使人走向灭亡的道理了"。

这是《孟子》中意义重大且影响深远的一章。孟子的这段话是说能承担大任的人都曾经受过常人难以忍受的磨难，他们以坚韧的毅力在现实的苦难中磨炼自己，所以一旦受到重用便可以发挥极大的作用。

不过，这要从两个角度来思考问题。其实，这些承担大任的人谁都非主动承受如此的重负，而是他们在无奈中坚守了正道并不断努力坚持着，这样才有了后来被发现并被重用的机会。对孟子所说的"生于忧患而死于安乐"，它给处在艰苦环境下的士人提供了坚持下去的希望和精神动力，而这是其意义与价值所在。同时，姜子牙、伊尹、百里奚这些晚年才发达的士人，也给后世许多长期怀才不遇而不灰心颓丧的知识分子提供了榜样和希望，并给予那些有志气的人继续坚守的勇气和力量。

弟子们明白了孟子的苦心，大家都心情振奋，并纷纷为老师的话鼓起掌来。

立乎大者为君子

公都子是孟子的弟子中比较爱提问题的，这时他忍不住地提了一个问题。

公都子问："老师，同样都是人，有的成为君子，有的成为小人，这是为什么呢？"

孟子说："能够重视大体的人，就会成为君子；只重视小体的人，就会成为小人。"

公都子说："同样都是人，有的重视大体，有的重视小体，这是为什么呢？何况什么叫大体，什么叫小体，弟子也不太清楚。"

孟子说："耳朵、眼睛这类器官不会思考，所以容易被外物蒙蔽。耳朵、眼睛是物，与其他的物相接触，就会受到诱惑。这些就是小体。

但心这个器官的功能在于会思考，思考就会有所获，不思考就不会有所获。心是上天赐给人类的重要器官，因此心就是大体。因此，要先确立心这个重要器官的作用，那么次要器官就不能夺去人类的本性了。这样就能成为君子了。"①

公都子是孟子很重要的学生，他总是提出一些很有意思的问题，而孟子便是在回答这些问题中即兴发挥，并提出了许多有启发意义的观点。其实，孟子在这里提及了一个有关人类与物相区别的关键问题，即人有理性思维能力而物没有。人有感性知觉和理性知觉这两类不同的知觉：五官即耳目的感觉都是感性的，是自然生成的；心会理性思考，有是非善恶的辨别能力，才可能产生仁义道德的信念和人生追求，而仁是道德的居所，义是人生前行的正途大道。如果建立了仁义的价值观，那么一切感性追求都会纳入这种人生信念的管控之下，而在理性管控下的感性追求是可以理解的，也是合情合理的。

孟子所说的"大体"，实际上就是仁义，因为仁义才是内在的根本。

孟子继续说："不仁者可与言哉？安其危而利其菑，乐其所以亡者。不仁而可与言，则何亡国败家之有！有孺子歌曰：'沧浪之水清兮，可以濯我缨；沧浪之水浊兮，可以濯我足。'孔子曰：'小子听之：清斯濯缨；浊斯濯足矣。自取之也。'夫人必自侮，然后人侮之；家必自毁，而后人毁之；国必自伐，而后人伐之。《太甲》曰：'天作孽，犹可违；自作孽，不可活。'此之谓也。"②

意思是，"怎么可以和不仁的人谈论呢？这些人安于危险的境地而以灾祸为利，以社会的危险衰亡为快乐。不仁的人如果可以谈论，那又怎么会发生不败家亡国的事呢？有首小孩唱的歌谣道：'青色的河水如果清啊，可以洗我的帽缨；青色的河水如果浑浊啊，可以洗我的脚。'孔

---

① 参见《孟子·告子上》第十五章："公都子问曰：'钧是人也，或为大人，或为小人，何也？'孟子曰：'从其大体为大人，从其小体为小人。'曰：'钧是人也，或从其大体，或从其小体，何也？'曰：'耳目之官不思，而蔽于物。物交物，则引之而已矣。心之官则思，思则得之，不思则不得也。此天之所与我者。先立乎其大者，则其小者不能夺也。此为大人而已矣。'"

② 参见《孟子·离娄上》第八章。

子说：'弟子们听着，水清就洗帽缨，水浊就洗脚了，这都是自己决定的。'人一定是不自尊，然后人家才可能侮辱你；家一定是自己先毁弃，而后别人才可能毁坏你的家。国一定是自己先内乱，然后别人才可能讨伐你。《尚书·太甲》说：'天降灾难还可以躲避求活，自己造的罪孽就无法逃脱求活了。'说的就是这个道理"。

孟子在本章所表述的主要观点，就是"只要不是不仁者，就不会轻易倒下"。

不能自暴自弃

孟子见弟子们比较多，便接着继续讲学。

孟子说："自暴者，不可与有言也；自弃者，不可与有为也。言非礼义，谓之自暴也。吾身不能居仁由义，谓之自弃也。仁，人之安宅也；义，人之正路也。旷安宅而弗居，舍正路而不由，哀哉！"[1]

意思是，"对于那些自己残害自己的人，就不可能同他谈论什么。对于自己抛弃自己的人，就不可能同他合作而有所作为。根本不明白什么是仁义礼乐，说出话来都不符合礼义，就叫自己残害自己。自身不能安居于仁，又不能走正义的道路，就是自己抛弃自己。仁，是人之精神最安稳的住宅；义，是人生前行的最正确、最根本的方向。空着安乐的住宅不去居住，舍弃正路而不去走，真是悲哀啊！自己不自强，不走正路，别人是帮不了你的"。

"自暴自弃"这一成语一直被人们经常使用，就是不求进取的意思。实际上，居仁行义，就是人生的大方向定了，如此将无往而不胜，无往而不利，无往而不通。因此，人生的成败荣辱与自己的选择有很大的关系，如果能够选择正道，那这样的人生将无愧无悔。其实，从另一个侧面看，自暴就是"未闻道"，自弃就是"自卑"，对自己没有信心。

接着，孟子又强调不自暴自弃是前提，还要抓紧一切时间振奋精神孜孜以求，以使自己的生命价值最大化。

---

① 参见《孟子·离娄上》第十章。

孟子说："待文王而后兴者，凡民也。若夫豪杰之士，虽无文王犹兴。"①

意思是，"等待周文王那样的圣贤出现之后才奋发努力的，就是普通百姓。如果是真正的豪杰之士，即使没有周文王在世也一样努力奋发"。

人生很短暂，不能选择出生的时机，也不能选择生命的长短，故抓紧时间努力拼搏使自己的生命之光更加灿烂便极其重要。因此，不能等待社会政治清明再努力奋发，因为那不是可以等来的。其实，这是孟子的一贯思想和反复强调的一个观点。当然，只有在困境中不甘心虚度光阴而努力奋发的志士才是真正的英雄，才有可能成就辉煌的伟业。

最后，孟子认为只要不自暴自弃而时刻努力，其他便是从最基础学起的问题了，并举例讲道："羿之教人射，必志于彀。学者亦必志于彀。大匠诲人，必以规矩。学者亦必以规矩。"②

意思是，"后羿教人射箭，其志向一定是拉满弓射中目标，学习的人也一定是要拉满弓射中目标。最高级的工匠教徒弟，一定从基础法则学起，而学习的人也一定要从基础学起"。

孟子告诫说学习要从基础学起，要按照规矩即规律性的程序进行，不可能跳跃，就像走路一样必须先学爬行，然后才能慢慢站立、走步，接着才能一点点加速快走，最后才会跑。如果不会走的人就要学跑，那肯定是会摔跟头的，而且也没有可能性。

其进锐者其退速

当然，在确定了方向并开始起步前进之后，是否有坚韧不拔的毅力便是能否成功的关键了。

孟子见弟子们都在认真地听着，便放慢了语速一字一顿地说："于不可已而已者，无所不已。于所厚者薄，无所不薄也。其进锐者，其退速。"③

意思是，"对于不可以停止的事情却停止不干了，那么就没有什么

---

① 参见《孟子·尽心上》第十章。

② 参见《孟子·告子上》第二十章。

③ 参见《孟子·尽心上》第四十四章。

是不可以停止的了。对于所应该厚待的事情却很轻薄地去对待，那么就没有什么不可以不薄待的了。前进特别迅速的人，后退也会很迅速"。

实际上，这段话的前两句是说凡是不努力前行而自己停止的，那就不会有什么进步和成就了；只要自己坚持不懈努力进取，就一定会有成就。"其进锐者，其退速"是本章的关键，具有警世的作用。从现实看，凡是不经过积累而突然来临的名利地位都可能是要命的，一时间弄得名满天下却没有真才实学的人必定会摔跟头的。孟子说的"声闻过情，君子耻之"，其实也是这个道理。

听了孟子的进一步讲解，弟子们都很开心地领悟到了其中的内涵。万章说："听老师讲了这么多深刻的道理，弟子原来的一些疑惑大部分都解决了。不过，弟子还有两个问题一直萦绕在心，今天也请老师讲解一下。"

孟子说："请讲，什么问题？"

万章问："尧把天下给了舜。有这么回事吗？"

孟子回答说："没有！天子不能把天下随意给人。"

万章再问："那么舜拥有的天下，是谁给的？"

孟子回答说："那是上天给的。"

万章再问："如果是上天给的，有什么反复叮嘱的话命令他吗？"

孟子说："不是。上天不说话，用行动和具体事情来表示而已。"①

万章问："请问，如果用行动和具体事情来表示，是怎么表示的呢？"

孟子说："天子能把贤人推荐给上天，不能让上天给这个人天下；诸侯能够把贤人推荐给天子，不能使天子给他诸侯之位；大夫能够把贤人推荐给诸侯，不能使诸侯给他大夫的职位。从前，尧把舜推荐给上天而上天接受了他，让他在百姓面前有所表现而百姓也接受了他。所以说，'上天不说话，用行动和具体事情来表示而已'。"②

---

① 参见《孟子·万章上》第五章："万章曰：'尧以天下与舜，有诸？'孟子曰：'否；天子不能以天下与人。''然则舜有天下也，孰与之？'曰：'天与之。''天与之者，谆谆然命之乎？'曰：'否；天不言，以行与事示之而已矣。'"

② 参见《孟子·万章上》第五章："曰：'以行与事示之者，如之何？'曰：'天子能荐人于天，不能使天与之天下；诸侯能荐人于天子，不能使天子与之诸侯；大夫能荐人于诸侯，不能使诸侯与之大夫。昔者，尧荐舜于天，而天受之；暴之于民，而民受之；故曰，天不言，以行与事示之而已矣。'"

万章说："弟子再冒昧问一下，尧把舜推荐给上天而上天接受了他，把舜公开推荐给百姓而百姓也接受了他，这种情况怎么理解呢？"

孟子说："尧让他祭祀而百神享用，这样上天就接受了他；让他主持政事而政治有条不紊，百姓生活安定，这样百姓就接受了他。所以说，舜的天子之位是上天给的，是百姓给的。因此，'天子不能够把天下给人'。舜辅佐尧二十八年，不是一般人所能够做到的，这是天意。尧死后，三年的丧期结束，舜躲避尧的儿子而到了南河的南面，而朝觐天子的诸侯不到尧的儿子那里而到舜那里去，打官司告状的不到尧的儿子那里而到舜那里去，讴歌的人不讴歌尧的儿子而讴歌舜，这也是天意。然后，舜到了中原之地，登上了天子之位。如果舜居住到尧的宫中去逼迫尧的儿子，那就是篡位，这就不是上天给的天下。《尚书·泰誓》说：'上天视察民间来自我们百姓的视角，上天听取百姓的意见也来自我们百姓的心声。'说的就是这个意思。"①

万章询问孟子关于尧把天下禅让给舜的真实情况，实际上也是在质疑舜的天子之位来历的合法性问题。看来，这一问题在当时一定是热门话题，而关于"三代"的制度以及禅让制的真实性问题则是《孟子》中比较多的内容。

孟子回答的观点有如下几点要注意体会：一、天下不是某一个人的，也不是某个人就可以给别人的。二、真正的天子之位是上天和百姓共同给予的。但是，上天是虚化的，不是实体，是形而上的东西，而百姓是实实在在的。因此，孟子说舜的天子之位是百姓给的，谁能得到天下百姓的拥护谁就能得到天下，而上天也要听百姓的意见。所以，谁来统治天下、拥有天下，那都取决于百姓的选择。实际上是说，上天的意志和决定都取决于百姓，而孟子的观点相当于是"民本"思想的宣言。

再看孟子认为"燕可伐"的依据，实际上就是基于燕王哙没有权利

---

① 参见《孟子·万章上》第五章："曰：'敢问荐之于天，而天受之；暴之于民，而民受之，如何？'曰：'使之主祭，而百神享之，是天受之；使之主事，而事治，百姓安之，是民受之也。天与之，人与之，故曰，天子不能以天下与人。舜相尧二十有八载，非人之所能为也，天也。尧崩，三年之丧毕，舜避尧之子于南河之南，天下诸侯朝觐者，不之尧之子而之舜；讼狱者，不之尧之子而之舜；讴歌者，不讴歌尧之子而讴歌舜，故曰，天也。夫然后之中国，践天子位焉。而居尧之宫，逼尧之子，是篡也，非天与也。《太誓》曰，"天视自我民视，天听自我民听。"此之谓也。'"

把燕国的政权给相国子之，子之也没有权利接受对方交给的燕国政权，其逻辑上与本章所述是一样的。

大禹 "家天下"

万章说："这个问题弟子基本清楚了，但还有一个问题想请教。"

万章停顿了一下，接着问："人有言，至于禹而德衰，不传于贤而传于子，有诸？"[①]

孟子回答道："不是这样的，这不能说是禹的道德有问题。上天要把天子之位传给贤人就传给贤人，上天要把天子之位传给儿子就传给儿子。当年，舜向上天推荐禹，十七年后舜死，三年丧期结束后禹躲避舜的儿子到阳城居住，但百姓都跟随他去了阳城，就好像尧死之后百姓不跟随尧的儿子而跟随舜一样。禹把益推荐给上天，七年后禹死了，三年丧期结束后益也躲避禹的儿子启住到了箕山的北边。然而，官民朝见天子或者打官司告状的不到益那里去而到启那里去，说：'那是我们君王的儿子啊！'讴歌者不讴歌益而讴歌启，说：'那是我们君王的儿子啊！'丹朱不贤良，舜的儿子也不贤良。舜辅佐尧，禹辅佐舜，经历的年代长，给予百姓恩泽的时间久远。禹的儿子启贤良，能够继承禹的良好传统。益辅佐禹，年代短，给予百姓恩惠的时间不久。舜、禹、益水平相差很多，他们儿子的贤良与不贤良都是天意，不是人所能作为的。没有主动去做而得到的，就是天意；没有追求而得到的，就是天命。"[②]

弟子们仔细聆听，孟子接着说："普通百姓能够得到天下的，道德

---

① 参见《孟子·万章上》第六章。

② 参见《孟子·万章上》第六章："孟子曰：'否，不然也；天与贤，则与贤；天与子，则与子。昔者，舜荐禹于天，十有七年，舜崩，三年之丧毕，禹避舜之子于阳城，天下之民从之，若尧崩之后不从尧之子而从舜也。禹荐益于天，七年，禹崩，三年之丧毕，益避禹之子于箕山之阴。朝觐讼狱者不之益而之启，曰，"吾君之子也。"讴歌者不讴歌益而讴歌启，曰，"吾君之子也。"丹朱之不肖，舜之子亦不肖。舜之相尧、禹之相舜也，历年多，施泽于民久。启贤，能敬承继禹之道。益之相禹也，历年少，施泽于民未久。舜、禹、益相去久远，其子之贤不肖，皆天也，非人之所能为也。莫之为而为者，天也；莫之致而至者，命也。'"

一定要像舜和禹一样，而且还必须有天子推荐，所以孔子不能得到天下。继承世袭而得到天下的，上天要废弃，也一定要是像夏桀王、商纣王那样暴虐无德的人，所以益、伊尹、周公没有得到天下。伊尹辅佐商汤统一天下称王，汤死后，太丁没有立就死了，外丙在位二年，仲壬在位四年。太甲即位破坏了商汤的法制，于是伊尹把他流放到桐地；三年后，太甲悔恨自己的过错，主动改正错误，在桐地实行仁政走向义的道路；又过了三年，听从伊尹的教诲，于是回到亳都做天子。周公不能得到天下，如同益在夏朝，伊尹在商朝一样。孔子说：'唐尧、虞舜的禅让，夏、商、周三代的世袭继承制，其本质意义是一样的。'"①

这里提出的传贤与传子的问题，实际也是中国历史进程中的标志性事件，而中国历史便是从夏朝开始进入"家天下"的。这当然是极其复杂的多种因素共同作用的结果，非三言两语能够阐释清楚，这里仅仅从孟子的观点和论证过程来分析他"天命观"下面的"民本"思想而已。

当然，夏禹开始"家天下"还有一个根本原因，便是当时滔天洪水危害天下百姓的生命财产。在治理洪水的过程中，需要动员全天下的百姓参与，实际上促成了大一统，而其对于建立"家天下"是有一定助力的。这便是从夏禹开始形成了"家天下"的重要原因之一。

可以看出，孟子对禅让制和"三代"以后的世袭制做出了解释，认为是天意和民意的选择，归根结底还是百姓的选择。这是从"民本"思想出发引出的结论，其与历史发展的实际却并不完全相符。

孔子住谁家

弟子们在休息的时候相互问候，互相交流各自的情况：有办学教书

---

① 参见《孟子·万章上》第六章："（孟子曰：）'匹夫而有天下者，德必若舜禹，而又有天子荐之者，故仲尼不有天下。继世以有天下，天之所废，必若桀纣者也，故益、伊尹、周公不有天下。伊尹相汤以王于天下，汤崩，太丁未立，外丙二年，仲壬四年，太甲颠覆汤之典刑，伊尹放之于桐，三年，太甲悔过，自怨自艾，于桐处仁迁义，三年，以听伊尹之训己也，复归于亳。周公之不有天下，犹益之于夏、伊尹之于殷也。孔子曰，"唐虞禅，夏后殷周继，其义一也。"'"

的，有给各诸侯国卿大夫做家臣的，也有经商的。那个时代，孟子门下的弟子本身都是有一定文化基础的，经过孟子的教诲之后，其文化学识和社会交往能力就更高了，从而也改变了每一个人的生活和社会地位。

对于弟子们来说，他们好不容易来老师家拜访一次，而且人又这么多，刚好把想请教的问题都问一下。于是，师生之间的讨论与答问便再次开始了，依旧还是万章提问题。

万章有点犹豫，说："老师，弟子还有一个关于孔子的疑问，不知当问与否？"

"关于孔子的问题，那就更要问了。孔子的问题，如果我不能回答，恐怕就再没有人能够回答了。是哪个方面的呢？"孟子从来都是自信满满的，这是他的风格。正是由于这种风格，孟子才成就了他独树一帜的理论和学说。

万章便问道："有人说孔子在卫国时居住在宠臣痈疽家里，在齐国时居住在近侍宠臣瘠环家里，有这回事吗？"

孟子说："没有！不是这样的，这是好事的人编造的。孔子在卫国住在颜雠由家里。弥子瑕的妻子和子路的妻子是姐妹，弥子瑕对子路说：'孔子如果住在我家，可以得到卫国的卿。'子路把这话告诉孔子，孔子说：'这一切有天命。'孔子仕进依据礼，退出官场依据义，得到、得不到说'有天命'。住在痈疽和瘠环家，是没有道义，也不讲天命了。孔子在鲁国、卫国不受欢迎，在宋国遭遇桓魋司马要杀他，化装后才逃出宋国。这时候孔子命运不好，住在司城贞子家，做陈侯周的臣子。我听说观察在朝的大臣，看他招待的客人；观察外来的大臣，看他寄居家的主人。如果孔子在卫国居住在痈疽家，在齐国居住在侍人瘠环家，怎么能够还算是孔子呢？"[1]

---

[1] 参见《孟子·万章上》第八章："万章问曰：'或谓孔子于卫主痈疽，于齐主侍人瘠环，有诸乎？'孟子曰：'否，不然也；好事者为之也。于卫主颜雠由。弥子之妻与子路之妻，兄弟也。弥子谓子路曰："孔子主我，卫卿可得也。"子路以告。孔子曰："有命。"孔子进以礼，退以义，得之不得曰"有命"。而主痈疽与侍人瘠环，是无义无命也。孔子不悦于鲁卫，遭宋桓司马将要而杀之，微服而过宋。是时孔子当厄，主司城贞子，为陈侯周臣。吾闻观近臣，以其所为主；观远臣，以其所主。若孔子主痈疽与侍人瘠环，何以为孔子？'"

孟子时代是真正百家争鸣的时期，各思想家纷纷亮相而登上历史舞台。在各自宣扬自家学说的同时，他们还攻击其他学说，这样有关儒家宣扬的尧舜、文武之道以及儒家学说的先圣孔子便都遭遇到各种质疑和诽谤。于是，孟子挺身而出为儒家学说的古圣先贤辩明许多污蔑不实之词，而本章则是专门为孔子辩污的。

万章问的问题在当时一定有相当的市场，有相当的影响，而其正是由于心生疑惑才向孟子请教的。其时，对于孔子的问题，连万章都不敢确定是怎么回事，其他人就更难以说清楚了。关于孔子的疑问，这里主要是说孔子为出仕而不择手段不管什么人都投靠，并说他在卫国时住在卫灵公的宠臣痈疽家，在齐国时住在宦官瘠环家。如果真的是这样，孔子确实很卑微和不足道了，因为通过什么人、什么途径步入仕途是非常重要的。所以，孟子举例说明孔子不是为了进入仕途什么途径都走的人，并详细陈述了孔子当时游历诸侯国的情况：当年在卫国的时候，子路的连襟弥子瑕是卫灵公的大红人，曾经主动告诉子路说如果孔子住到他家里去，他就可以让孔子做到卫国卿的地位，但孔子没有正面回答，而是用"命也"来答复。这是真实的情况，孔子和卫国贤人蘧伯玉关系非常亲密，所交往者皆是贤人而没有小人和佞幸之徒。

在孔子身后，不断有人诋毁、诬蔑。孔子刚刚去世时，孔子的弟子们都在维护老师的尊严和形象，而出力最大、最有力度的是子贡。在孟子的时代，对孔子的各种诋毁、诬蔑的传言大有挖儒家祖坟的味道，是孟子站出来坚决维护了孔子的尊严和地位。

孔子赞歌

孟子由于回答万章关于孔子提出的问题而调动起了情绪，他有点激动地站了起来，即兴讲道：

"伯夷是极其清高之人，眼睛不看不好的事物，耳朵不听不好的声音，不是尊崇的君王他不肯侍奉，不是认可的百姓他也不去开导和领导。政治清平就出仕，政治混乱就隐退。有残暴政治的地方，有不良百姓所居住的地方，他都不愿意在那里居住。他认为与庸俗的人相处，就好像穿着官服戴着礼帽坐在泥里或炭灰上一样。在商纣王的时代，他便隐居到北海之滨，等待天下清平。所以，听说伯夷的作风的人，顽劣的也会变得廉洁，怯懦的也会立下志向。这是伯夷。

"伊尹说：'什么样的君王是不可以侍奉的呢？什么样的百姓是不可以领导的呢？'太平盛世努力仕进，混乱世道也努力仕进。他说，'上天创造人类，是使先认清道理的人教育后知道道理的人，是使先觉悟的人教育后觉悟的人。我就是天下百姓中先觉悟的人，我将要用这些道理教育百姓！'他为天下的百姓着想，天下百姓中只要有不能享受尧、舜恩泽的人，就好像是他自己把他们推到沟里似的。所以，他自己主动去担任天下的重担啊！这就伊尹。

"柳下惠是不以侍奉昏君为耻辱的，也不辞去小的官职。被推举为官，就不隐藏自己的才能，但一定按照自己的原则办事；不被推荐为官，也没有怨恨，即使处境困苦也不郁闷忧愁。与庸俗的人相处，悠然自得而不忍心离开。他说：'你是你，我是我，即使你赤裸裸光身在我身边，又怎么能使我沾染上不好的东西呢？'所以，听说柳下惠节操的人，心胸狭窄的人也变得宽厚，浅薄的人也变得纯朴厚道。"①

弟子们急于听孟子讲正题，因为老师明确说要讲述孔子的。然后，孟子讲道：

"当孔子离开齐国时，刚刚淘完米等不及把米水沥干就包起来赶路。离开鲁国时，孔子却说：'我们慢慢走吧，这是离开自己祖国的道路啊！'可以快就快，可以慢就慢，可以隐居就隐居，可以出仕就出仕，

---

①参见《孟子·万章下》第一章："孟子曰：'伯夷，目不视恶色，耳不听恶声。非其君，不事；非其民，不使。治则进，乱则退。横政之所出，横民之所止，不忍居也。思与乡人处，如以朝衣朝冠坐于涂炭也。当纣之时，居北海之滨，以待天下之清也。故闻伯夷之风者，顽夫廉，懦夫有立志。伊尹曰："何事非君？何使非民？"治亦进，乱亦进，曰："天之生斯民也，使先知觉后知，使先觉觉后觉。予，天民之先觉者也。予将以此道觉此民也。"思天下之民，匹夫匹妇有不与被尧舜之泽者，若己推而内之沟中，其自任以天下之重也。柳下惠不羞污君，不辞小官。进不隐贤，必以其道。遗佚而不怨，厄穷而不悯。与乡人处，由由然不忍去也。"尔为尔，我为我，虽袒裼裸裎于我侧，尔焉能浼我哉？"故闻柳下惠之风者，鄙夫宽，薄夫敦。'"

这就是孔子。"①

孟子归纳总结道:"伯夷,是圣人之中清高的人;伊尹,是圣人之中勇于担当的人;柳下惠,是圣人之中随和的人;孔子,是圣人之中识时务的人。孔子,可以说是圣人中的集大成者。能够集大成的人,就是金声玉振,有始有终。所谓金声,就是音乐开始时敲击金钟和铜钹发出的声音,表示旋律的开始;所谓玉振,就是敲击玉磬的声音,表示旋律的结束。节奏条理的开始,靠智慧起作用;节奏条理的结束,靠圣人起作用。智慧,就好像是技巧;圣德,就好像是力量。就如同在百步之外射箭,能够射到就是你的力量,能够射中就不仅仅是你的力量了。"②

弟子们听完后,深深感觉到这就是老师为其"私淑"的先圣孔子唱的一首赞美诗,也是评价孔子最精彩的一段文字。

"孔子,圣之时者也。孔子之谓集大成,集大成也者,金声而玉振之也。"这是孟子对孔子最崇高的礼赞,如同一首赞美诗回响在历史的时空里,永远有其优美的旋律在,有其潜移默化的影响在。

伊尹和百里奚

万章见老师精神昂扬,便继续求教。万章问道:"今天听老师如此一解释,真是大有茅塞顿开的感觉。弟子还有两事一直未搞清楚,感觉对方的说法不对,但不知到底如何解释和回答。"

孟子说:"好好好,有什么问题尽管问,我一并回答。"

万章道:"一个是关于伊尹的,一个是关于百里奚的。"

孟子道:"我知道了。我们儒家赞美谁就会有人提出异议,以此来变相否定我们的学说。你先说说伊尹吧!"

---

① 参见《孟子·万章下》第一章:"(孟子曰:)'孔子之去齐,接淅而行;去鲁,曰,"迟迟吾行也,去父母国之道也。"可以速而速,可以久而久,可以处而处,可以仕而仕,孔子也。'"

② 参见《孟子·万章下》第一章:"孟子曰:'伯夷,圣之清者也;伊尹,圣之任者也;柳下惠,圣之和者也;孔子,圣之时者也。孔子之谓集大成。集大成也者,金声而玉振之也。金声也者,始条理也;玉振之也者,终条理也。始条理者,智之事也;终条理者,圣之事也。智,譬则巧也;圣,譬则力也。由射于百步之外也,其至,尔力也;其中,非尔力也。'"

万章问："有人说，'伊尹用烹调去干谒商汤'，有这回事吗？"

孟子说："不是这样的。伊尹在有莘国的郊野里耕种田地，并且向往尧舜之道。不合乎道义的，即使把天下当成俸禄送给他，他连回一下头都不屑。即使有四千匹好马拴在那里，他连一眼都不看。不合乎道义的东西，他一丁点儿都不肯给别人，也不肯要别人的一丁点儿。商汤曾带着礼物去聘请他，他却轻松无所谓地说道：'我要商汤的聘礼做什么呢？我为什么不在田地之中像这样以尧舜之道为快乐呢？'后来，商汤三次派人来请，伊尹才终于改变态度说：'与其像我这样在田地之中爱好尧舜之道，怎么能比得上使君王成为尧舜之君呢？我如此在田地之中干活，怎么能使这个时代的百姓成为尧舜时代的百姓呢？又怎么能比得上我亲身见到这种盛况呢？上天创造人类，是使先认清道理的人教育后认清道理的人，是使先觉悟的人教育后觉悟的人。我就是天下百姓中先觉悟的人，我将要用这种道理教育百姓。我不来教育百姓使他们觉悟，还能有谁啊？'他为天下的百姓着想，只要有一个百姓不能享受尧舜的恩泽，就好像是自己把他们推到沟里似的。他就是这样把天下的重任担在肩上，因此去接近商汤而劝说他讨伐夏桀拯救百姓。我没有听说过自己不正而能够使别人端正的，何况是屈辱自己而能够端正天下呢？圣人的行为不同，有的有意疏远君王，有的有意接近君王，有的离开，有的不离开，归根结底是要保持自己的清白罢了。我只听说伊尹用尧舜之道来向商汤谋求职务，没有听说用烹调来向商汤谋求官职的。《尚书·伊训》上说：'上天的诛伐是从桀的宫室里开始的，我只不过是从亳都开始谋划的。'"①

————————

① 参见《孟子·万章上》第七章："万章问曰：'人有言，"伊尹以割烹要汤"，有诸？'孟子曰：'否，不然；伊尹耕于有莘之野，而乐尧舜之道焉。非其义也，非其道也，禄之以天下，弗顾也；系马千驷，弗视也。非其义也，非其道也，一介不以与人，一介不以取诸人。汤使人以币聘之，嚣嚣然曰："我何以汤之聘币为哉？我岂若处畎亩之中，由是以乐尧舜之道哉？"汤三使往聘之，既而幡然改曰："与我处畎亩之中，由是以乐尧舜之道，吾岂若使是君为尧舜之君哉？吾岂若使是民为尧舜之民哉？吾岂若于吾身亲见之哉？天之生此民也，使先知觉后知，使先觉觉后觉。予，天民之先觉者也；予将以斯道觉斯民也，非予觉之，而谁也？"思天下之民匹夫匹妇有不被尧舜之泽者，若己推而内之沟中。其自任以天下之重如此，故就汤而说之以伐夏救民。吾未闻枉己而正人者也，况辱己以正天下者乎？圣人之行不同也，或远，或近；或去，或不去；归洁其身而已矣。吾闻其以尧舜之道要汤，未闻以割烹也。《伊训》曰："天诛造攻自牧宫，朕载自亳。"'"

听到这里，弟子们都明白了老师的深意。孟子强调的是伊尹"以尧舜之道要汤"，即用尧舜的王道政治来说服商汤，而孟子一生便是用仁政思想和王道政治来游说诸侯，尤其是在与梁惠王和齐宣王的交往中这种观念最突出。在齐国的几年时间里，孟子如果贪图功名利禄的话，齐宣王是可以满足的，但孟子坚决主张施仁政、行王道，实际上便是孔子所倡导的"以道事君"，即"不能则去"。因此，孟子对伊尹的理解便更加深刻了。

关于伊尹用烹调向商汤谋求官职，在《吕氏春秋·本味》和《史记·殷本纪》中都有记载。万章的提问和孟子的回答都是围绕这件事，即伊尹的官职到底是怎么得到的。对此，孟子给予了绝对否定的回答，并说伊尹是通过爱好尧舜之道并得到商汤的邀请才去做官的。应该注意的是，商汤三次派人前去聘请伊尹，然后他才终于改变态度答应出来做官，而这与后世三国刘备"三顾茅庐"的故事倒有几分类似。总之，伊尹是感觉到了商汤的诚意才肯离开田地之中而出仕的。这个过程非常重要，表明伊尹是被商汤用诚意感动后才到其身边辅佐治理天下的。

孟子的回答总是堂堂正正的，他的这种解释和说法是很令人信服的，而这样的理解对于伊尹和商汤的形象也都大有好处。在孟子的回答中，"吾未闻枉己而正人者也，况辱己以正天下者乎"是关键，而枉己者自然是不能正人的。

"万章啊，你刚才不是问百里奚了吗？是怎么回事呢？"这次是孟子主动问了。

万章问道："有人说，百里奚自己把自己卖给秦国养牲口的人卖了五张羊皮，然后饲养牛来干谒秦穆公。这是真的吗？"

孟子说："不对，不是这样的。这是好事的人编造的。百里奚是虞国人，晋国用垂棘产的美玉和屈地的四匹宝马，向虞国借道来讨伐虢国。宫之奇进谏，而百里奚不进谏。百里奚知道虞公是不听进谏的，便离开虞国而到了秦国，当时他的年龄已经七十岁了。他能不知道用饲养牛来干谒秦穆公是很污浊的事吗？这能说是智慧吗？百里奚知道不可谏就不进谏，能说不智慧吗？知道虞公将要灭亡就先辞职离开，不可以说不智慧。当时百里奚被秦国提拔而受到重用，知道秦穆公可以成就事业而辅佐之，能说不智慧吗？辅佐秦穆公而使其在天下显扬并足以流传后世，如果不是贤良能够做到这样吗？卖掉自身来成全君王，即使是乡里有点自尊心的人都不会干这样的事，难道贤良的人能干这种事吗？"①

百里奚是一位传奇人物，他本来是虞国人，并在朝为官。但是，当晋国借道虞国攻伐虢国的时候，百里奚能够看出虞公不听进谏而没有进谏，而宫之奇进谏没有被采纳便全家迁走了。百里奚被晋国俘虏后作为奴仆陪嫁到秦国，他在中途逃跑到楚国养牛。秦穆公听说了百里奚的贤良，便运用智谋和外交手段将他赎回到了秦国，并非常礼貌地接见他后听取了他的意见。百里奚成就了秦穆公的霸业，这对君臣都成了流芳百世的人。在孟子的时代，有人传说百里奚是自卖自身到秦国养牛，然后再想法觐见秦穆公而谋求官职的，但这种说法其实漏洞太多而不值得一驳的。

孔子说："君子成人之美，小人反是。"②所谓成人之美，包括要承认和成全他人的美德和好事。在战国时代，可能是由于当时百家争鸣的论辩风气所致，因此对凡是记载前人高尚道德的说法都表示怀疑。

君子有三乐

听到这里，弟子们都有恍然大悟的感觉，万章深有感悟地说："老师，这次都听明白了，心中也更加有底气了，再给弟子讲课或者遇到这样的问题就都可以解释清楚了。"

孟子说："贤者以其昭昭，使人昭昭。今以其昏昏，使人昭昭。"③

意思是，"贤明的人先使自己明明白白，才想教导他人明明白白。

---

① 参见《孟子·万章上》第九章："万章问曰：'或曰，"百里奚自鬻于秦养牲者五羊之皮食牛，以要秦穆公。"信乎？'孟子曰：'否，不然；好事者为之也。百里奚，虞人也。晋人以垂棘之璧与屈产之乘假道于虞以伐虢。宫之奇谏，百里奚不谏。知虞公之不可谏而去之秦，年已七十矣；曾不知食牛干秦穆公之为污也，可谓智乎？不可谏而不谏，可谓不智乎？知虞公之将亡而先去之，不可谓不智也。时举于秦，知穆公之可与有行也而相之，可谓不智乎？相秦而显其君于天下，可传于后世，不贤而能之乎？自鬻以成其君，乡党自好者不为，而谓贤者为之乎？'"

② 参见《语语·颜渊》。

③ 参见《孟子·尽心下》第二十章。

现在的人是自己糊里糊涂，却想使别人明明白白"。

孟子不仅是告诫自己的弟子，同时也批评当时的一些老师自己还搞不明白却想去教导别人明明白白，这是非常不好的倾向。后来，"以其昏昏，使人昭昭"成了习用的成语。

弟子们都很开心，开始窃窃私语。孟子提示道："梓匠轮舆能与人规矩，不能使人巧。"①

意思是，"高级木匠以及专门制造车轮的车匠，能够把圆规、角尺的使用方法和制造的规矩教给别人，却不能使人具有灵巧的手艺"。

这虽然是针对工匠说的，实际上更是孟子教育实践的体会和经验之谈。对于教育以及一切技艺和修行都有重要的启迪作用，与孔子的教育思想是一脉相承的。一切学问、技艺、知识所能教授的都是规律性的东西，只能是一些原理与固定的规律，却无法传授具体的技巧方法和创新能力使之具有灵巧的手艺。一切原理和法则都是可以学习和传授的，而具体技巧和创新能力则全凭心灵的领悟。实际上，孟子是要求弟子们都要有灵活运用知识的能力。

这天孟子特别开心，不但这么多弟子从四面八方赶来拜见，师生间又进行了比较广泛的交流，而且解决了一些社会上对儒家学说进行攻击的重点问题。这样，弟子们都基本清楚了原委，这样对于儒道的深入广泛传播无疑是非常有益的。孟子的心情十分愉悦，总结性地向弟子们说道："君子有三乐，而王天下不与存焉。父母俱存，兄弟无故，一乐也。仰不愧于天，俯不怍于人，二乐也。得天下英才而教育之，三乐也。君子有三乐，而王天下不与存焉。"②

这是非常著名的一段话，表现出孟子的快乐观。孟子在开头和结尾两次强调"称王天下"不是人生快乐，实际上便是用极端的事例排除身外的功名利禄，因为这不是人努力就可以达到的，也是人自己无法把握的，至于是否得到是由天命所决定的。这样，孟子的"三乐"则是普通

---

① 参见《孟子·尽心下》第五章。
② 参见《孟子·尽心上》第二十章。

人都可以遇到的。第一乐是天伦之乐，孟子反复强调孝悌是行善的根本。因此，父母在才可以尽孝，这是前提；兄弟都正常生活，才可以尽悌，这也是前提。这样，家庭和睦，熙熙而乐，当然是人生的快乐。

第二乐是完全由自己来把握的，对于上天和人事都没有愧疚，即端端正正、清清白白的人生，而这完全是由自己的言行来决定的。这样，内心平静自然就没有任何惭愧和后悔之处，如曾子临终时的精神状态便是这种情况。当时，曾子病重，便召集弟子们前来，对他们说："动一动我的脚，摆正我的脚！打开我的手，摆正我的手！《诗》上说：'战战兢兢，小心谨慎，人生就好像面临深渊，好像行走在薄薄的冰面上。'从今以后，我可以免于这种胆战心惊的人生了！"①可以体会的是，曾子当时是一种解脱的心态，并且告诫弟子们要继续努力前行。

第三乐是孟子自己的写照，能够得到天下的优秀人才进行教育，实际上也是在间接传递自己的政治主张和文化。作为儒家先圣的孔子，他最成功之处就在于教育了一大批弟子传播"三代"的文化。对于中国儒家学说的确立和流传，孔子具有开创之功，而孟子的维护和发扬光大也是重要因素。

"求之有道，得之有命，是求无益于得也，求在外者也。"②功名利禄不是追求就可以得到的，故得到得不到都不是快乐与幸福的根本。孟子的"三乐"更能体现其心灵世界的高尚纯洁。

这也是孟子之所以感到这一天非常开心快乐的原因所在。

不 见 诸 侯

次日，弟子们离开了一部分，还有几位留下来继续向孟子请教一些问题。有的则是关怀孟子，认为老师现在身体如此健康，思维如此敏捷，社会知名度如此之高，应该去寻找机会大干一番事业。

最开始提出这一问题的是弟子陈代。陈代说："不见诸侯，宜若小然。

---

① 参见《论语·泰伯》："曾子有疾，召门弟子曰：'启予足！启予手！《诗》云："战战兢兢，如临深渊，如履薄冰。"而今而后，吾知免夫！小子！'"

② 参见《孟子·尽心上》第三章。

今一见之，大则以王，小则以霸。且《志》曰：'枉尺而直寻。'宜若可为也。"①

意思是，"不去谒见诸侯，好像器量小了一点吧。如今，您只要一见诸侯，大的话可以称王天下，小的话也可以称霸。况且，《志》上说：'弯曲一尺，伸直了就是七八尺。'应该是可以去做的"。陈代的话多少有点激将法的味道。

孟子说："从前齐景公打猎，用旌旗招呼负责猎场的小吏，小吏没有前去，于是齐景公准备要杀他。有志节的士人不怕掉脑袋而坚守节操，勇敢的士人不怕丢掉脑袋也要坚持真理。孔子赞美这位小吏什么呢？赞美他不是招呼他的命令就不去。如果不等待符合礼制的召唤就前往，那算什么啊？况且弯曲一尺伸开就是七八尺的比喻，说的是获取利益。如果以获取利益为目的，那么弯曲七八尺伸开一尺也可以做吗？从前，赵简子派王良给他宠爱的小臣嬖奚驾车打猎，一整天也猎获不到一只禽兽。嬖奚回去交差说：'王良是天下最差劲的驾车人。'有人把这话告诉了王良。王良说：'请求再给他驾一次车。'强烈要求后才答应，但一个早晨就猎获了十只禽兽。嬖奚回去汇报说：'王良真是天下最好的驾车人。'赵简子说：'我让王良专门给你驾车吧！'对王良说这件事时，王良却不同意，说：'我按照规范给他驾车奔驰，整天打不着一只禽兽；不按照规矩给他驾车，一个早晨却猎获了十只禽兽。《诗》上说："不要失去驾车的规矩，箭一发出去就会射中目标。"我不习惯给小人驾车，请撤去这道任命。'驾车人都羞于和射箭的小人合作，合作获得的禽兽即使像山陵那样多也不做。如果走歪门邪道而跟从他，那算什么啊？况且你错了，自己不正的人，没有能够使别人正直的。"②

---

① 参见《孟子·滕文公下》第一章。

② 参见《孟子·滕文公下》第一章："孟子曰：'昔齐景公田，招虞人以旌，不至，将杀之。志士不忘在沟壑，勇士不忘丧其元。孔子奚取焉？取非其招不往也。如不待其招而往，何哉？且夫枉尺而直寻者，以利言也。如以利，则枉寻直尺而利，亦可为与？昔者赵简子使王良与嬖奚乘，终日而不获一禽。嬖奚反命曰："天下之贱工也。"或以告王良。良曰："请复之。"强而后可，一朝而获十禽。嬖奚反命曰："天下之良工也。"简子曰："我使掌与女乘。"谓王良。良不可，曰："吾为之范我驰驱，终日不获一；为之诡遇，一朝而获十。《诗》云：'不失其驰，舍矢如破。'我不贯与小人乘，请辞。'御者且羞与射者比；比而得禽兽，虽若丘陵，弗为也。如枉道而从彼，何也？且子过矣：枉己者，未有能直人者也。"'"

　　孟子在当时社会的影响很大，但他不主动求仕，可能有的诸侯有意要请他，但如果态度不诚恳他也不肯前去。不过，弟子陈代为老师着急了，便劝孟子"枉尺而直寻"，就是稍微委屈一下自己而追求更高的目标，实际上就是降低标准而出仕。孟子最后说："如枉道而从彼，何也？且子过矣！枉己者，未有能直人者也。"最后的这一句话非常有力度，就是说连自己都不能正道直行，又怎么能够使他人正道直行呢。东汉赵岐评价本章云："人当以直矫枉耳，己自枉曲，何能正人？"可谓深中肯綮。

　　另一弟子公孙丑也提出同样的问题，他问道："不见诸侯，何义？"意思是，"您不去见诸侯，怎么能算是义？"这确实是需要回答的问题。

　　孟子说："古代不做大臣就不去朝见诸侯。当年，魏文侯去访段干木，段干木跳墙而走躲避他。鲁穆公去见泄柳，泄柳干脆关上门不让他进屋，这些做法都很过分。如果君王急迫求见，就可以见了。阳货想要见孔子而不愿意缺少礼节，大夫对于士有馈送，如果士没有在家亲自收受，就要到大夫的家里去回访。于是，阳货专门窥视孔子没有在家的时候去给孔子送去烤乳猪，而孔子也看阳货不在家的时候去回访。当孔子刚刚离开的时候，阳货突然挡在了孔子前面，这样怎么能不见呢？曾子说：'耸着肩膀，满脸谄笑，比大夏天铲地还累。'子路说：'如果不是志同道合只是应付几句，脸上都会出现羞愧的表情，这不是我所愿意的。'从这一点来看，君子如何培养自己的品格，就可以知道了。"①

　　孟子的话很明确，他不是君王的臣子，就不应该主动去见；但如果君王来见他，或者按照礼节来召见他，他也会去的。总之，作为君子，不能无缘无故主动去求见君王。

---

　　① 参见《孟子·滕文公下》第七章："公孙丑问曰：'不见诸侯何义？'孟子曰：'古者不为臣不见。段干木逾垣而辟之，泄柳闭门而不内，是皆已甚。迫，斯可以见矣。阳货欲见孔子而恶无礼，大夫有赐于士，不得受于其家，则往拜其门。阳货孔子之亡也，而馈孔子蒸豚；孔子亦其亡也，而往拜之。当是时，阳货先，岂得不见？曾子曰："胁肩谄笑，病于夏畦。"子路曰："未同而言，观其色赧赧然，非由之所知也。"由是观之，则君子之所养，可知已矣。'"

齐人有妻妾

对于刚才的话题，孟子对弟子们讲："做官不是因为贫困，但有时也是因为贫困。娶妻不是为了奉养双亲，但有时也是为了奉养双亲。因为贫困而做官的，便应该不做大官只做小官，不要丰厚的俸禄只要微薄的俸禄。不做大官只做小官，不要丰厚的俸禄只要微薄的俸禄，那担任什么职务才合适呢？做个看门的小吏正合适，夜间敲击梆子巡逻打更。孔子曾经做过管理仓库的小官，他说：'财物的出纳账面清晰没有差错了。'孔子曾经做过管理牧场和牲畜的小吏，他说：'牛羊都茁壮成长了。'地位低下，却好议论国家大事，那是罪过；在朝廷上做大官，自己的正确主张都不能实现，那是耻辱。"①

孟子在这里提出一个重要观点，即做官不是为了养家糊口，而是为了推行仁政，追求社会的公平和正义。如果只是为养家糊口就做一个小官，只要能够挣钱养家即可。这样，没有更大的社会责任，又能够具体做好本职工作。其实，做个小官就和种地、做工匠一样，但士人没有田地，也没有手艺，只是有知识和文化。对于那些成天胁肩谄笑，跟在权势者的后面点头哈腰的一些人物，孟子根本就瞧不起，于是便给弟子们讲了他亲眼见到的一个齐国人的故事：

齐国有这样一个人，家中有一妻一妾。每次丈夫出门后一定都是吃饱酒肉后才回家来，还一副得意扬扬的样子。妻子问丈夫和谁在一起吃喝的，而丈夫都说是和有权有势、有名有姓的富贵之人。

妻子告诉小妾说："丈夫出门，一定酒足饭饱后才回来。问和他共同吃喝的，他都说是和富贵之人。可是，咱们家从来也没有显贵的人来过。我打算偷偷跟着丈夫看看他去什么地方，究竟都和什么样的达官贵人交往。"

---

① 参见《孟子·万章下》第五章："孟子曰：'仕非为贫也，而有时乎为贫；娶妻非为养也，而有时乎为养。为贫者，辞尊居卑，辞富居贫。辞尊居卑，辞富居贫，恶乎宜乎？抱关击柝。孔子尝为委吏矣，曰，"会计当而已矣。"尝为乘田矣，曰，"牛羊茁壮长而已矣。"位卑而言高，罪也；立乎人之本朝，而道不行，耻也。'"

次日，妻子早早起床跟在丈夫后面，看看他都去到哪些地方，看到全城没有一个人站住和他说话。最后，他走到了外城东面，直接往乱坟岗子去了。他去到那些祭祀的人旁边，向人乞讨剩余的祭品，没有吃饱就又去别处再乞讨，看到有剩的酒就拿起来喝。原来，这就是丈夫每天吃饱喝足的办法啊。

妻子急忙先回家去，把实情告诉了小妾，说："丈夫是我们所仰望而要跟随终生的人，如今却是这个模样。"于是，妻妾一边嘲笑、讽刺丈夫， 一边在院子里流泪哭泣。但是，丈夫一点也不知道这个情况，仍旧得意扬扬地从外面进来，并一边摩挲着嘴一边还在妻妾面前说大话显摆呢。在君子看来，那些追求富贵和利益显达的人，能不使他们的妻妾感到羞耻而相互对泣的，几乎太少了。[1]

孟子讲了这个故事后，并附上了一句一针见血的评论，其原文是"由君子观之，则人之所以求富贵利达者，其妻妾不羞也，而不相泣者，几希矣"。

这是一个带有漫画笔法的讽刺故事，嘲讽那些不要人格尊严而通过苟且手段获取利益并装模作样欺骗亲人的伪君子。实际上，这是讽刺社会上一些人凭借出卖人格来获取富贵的势利小人。这些人在百姓面前装腔作势，而在权势者前面则胁肩谄笑、点头哈腰，一副奴才嘴脸。那位丈夫欺骗妻妾的嘴脸很滑稽可笑，尤其是其得意扬扬的神态更是令人作呕。其实，这样的人在现实生活中太多了，就是小人得志的典型罢了。小人之所以容易得志，实际上是因为他们可以不要尊严地乞讨想要的利益，完全不知道羞耻为何物。

这里主要是针对在官场中八面玲珑、左右逢源的势利小人。有的人

---

① 参见《孟子·离娄下》第三十三章："齐人有一妻一妾而处室者。其良人出，则必餍酒肉而后反。其妻问所与饮食者，则尽富贵也。其妻告其妾曰：'良人出，则必餍酒肉而后反；问其与饮食者，尽富贵也，而未尝有显者来，吾将良人之所之也。'蚤起，施从良人之所之，遍国中无与立谈者。卒之东郭墦间，之祭者，乞其余；不足，又顾而之他。此其为餍足之道也。其妻归，告其妾，曰：'良人者，所仰望而终身也，今若此。'与其妾讪其良人，而相泣于中庭，而良人未之知也，施施从外来，骄其妻妾。由君子观之，则人之所以求富贵利达者，其妻妾不羞也而不相泣者，几希矣。"

只要能做官、能晋升，便无所不用其极，如有的花钱买官，有的通过色相打通关节谋求官职。当然，这种现象在古今都有，孟子时代也不例外。这一章因被收入《古文观止》中，故流传甚广。

孟子跟弟子们表明了自己的态度，如果不遇到开明且有魄力而坚决推行仁政的君王就不想出仕了。因为帮助不推行王道、不推行仁政的君王，实际上是辅佐昏君、暴君，并对百姓不利，而真正有天良的圣贤是不可能到这样的诸侯国的。

孟子说："如今侍奉君王的人说：'我能够为君王开辟土地，充实钱财和府库。'如今所谓良臣，在古代就是所谓民贼。君王如果不向往仁义之道、不志于仁，帮助他追求财富，这样就是使夏桀富裕啊。'我能够为君王联合缔约友好国家，战争就一定会胜利。'如今所谓良臣，在古代就是所谓民贼。君王如果不向往仁义之道、不志于仁，帮助他追求强大和战争，这样就是在辅佐夏桀啊。沿着如今的这条道路走下去，又不改变这种以利诱惑君王的习俗，即使送给你天下，你连一天江山也坐不稳。"①

最后几句，孟子的原话是："由今之道，无变今之俗，虽与之天下，不能一朝居也。"

讲到这里，孟子稍微停顿一下，说道："大家想一想，是不是这个理。大家仔细琢磨一下，就现在各大诸侯国的君王看，有一位是贤明而有魄力的君王吗？我依旧是以前说过的态度。"

然后，孟子便将他之前讲过的话说了一遍："士穷不失义，达不离道。穷不失义，故士得己焉。达不离道，故民不失望焉。古之人，得志泽加于民，不得志修身见于世。穷则独善其身，达则兼善天下。"②

实际上，孟子一直坚持的态度是这样的，"士人处境艰难时不失掉

---

① 参见《孟子·告子下》第九章："孟子曰：'今之事君者皆曰，"我能为君辟土地，充府库。"今之所谓良臣，古之所谓民贼也。君不乡道，不志于仁，而求富之，是富桀也。"我能为君约与国，战必克。"今之所谓良臣，古之所谓民贼也。君不乡道，不志于仁，而求为之强战，是辅桀也。由今之道，无变今之俗，虽与之天下，不能一朝居也。'"

② 参见《孟子·尽心上》第九章。

仁义，得意时不背弃道德。处境艰难时不失掉仁义，士人就心安理得；得意时不背弃道德，百姓就不对他失望。古代的人，得志时，就把恩泽施给百姓；不得志时，就修养心性并在社会上表现出来。处境艰难时就独自修养保全自身，得意时就使天下人都得到好处"。

齐宣王去世

孟子虽然专注于教学，但他时刻也在关注着天下大势。

就在孟子六十六岁的这一年，即周赧王八年（前307），莽撞的秦武王在临潼和大力士比力量，在举鼎过程中举起鼎来想要挪动几步，但实在支撑不住而被落下的鼎砸断一条腿，血流不止而亡。正因为秦武王的死，让他的异母弟弟嬴稷有了成为秦国国君的机会，这便是秦昭襄王。秦昭襄王的生母是楚国公主，这位公主是一位颇有见识、有魄力的女性。当嬴稷当上秦国的国君后，他的母亲则展现出了超强的政治能力，以辅佐儿子掌握政权。——此人便是近年来热播的电视连续剧《芈月传》中的主人公原型。与此同时，后来天下闻名的秦国宰相应侯范雎也是因为秦昭襄王的即位才有了执政机会。

同样是在这一年，赵国国君赵武灵王开始在赵国实行"胡服骑射"，培养、训练了一支战斗力极强的剽悍骑兵。在天下普遍以车战为主要形式的时代，赵国突然出现一支机动性超强的骑兵，其战斗力是空前的。

光阴似箭，日月如梭，几年时间就这样过去了。转过年来，就是周赧王十四年（前301），孟子已经七十二岁了。有一天，孟子忽然听到一个令他震惊的消息——齐宣王去世了。齐宣王比孟子小二十二岁，当时刚刚五十岁。孟子一生所交往的君王中，对齐宣王是最看重的，两人的关系也比较好。因此，听到这个消息，孟子的心里受到了很大的震动。

自从孟子告别官场从齐国回来后，他便断了再回齐国出仕的念头，既然不能出仕也就没有必要再回到齐国去了。当得知齐宣王去世的消息后，孟子的脑海里浮现出了他在齐国以及与齐宣王交往的许多事情：齐宣王曾经遇到了非常好的机遇，那就是齐国的地理位置与西方的强国秦国不接壤，而接壤的燕国又出现那么大的乱局，如果齐宣王能够遵从自己的意见施行仁政，这样就能使齐国国内更加稳固、强大，加上齐国疆域足够大、百姓足够多，然后发展成为东方强国就是指日可待的，继而统一天下也是可能的。

但是，这样的一个良好的机遇被齐宣王丢弃了，而且齐国也因为攻伐燕国而蒙受了一定的损失。继任齐国国君的是世子田地，即齐湣王。孟子对齐湣王非常了解，因此有了一个不祥的预感：这就是他当年和齐宣王谈话时提到的"缘木求鱼"，当时便说"缘木求鱼，虽不得鱼，无后殃"，以齐湣王昏庸好战而且刚愎自用的性格来看，齐国未来的前景将非常危险。当时，燕昭王正在求贤任能发愤图强，其发展势头比当年越王勾践卧薪尝胆积极发展越国实力的情况更强劲。齐、燕两国力量消长正在发生变化，不到十年齐国可能就危险了。孟子想到这里，心里打了个冷战，不禁为齐国百姓捏了一把汗。

此时，那些十几年前在齐国和齐宣王交往的画面又一个个浮现在了孟子的脑海里，所有的情景都历历在目：最后一次回到齐国的时候，齐宣王田辟疆居然派人偷偷来看他长什么模样；在朝堂上娓娓而谈，在雪宫面对面交谈，关于是否毁明堂，关于汤武革命而杀掉夏桀和商纣是否合理的问题，尤其是关于"同姓之卿"与"异姓之卿"的对话场景，以及齐宣王当时的表情变化……孟子深深地为齐宣王惋惜，觉得他真是个不错的人，可惜没有大的韬略和魄力，志向不坚定，故不能成就大的事业。然后，孟子又想到了当今天下大势和各大诸侯国的国君，他清楚地知道推行王道理想的希望已经完全破灭了。于是，孟子下决心整理自己的思想学说，想把自己一生最重要的思想和社会实践都记录下来，而不再去考虑是否可以实行了。

专心修《孟子》

据司马迁《史记·孟子荀卿列传》记载："退而与万章之徒序《诗》《书》，述仲尼之意，作《孟子》七篇。"

于是，孟子便与万章、公孙丑、乐正克、公都子等弟子以《诗》《书》为基础，传述孔子的思想，而编撰《孟子》七篇并各分上下册，这便是流传至今的《孟子》一书。

由此可见，《孟子》和《论语》的编撰过程是不同的，而《论语》是孔子死后其弟子以及再传弟子凭借日常记录或记忆将孔子的言论记录整理的，这个过程前后经历了四十多年，就是说孔子生前并没有《论语》，当然也不可能参与编撰。

《孟子》则是以孟子本人为主编撰的，其编排体例是孟子本人确定的，尤其是开篇的第一章和收尾的最后一章更是大有深意。《孟子》的首章便是见梁惠王的"义利之辩"，而《大学》的尾章亦是强调国家要以义为指导而不可由利来主导，这是那个时代最关键的问题。

孟子曰："由尧舜至于汤，五百有余岁。若禹、皋陶，则见而知之。若汤，则闻而知之。由汤至于文王，五百有余岁。若伊尹、莱朱，则见而知之。若文王，则闻而知之。由文王至于孔子，五百有余岁，若大公望、散宜生，则见而知之。若孔子，则闻而知之。由孔子而来，至于今，百有余岁。去圣人之世，若此其未远也。近圣人之居，若此其甚也。然而无有乎尔，则亦无有乎尔！"[①]

意思是，"从尧舜到商汤，经历了五百多年；像大禹、皋陶这些人，就是亲眼见过而了解尧、舜之道的；像商汤，就只是听说过尧、舜之道而了解的而已。从商汤到周文王，经历了五百多年。像伊尹、莱朱这些人，都是亲眼见到而了解商汤的治国之道的；像周文王，就只是听到商汤的治国之道而了解的。从周文王到孔子，经历了五百多年，像姜太公吕望、散宜生这些人就是亲眼见到并了解周文王的治国之道的；像孔子，就只是听到周文王的治国之道而了解的。自从孔子以来到现在，只经历了一百多年，离圣人的时代是这样的近，距圣人的家乡是这样近，可是却没有继承圣人事业的人，恐怕以后也没有继承圣人事业的人了"。

本章是《孟子》全书的最后一章，也是非常重要的一章，似乎可以

---

① 参见《孟子·尽心下》第三十八章。

感觉到孟子在编完本章后那深邃的眼神和深深的叹息。

孟子是孔子的孙子子思的隔代弟子，子思是曾子的弟子，曾子是孔子的弟子，于是孟子便可看成孔子嫡传的后代门生。孟子一直以私淑孔子自诩，故他把自己看成孔子的真正嫡传的后学，甚至认为自己就是孔子的真正传人。不过，孟子并没有以圣人自诩，但他把自己作为孔子继承人的意思却是很明显的。

亚 圣 逝 世

周赧王二十六年（前289）岁次壬申，孟子八十四岁。这一年，冬天特别冷，大雪纷纷扬扬地下了两天，平地的雪也有三尺多厚。

自从进入冬天后，孟子感觉自己的身体越来越虚弱，但起居饮食还没有什么问题。在孟子的几案上面，放着抄写清楚整齐的竹简，上面是用漆写的小篆，而那是他和弟子们共同编撰并最后定稿的《孟子》七篇十四卷。

一天天过去，孟子的身体越发虚弱了，但头脑还非常清醒。孟子反复默默吟诵着孔子的话："殷因于夏礼，所损益，可知也；周因于殷礼，所损益，可知也。其或继周者，虽百世，可知也！"[①] "三代"以来建立的典章制度和礼乐文化是最符合礼法和天道的，仁义忠恕的品质是最美好的，仁政思想和王道政治是治国最适用的。孟子坚信这一点，也对孔子"虽百世，可知也"的判断深信不疑。

孟子身体每况愈下，只能躺卧在病床上，但思维依旧很活跃，并想起了之前曾说过的一句话："则智亦大矣。天之高也，星辰之远也，苟求其故，千岁之日至，可坐而致也。"最大的智慧是通过对已经发生的历史来推测，如果按照日月星辰运行的规律，即使是一千年后的冬至，现在就可以推断出是哪一天。孟子认为，自然规律即天道是不变的，是有运行轨迹可循的，而人是应该遵循天道的；如果天道不变，那么人道

---

① 参见《论语·为政》。

也会遵循天道的规律运行，而自己虽然不可能看到大同世界的美妙图景，但相信那才是人类社会的必然归宿。

此时，孟子想起明日便是冬至，而冬至是以年为周期的终结点和起始点，这一天阴气到最高位而阳气开始产生，于是新的一年便从这里开始。孟子又想，如果自己生命的终点定格在冬至这一天，停止在这个时间点上，应该也是好事。

大雪飞扬，冰天雪地。次日凌晨，孟子的儿子发现病床上的老父亲停止了呼吸，表情平静安详，就像睡着了一样。就这样，孟子以八十四岁高龄无疾而终，没有呻吟，没有痛苦，平静地离开了人世。实际上，这便是孟子自己所说的"尽其道而死者，正命也"，也是民间常说的"寿终正寝"。

这一天是周赧王二十六年冬至，也就是公元前 289 年 12 月 22 日。

孟子生平大事年表

年代与年龄	天下大事	孟子主要事迹
周烈王四年己酉（前372），一岁	赵成侯攻卫，占领乡邑。魏武侯在蔺（今山西离石西）打败赵国。	四月二日，孟子在邹国出生。
周烈王七年（前369），四岁	周烈王死，弟弟即位为周显王。魏武侯死，子莹即位为魏惠王。	孟母三迁，当在此年前后。
周显王十年（前359），十四岁	魏惠王（梁惠王）与韩国交换部分领土，取得今河南济源一带。魏惠王六年（前364），梁惠王将都城搬迁到大梁（今开封）。	孟子在附近学堂上学。
周显王十三年（前356），十七岁	齐威王元年。秦孝公重用商鞅开始变法，秦国逐渐富强。	孟子在附近学堂上学，学成。
周显王十四年（前355），十八岁	韩昭侯八年，用申不害为相，韩国政治向好。魏惠王十五年，赴齐国会见齐威王，同猎。	
周显王十六年（前353），二十岁	魏军破赵邯郸，齐派田忌为将，孙膑为军师，大破魏军。	孟子加冠并结婚，当在附近学堂讲学。
周显王十七年（前352），二十一岁	魏惠王十八年。秦攻魏河东，取安邑（今山西夏县西北）。魏韩联军在襄陵打败齐、卫、宋联军。	孟子和妻子闹矛盾被母亲批评化解，当在此年前后。
周显王十八年（前351），二十二岁	魏惠王十九年，将邯郸交还给赵国。	孟子继续在邹国讲学。
周显王十九年（前350），二十三岁	赵成侯死，赵肃侯立。魏惠王二十年，攻秦围定阳（今延安东南）。秦孝公惧，会梁惠王。	
周显王二十一年（前348），二十五岁	邹忌用弹琴劝说齐威王，讽齐威王纳谏等在其后几年。淳于髡上谏，齐威王警醒振奋，加强治理，起用邹忌。齐国开始强大。	孟子首次入齐国临淄，在稷下学宫讲学。

年代与年龄	天下大事	孟子主要事迹
周显王二十五年（前344）丁丑，二十九岁	魏惠王二十六年，始称王。在今开封东南会盟，率十二诸侯朝天子。白圭为相，善筑堤和聚敛。	孟子本年夏天首入魏国，经周霄引荐被梁惠王召见。与梁惠王有三次谈话，和宰相白圭有对话。时庞涓在魏国训练军队，惠施也到了魏国，并很快出任国相。
周显王二十六年（前343）戊寅，三十岁	赵肃侯七年，赵国攻魏国首垣。	孟子回齐国临淄。不久，父亲去世，回邹国葬父并守丧。
周显王二十七年（前342）己卯，三十一岁	魏惠王二十八年，魏国攻韩国，韩国向齐国求救。	孟子在家守丧并在学堂讲学。
周显王二十八年（前341）庚辰，三十二岁	魏惠王二十九年。齐威王十六年。秦国商鞅变法开始。	
周显王二十九年（前340）辛巳，三十三岁	魏惠王三十年，秦军攻魏国，俘公子卬。齐、赵攻魏国，魏国渐衰。楚威王立。孙膑、庞涓斗智，庞涓大败，是为著名的马陵道之战。魏太子被俘。	孟子侍奉母亲回齐国，当在这几年。
周显王三十年（前339）壬午，三十四岁	魏惠王三十一年，在大梁北开大沟引水，为鸿沟之始。	孟子在稷下学宫讲授儒家学说。
周显王三十一年（前338）癸未，三十五岁	魏惠王三十二年。齐威王十九年。秦国攻魏国岸门（今山西河津南），秦孝公死，商鞅被车裂。惠施再入魏国，见梁惠王。	孟子继续在稷下学宫讲学，并开始和各学派辩论。
周显王三十二年（前337）甲申，三十六岁	秦惠文王元年。韩昭侯二十六年。申不害死。	孟子在稷下学宫地位上升，成为儒家学派领袖。
周显王三十四年（前335），三十八岁		孟子和匡章交往，当在此年前后。
周显王三十五年（前334）丁亥，三十九岁	魏惠王后元元年。齐威王二十三年。魏国用惠施为相，联合齐国，与齐威王会于徐州（今山东滕州南）。同年，齐威王在平陆和梁惠王会见。	孟子和告子辩论，当在此年前后。

年代与年龄	天下大事	孟子主要事迹
周显王三十六年（前333）戊子，四十岁	楚威王七年，围齐于徐州，败齐军。魏惠王后元元年。齐威王二十四年，齐威王和梁惠王有关宝物的对话。	孟子到齐国乡邑考察，与平陆大夫孔距心对话，与蚳蛙交往，均在此年前后。
周显王三十七年（前332）己丑，四十一岁	梁惠王献阴晋给秦国，秦国将其改为宁泰。	
周显王三十八年（前331）庚寅，四十二岁		孟子与诸家学派进行辩论，当在此年前后。
周显王三十九年（前330）辛卯，四十三岁	秦惠文王八年，秦大良造公孙衍（犀首）破魏军于雕阴（今陕西甘泉南），魏国献河西地于秦国。	
周显王四十年（前329）壬辰，四十四岁	张仪入秦国，公孙衍自秦国入魏国。秦国攻魏国，占领汾阴、皮氏及焦。楚怀王立。宋王偃打败哥哥取得国君之位。	
周显王四十一年（前328）癸巳，四十五岁	宋王偃袭击哥哥而自立为王。魏国献上郡十五县给秦国。张仪任秦国相国。宋王偃元年。	
周显王四十二年（前327）甲午，四十六岁	齐威王三十年。	孟母去世，孟子归邹葬母。
周显王四十三年（前326）乙未，四十七岁	赵武灵王即位。	孟子在家守丧期间曾被宋王偃邀请前去，与戴盈之谈话。滕文公初次拜访孟子。均在本年。
周显王四十四年（前325）丙申，四十八岁	齐威王三十二年，田婴将在薛地修筑城郭。	滕定公死，孟子以正卿身份和王骥到滕国吊唁，指导新君滕文公治丧。
周显王四十五年（前324）丁酉，四十九岁	梁惠王、韩王和齐威王在平河（今山东阳谷）会面。	孟子到滕国指导建立新秩序。回邹国后，见曹交。
周显王四十六年（前323）戊戌，五十岁	梁惠王和齐威王会面于鄄（今山东鄄城北）。	孟子回齐国稷下学宫。
周显王四十七年（前322）己亥，五十一岁	惠施联齐无效，被逐；张仪为魏相。惠施回宋国，与庄子辩论。	

年代与年龄	天下大事	孟子主要事迹
周显王四十八年（前321）庚子，五十二岁	周显王死，周慎靓王即位。燕易王死，子哙立。梁惠王招贤，孟子、淳于髡到魏国。	孟子应梁惠王聘，到魏国都城大梁。
周慎靓王元年（前320）辛丑，五十三岁	齐威王死，子田辟疆立，为齐宣王。宋王偃放荡。	孟子见梁惠王，谈"义利之辩"。其后还有交谈。
周慎靓王二年（前319）壬寅，五十四岁	梁惠王死，梁襄王（魏襄王）立。惠施说服梁襄王缓葬。张仪被驱逐回秦国，公孙衍为魏相，惠施回魏国。	冬天，梁惠王死。孟子见梁襄王后感觉失望，回归齐国。
周慎靓王三年（前318）癸卯，五十五岁	公孙衍发动五国合纵攻秦，失败。宋王偃十一年，称王。	孟子回到齐国，齐宣王派人窥视孟子，并在堂上会见孟子，二人谈话非常融洽轻松。孟子讲述王道政治。
周慎靓王四年（前317）甲辰，五十六岁	齐宣王三年，秦破韩、赵、魏三军于修鱼（今河南原阳西南）。	齐宣王对孟子很重视，召见比较频繁，谈论问题比较多。
周慎靓王五年（前316）乙巳，五十七岁	秦国灭蜀国，国力大增。燕王哙五年，禅让给相国子之，相国子之接受。	孟子在齐国，为客卿。
周慎靓王六年（前315）丙午，五十八岁	周慎靓王死，周赧王即位。燕国大乱，一将军与太子平起兵，均战败而死。	孟子多次见齐宣王，有许多对话。
周赧王元年（前314）丁未，五十九岁	燕国内乱，太子平战死。齐国趁机出兵以匡章为将攻燕国，五十天便占领燕都城。赵送燕国人质姬职回国为王，是为燕昭王。	齐宣王召见孟子，在如何处理燕国问题上，二人意见不一致。
周赧王二年（前313）戊申，六十岁	张仪自秦赴楚，劝楚绝齐联秦。楚国上当，屈原独木难支。	燕国局势严峻，齐宣王与孟子意见不合，君臣纠结。
周赧王三年（前312）己酉，六十一岁	秦、楚大战，楚国大败。韩、魏袭楚国。	孟子离开齐国，去宋国途中遇到宋轻，有对话。然后，回到薛地，再回邹国，有弟子问收礼之事。
周赧王四年（前311）庚戌，六十二岁	燕昭王元年，发愤图强，广招贤士。张仪入楚，又被郑袖释放。	

年代与年龄	天下大事	孟子主要事迹
周赧王五年（前310）辛亥，六十三岁	秦武王元年，杀蜀相。张仪回魏国，次年死。	
周赧王六年（前309）壬子，六十四岁	秦武王二年，秦国初置丞相，以樗里疾、甘茂为左右丞相。	
周赧王八年（前307）甲寅，六十六岁	秦武王举鼎折足死，异母弟昭襄王（稷）立。昭襄王母楚国人，号宣太后，以弟魏冉为将军。赵武灵王施行"胡服骑射"，建立骑兵，战斗力强大。	孟子的许多弟子来为拜见孟子，师生间谈论许多重大问题，其后数年孟子在家讲学。
周赧王十四年（前301）庚申，七十二岁	秦昭王六年，攻韩国取穰（今河南邓州）。齐国将军匡章等与韩、魏军队合攻楚国方城。半年后，楚军战败。齐宣王死，子齐湣王立，以孟尝君为相。	孟子听说齐宣王死，为其祭奠。其后数年继续讲学，不再过问天下之事。
周赧王二十六年（前289）壬申，八十四岁		孟子在冬至日去世，是为公元前289年12月22日。

后　记

　　至诚是修身之起点，修身才可以齐家治国平天下。至诚的态度可以感化影响他人以及社会，故至诚是一切表现的根基和出发点。

　　"以其昭昭，才能使人昭昭"，一定要自己真正理解和透彻领悟，才可以使他人明白。既要自己理解和明白，还要有能力说明白，才可以使人理解和明白。

　　吾生以来，不敢有伪，扪心自问，未说过一句假话，有时有地可以不说话，但绝对不说违心之话，可谓算是至诚的。同时，凡我自己能够搞清楚的诗词文章以及经典，也有能力清楚简明地表述出来。

　　我大学毕业便倾心于古代文学而心无旁骛，故对唐宋文学中的许多代表作家作品有相当的理解，写作起来也得心应手，可以算是"以其昭昭，使人昭昭"了。故我撰写出版了《唐诗三百首译注评》《宋词三百首译注评》《元曲三百首译注评》《古文观止译注评》系列丛书并广受好评，经得起推敲，明白而耐读。

　　近二十年来，我刻苦钻研国学经典，孜孜矻矻，诲而不倦，焚膏油以继晷，恒兀兀十数年，尤其是对《论语》和《孟子》越来越清晰，犹如拿到了开启中华文化五千年不断的钥匙。故我花费几年时间撰写了《论语译注评》《孟子译注评》《大学·中庸译注评》，并已出版面世。在此基础上，我再写作《孔子传》和《孟子传》二书，依旧是以至诚之心，以昭昭之学识，以通俗简明的语言来写成，相信其将对传递中华文化之薪火会有颇多的价值和影响。

毕宝魁

2020 年 8 月 7 日，庚子立秋